FOLIO BIOGRAPHIES
collection dirigée par
GÉRARD DE CORTANZE

Lapérouse

par

Anne Pons

Gallimard

Crédits photographiques :

1 : The Granger Collection NYC/Rue des Archives. 2 : Collection Dagli Orti/Collection privée/Gianni Dagli Orti. 3 : La Collection/Imagno. 4, 17 : Costa/Leemage. 5 : Collection Dagli Orti/Musée de la Marine, Paris. 6 : La Collection/Gilles Mermet. 7, 16 : Archives Gallimard. 8 : Rue des Archives/CCI/ 9, 11 : akg-images. 10 : Rue des Archives/Tal. 12 : BNF. 13 : Collection Dagli Orti/Service historique de la Marine/Gianni Dagli Orti. 14 : Collection Dagli Orti/Musée Lapérouse, Albi/Gianni Dagli Orti. 15 : Leemage. 18 : Coll. Jean Vigne/Kharbine-Tapabor.

© Éditions Gallimard, 2010.

Longtemps responsable de la rubrique « Livres » au *Point*, puis à *L'Express*, Anne Pons a alterné romans et biographies. On doit à ses origines irlandaises *La Villa irlandaise* et *Dark Rosaleen* (Grasset) ainsi que *Constance ou l'Irlande*, une biographie de la comtesse Markievicz (Nil). Sa passion pour la mer se développe en écrivant avec Alain Pons *Lady Hamilton*, prix Chateaubriand, puis *Nelson contre Napoléon* (Perrin) et *Franklin, l'homme qui mangea ses bottes* (Fayard), Grand Prix de l'essai de la Société des gens de lettres, Prix de la mer, mention spéciale de l'Association des écrivains de langue française.

C'est par la mer qu'il convient de commencer toute géographie.

JULES MICHELET,
La Mer,
Gallimard, 1935.

Préface

Ils sont deux cent vingt, marins et scientifiques, venus de toutes les provinces du royaume, qui se sont arrachés à leur famille pour accourir à Brest, un jour de 1785. Comptez-les bien et mettez un genou en terre, car nul ne les reverra. La ville est en effervescence. Des bateaux de toute taille, une forêt de mâts encombrent le port qui avait vu partir les escadres de la guerre de Sept Ans. Nouvellement baptisées, deux grosses frégates, la *Boussole* et l'*Astrolabe*, se balancent sur leurs ancres. Le commandant de l'expédition, Jean-François de Galaup de Lapérouse, passe en revue l'équipage en partance. Bolet, Dutertre, Pochic, Quinion, Le Boucher : « On croirait entendre l'appel du matin dans une cour de caserne, on croirait lire la stèle commémorative des morts d'une paroisse, tant ces vieux noms français nous paraissent proches et familiers[1*]. » Les gentilshommes portent un justaucorps bleu garni de galons d'or ou d'argent avec jabot de dentelle blanche, pantalon cramoisi

---

* Les notes bibliographiques sont regroupées en fin de volume, p. 287 et suiv.

et bas de soie ; les jeunes officiers, un justaucorps écarlate et une bandoulière de velours bleu. Nobles ou plébéiens, *Rouges* ou *Bleus*, bien peu ont dépassé la trentaine, mais la jeunesse est un atout pour qui veut parachever la carte du monde dans le sillage de James Cook, l'un des plus grands marins d'Angleterre.

À part les capitaines de vaisseau, Lapérouse et Fleuriot de Langle, qui connaissait, sinon quelques savants associés au voyage, les instructions rédigées par le chevalier de Fleurieu, en étroite collaboration avec Louis XVI ? « Sa Majesté regarderait comme un des succès les plus heureux de l'expédition qu'elle pût être terminée sans qu'il en eût coûté la vie à un seul homme[2]... » Qui avait lu les philosophes, dont les œuvres célébraient l'enchantement de la Nouvelle Cythère et l'humanité des bons sauvages ? Qui était assez amariné pour faire face aux « fortunes de mer », fièvres malignes, scorbut, feu à bord, nourriture avariée, manque d'eau et fureur des tempêtes qui empalent les navires sur des récifs meurtriers ? « La mort ne fut-elle pas le premier navigateur[3] ? » demande Gaston Bachelard.

Au siècle des Lumières, la science commande. Sans trop s'appesantir sur les conquêtes coloniales, officiellement du moins, on va, l'esprit tout aux pures joies de la découverte. Les nouveaux instruments de navigation, dont les horloges marines de M. Berthoud, rendent plus sûrs les voyages au long cours et les marins sont fins manœuvriers. Il reste tant de régions inconnues sur les mappemondes, à commencer par le Pacifique ! « La mer conduit partout », écrit Paul Chack au sujet de Bougainville, « on peut lui demander de vous mener aux aventures et de vous ménager des retours flatteurs[4] ». Certes, mais Lapérouse et ses compagnons embarquent pour un voyage sans retour, à l'exception de Louis Monge et du jeune Barthélemy de Lesseps, « seul débris vivant de l'expédition dont il était interprète[5] », qui publiera le *Voyage de Lapérouse rédigé d'après ses manuscrits originaux* (1831)... Pour la préparation du texte, Lesseps a dû souffrir : « L'art d'écrire est un mestier comme tout autre et je ne l'ai point appris, écrivait Lapérouse au maréchal de Castries, du Kamtchatka. D'ailleurs la relation que j'ai l'honneur de vous adresser, est pleine de fautes d'orthographe et plus encore de ponctuation. Je vous supplie, Monseigneur, de ne la lire que lorsqu'un bon copiste l'aura rendue digne de vous être présentée[6]. » Avec le Journal, ses lettres, ses notes et les comptes rendus des *Mémoires*, lumière est faite sur l'homme qui n'avait vécu que pour tourner autour du monde.

De leur terrifiant naufrage ils ne rapporteraient en France ni collections, ni souvenirs, ni trésors. D'autres s'en chargeraient à leur place, afin que leur œuvre ne soit jamais oubliée. Trente-neuf ans après la catastrophe, les premiers débris des navires seront retrouvés par les officiers partis à leur recherche dans les dédales de l'archipel de Santa Cruz : d'Entrecasteaux, Dumont d'Urville, Peter Dillon, Legoarant de Tromelin, bien d'autres encore... Aujourd'hui, les sept campagnes de fouilles réalisées par l'Association Salomon, dont trois opérations sous-marines en 2003, 2005 et 2008, ont permis de remonter à la surface un grand nombre de vestiges, dont les os de « l'inconnu de Vanikoro ». « Notre expérience, qui bousculait l'espace et le temps a confondu les journaux de bord de Lapérouse, les relations des enquêteurs du XIXᵉ siècle en un même journal universel[7] », écrit le contre-amiral Bellec. Mais une fois localisé le camp où vécurent une poignée de rescapés, une fois les deux épaves identifiées, chacune sous son nom, le destin tragique de l'expédition continue de nous hanter, plus encore que si elle avait été un succès. Quelles furent les dernières prières, quels furent les *derniers mots* de ceux qui avaient tout abandonné pour la gloire du royaume ? Nous ne le saurons jamais. « Il faut savoir préserver, dans notre monde actuel, cette part de rêve », nous dit Alain Conan, président de l'Association Salomon, dans la belle préface qui ouvre *Le Mystère Lapérouse ou le Rêve inachevé d'un roi*[*].

Tria juncta in uno : la devise latine de l'ordre de Bath eût pu flotter sur les pavillons des deux vaisseaux, aux côtés des trois fleurs de lis. En réalité, Louis XVI, Cook et Lapérouse ne cessèrent d'être « trois en un », tout au long de l'entreprise que le roi de France avait voulue « l'une des plus étendues qui aient jamais été exécutée ». Du capitaine

---

[*] Édité à l'occasion de la magistrale exposition organisée en 2008 à Paris, par le musée de la Marine nationale.

James Cook, Louis, qui savait admirablement l'anglais, avait traduit les *Relations de voyages autour du monde*. La mission confiée à Lapérouse prendrait pour modèle l'« incomparable Cook » dont il compléterait les trois voyages, après que ce dernier eut été assassiné à Hawaï. Quand surviendra le naufrage des Français, Louis XVI, décapité, ne saura jamais que ses marins avaient péri dans le Grand Océan, ni Lapérouse, que son roi était mort. Au-delà des aventures qui les liaient sur toutes les mers du globe, le parallèle entre la mort violente de deux de ces grands hommes n'avait pas échappé à Alexandre Dumas :

Dieu, sur les tables de la loi
À deux différentes tempêtes
A déjà voué les deux têtes
Du navigateur et du roi [8] !...

Louis XVI à Cherbourg

Le 23 juin 1786, entouré de ses ministres de la Guerre et de la Marine, Louis XVI se rend à pied aux chantiers navals de Cherbourg. Jusqu'alors cantonné à Versailles, il a cédé de bonne grâce à la proposition de l'escapade normande suggérée par Calonne, car il est fort curieux des affaires maritimes. Vêtu de l'habit rouge à broderies fleurdelisées de lieutenant général des armées navales, le roi marche d'un bon pas, suivi d'un train réduit, les maréchaux de Ségur et de Castries, le prince de Poix, le duc de Villequier, quelques valets de chambre et des pages. Dans la lumière blonde de l'aurore, la marée exigeant que l'inspection eût lieu aux petites heures du matin, il contemple au fond de la rade le majestueux ballet des bâtiments pavoisés, trois ponts, frégates, bricks et corvettes. Ce monarque que l'on dit hésitant est transporté de fierté, car il n'y a point en Europe de vaisseaux qui aient la grâce et la beauté de ceux de France. Une chaloupe de vingt rameurs gantés de blanc attend la délégation sur la plage. On aide le souverain à se hisser à bord, puis l'embarcation portée à dos d'homme est mise à flot. Le roi, si gauche à l'ordinaire, montre une aisance naturelle qu'il est loin d'arborer à la Cour.

Louis XIV et Vauban avaient reconnu la nécessité d'une digue de 600 toises destinée à fermer la rade de Cherbourg du côté de la mer, mais le chiffre annoncé fit reculer la réalisation de l'ouvrage. Un nouveau projet ayant été adopté, Sa Majesté officialise la reprise des travaux de construction, heureuse d'assister à l'immersion de l'un des cônes qui structurent la digue. Les relations, les gravures de l'époque retracent la liesse bon enfant de ces journées. Le roi passe en revue les divisions de Brest, de Rochefort et de Toulon réunies sous le commandement du comte d'Albert de Rioms, qui s'était illustré pendant la guerre d'Indépendance américaine. Le soir du 25, Louis soupe à bord du *Patriote*, vaisseau neuf de soixante-quatorze canons, devant un grand concours de monde. Il remarque sur la table un pâté dont il souhaite connaître la composition. « Du poisson salé, Sire : c'est la ressource des marins en mer. » Le roi demande à le goûter : « Je le préfère, dit-il, à tous ceux de Versailles[1]. »

Sa curiosité, ses « connaissances beaucoup plus qu'ordinaires » suscitent l'admiration des officiers, des ingénieurs et des marins. Jusqu'alors, la science de Louis XVI provenait des livres, « il ne connaissait les bateaux que par les plans et un petit bout du monde que par les cartes[2] ». Mais à ce jour, il contemple la mer pour la première fois. Il montre un vif intérêt pour le mode de déplacement des navires, leur mobilité depuis qu'ils sont doublés de cuivre, leur vitesse et leur puissance de feu, qui éclipse celle des flottes étrangères. L'Académie des ports, renommée Académie royale de marine après la guerre de Sept Ans, contribuait au progrès des instruments de navigation. Elle avait la haute main sur la fabrication des boussoles du port de Brest, dépôt le plus majestueux des forces navales, et contrôlait l'entretien des horloges marines, que Ferdinand Berthoud, horloger mécanicien du roi et de la Marine, avait commencé à perfectionner du temps de Louis XV. Grâce aux travaux de cet homme savant, qui écrivit des articles pour l'*Encyclopédie* de Diderot et D'Alembert, il était désormais possible de déterminer la longitude et d'assigner une position précise à chaque point de la Terre. En 1772, Fleurieu, directeur des ports et arsenaux à Versailles, avait publié une carte de l'Atlantique fondée sur le calcul de ces machines, dont le bon fonctionnement avait été vérifié en mer, au cours d'une campagne de la frégate *Isis*[3]. Oui, depuis que l'on savait « faire le point », le temps n'était plus où trop d'incertitudes pesaient sur les expéditions au long cours.

Le grand air, les embruns, les officiers en uniforme du Grand Corps sous leurs perruques poudrées, et jusqu'à ces enfants qui suivent à la nage la chaloupe royale, émerveillent cet homme de trente-deux ans. Lui qui d'ordinaire « passé midi était dans une toilette qui ne lui permettait guère un exercice aussi violent[4] » grimpe aux échelles des bâtiments. Il évoque en secret les domaines scientifiques qui ont occupé une place de choix dans son éducation, sa passion pour la physique sous la férule de l'abbé Nollet, son amour de la géographie à laquelle l'avait initié Philippe Buache, membre de l'Académie des sciences, hydrographe du dépôt des Cartes et Plans de la Marine de France, à Versailles. Et le souvenir lui revient de la maquette de l'*Artésien*, réduction du vaisseau de soixante-quatre canons lancé à Brest en 1765, grâce à laquelle, tout enfant, il avait appris avec ses frères les rudiments de la construction navale. À quinze ans, il dessinait les plans et les coupes des vaisseaux, avec l'aide du peintre Nicolas Ozanne ; à seize ans, son niveau de compétence était celui d'un ingénieur du corps de la Marine. Dès qu'il en trouve le loisir, il dessine, il peint, il s'essaie à l'interprétation des planisphères. Écoutons Paul-Antoine Fleuriot de Langle, descendant du glorieux ancêtre compagnon de Lapérouse : « Il fut peut-être le plus intelligent de nos rois, probablement celui possédant le plus l'esprit scientifique avec son sens de la Géographie à l'échelle de la planète. En tout cas, il fut assurément le plus marin[5]. » Son amour pour les régions lointaines est tel qu'il reste profondément marqué par les récits des voyageurs anglais, langue dont il possède une connaissance parfaite. N'a-t-il pas traduit lui-même le *Robinson Crusoé* de Daniel Defoe et bien d'autres ouvrages encore, même après son mariage[6] ? Comme il se loue d'avoir écouté le chevalier de Fleurieu, l'un des officiers les plus distingués de la marine savante, qui avait lancé le projet de la circumnavigation partie de Brest, il y a tout juste un an ! Au fait, demande-t-il à son ministre, Castries, a-t-on des nouvelles de M. de La Pérouse ?

Quel spectacle prestigieux que les vaisseaux de haut bord, le *Dauphin Royal* de cent dix-huit canons, les deux-ponts de 80, les deux-ponts de 74 ! Maurepas, « le vieux Mentor », ne s'était guère trompé quand, en 1774, il avait désigné Sartine, ancien lieutenant général de police, au rang de ministre de la Marine. Secondé par Fleurieu, il avait tiré la Royale de son « engourdissement ». Modernisée et réarmée grâce à la générosité des provinces, du clergé et des autres corps de l'État, la flotte portait le pavillon blanc sur toutes les mers et la France était désormais capable de tenir tête à la Royal Navy. Sartine avait plaidé pour que le royaume soutînt les Insurgents américains, engagés dans une longue guerre contre les Anglais pour gagner l'indépendance des jeunes États-Unis. La chose n'était pas évidente pour un roi qui se voulait pacifique, mais Louis s'était laissé persuader par Vergennes, son ministre préféré, de combattre à leurs côtés, bien qu'il trouvât « d'un mauvais exemple l'appui donné à une insurrection républicaine par une monarchie légitime contre une monarchie légitime ». En Manche, le 17 juin 1778, la victoire de la *Belle-Poule*, qui avait engagé avec succès la frégate anglaise *Arethusa* de l'amiral Keppel au cours d'une sortie héroïque de cinq heures, avait été un véritable triomphe pour nos marins et devait avoir le plus grand retentissement sur la guerre d'Indépendance. Le 27 juillet, le combat au large d'Ouessant avait tourné la tête aux Parisiens : le comte d'Orvilliers, officier de marine chevronné, avait forcé l'amiral Keppel à se dérober, déclenchant l'enthousiasme des gazettes :

> On pousse avec ardeur les armements en course... On attend maintenant une guerre d'autant plus meurtrière que nos marins sont animés d'une ardente émulation patriotique pour venger l'honneur du pavillon français... La déclaration de M. de Sartine permet aux armateurs de courir sus aux corsaires anglais[7]...

De son côté, Latouche-Tréville triomphe : « Jamais il n'y eut plus de volonté et d'envie d'aller à l'ennemi[8] », écrit-il. Seule ombre au tableau, l'incompétence du duc de Chartres, futur Philippe Égalité, qui avait failli tout faire capoter pour n'avoir rien compris aux signaux du navire amiral. Cette grave erreur fut étouffée dans les gazettes qui prirent sans vergogne la défense du coupable : « Le duc de Chartres, sur le *Saint-Esprit*, a montré un courage et une présence d'esprit à toute épreuve. À son retour à Paris, il a été accueilli à l'Opéra par des applaudissements sans fin[9]. » Bien que sa valeur en mer n'ait pas convaincu et qu'il préférât se noyer dans les plaisirs plutôt qu'au cours d'un naufrage, le duc fut excédé de ne pas obtenir la charge de grand amiral.

Du moins les journaux se rattrapaient-ils de leur obséquiosité en rubrique mode :

> On parlait au mois d'août de bonnets à la Belle Poule. Aujourd'hui, Mlle Freddin, rue de la Ferronnerie, offre aux dames un chapeau *à l'amiral*, surmonté d'un vaisseau aux voiles déployées, et les canons en batterie. Cet appareil martial va leur prêter une formidable augmentation de charmes[10].

En avril 1780, La Fayette débarquait outre-Atlantique, suivi, trois mois plus tard, par le comte de Rochambeau à la tête d'un corps expéditionnaire de 6 000 hommes. Ce dernier s'était fait transférer sur l'*Amazone*, commandée par un certain capitaine Lapérouse, pour atterrir plus facilement. En octobre, Lapérouse était reparti en France, porteur de courriers pour Versailles. Rochambeau, mais aussi le comte Charles d'Estaing, dont on regrettera avec Suffren qu'il ne soit pas aussi bon marin qu'il était brave, le comte de Guichen et le comte François de Grasse avaient traversé l'Atlantique pour se battre aux côtés des rebelles.

De retour au printemps 1781, Lapérouse avait été reçu par le général George Washington, ainsi qu'il le relate dans une lettre à Rochambeau :

> Je joins aussi le récit de mon entrevue avec le général Washington, convaincu qu'aucun Français de quelque considération ne doit rien dire à ce général que vous n'en soyez informé, afin que vous puissiez toujours, en quelque sorte, lire dans son âme qui m'a paru celle d'un grand homme très sage, modéré, et qui n'est point enivré du grand rôle qu'il joue dans le monde[11].

Après un premier revers cuisant et quelques échauffourées, le marquis de Castries remplaçait le ministre Sartine et redressait la barre. Grâce à l'envoi de renforts, la Royale signait l'un de ses plus beaux faits d'armes contre la Royal Navy et obtenait, en 1781, la capitulation du général anglais Cornwallis à Yorktown. Avant la victoire finale, Lapérouse conduisit un raid dans les approches du golfe Saint-Laurent, avec Latouche-Tréville sous son commandement. En juillet, les deux frégates l'*Hermione* et l'*Astrée* remportaient une bataille célèbre contre six frégates anglaises au large de l'île du cap Breton. Dans une lettre datée du 28 octobre, le maréchal de Castries félicite Lapérouse en ces termes :

> J'ai mis sous les yeux du roi le combat que vous avez livré le 22 juillet dernier à six frégates anglaises. Sa Majesté a été parfaitement satisfaite de votre conduite et de celle de Monsieur de Latouche qui vous a si bien secondé. Je ne laisserai aucune occasion de faire valoir vos services[12]...

Cependant, si l'Angleterre se voyait forcée de renoncer à la maîtrise des mers, le bilan humain — 5 000 morts sur les 45 000 combattants français — et la plaie d'argent causée par une campagne menée sur plusieurs théâtres d'opérations avaient fortement grevé les finances de la France. Les Insurgents avaient bien voulu se faire aider des Français, mais sans verser un sou pour les nourrir :

> En 1777 déjà, la guerre absorbait 150 millions de secours extraordinaires. On estime qu'au total ce conflit aura coûté à la France environ un milliard de livres. Peu de guerres de l'Ancien Régime ont été si coûteuses[13].

Faillites et banqueroutes se multiplient, et la Marine est tenue responsable de ce désastre financier. La paix revenue, Louis XVI ne s'était pas cru obligé de rogner sur le budget de la Marine : les chantiers et les ports avaient même redoublé d'activité.

À l'inverse des personnes de sa suite, le roi n'est pas incommodé par la mer. Il commande lui-même les évolutions du *Patriote*, inspecte les bâtiments de fond en comble, accorde pensions, promotions et décorations, se met en tête de visiter tous les ports militaires, à commencer par Brest, « l'arsenal le plus formidable de la France et la colonne la plus solide du commerce et des libertés des mers[14] », selon le maire, M. Raby, député aux États. Aux lendemains de l'humiliant procès du « collier de la Reine », le souverain reçoit de la foule les acclamations les plus vives : « L'amour de mon peuple a retenti jusqu'au fond de mon cœur, jugez s'il est un roi plus heureux que moi ! Non, jamais je n'ai senti le plaisir de l'être comme au milieu de ma belle Normandie[15] », écrit-il de Cherbourg à Marie-Antoinette. Sa Majesté ne pouvait paraître plus contente. De retour à Versailles, Louis XVI taquine les courtisans : Avez-vous été à Cherbourg ? Et si la réponse est non, il tourne royalement le dos au butor.

Il y avait longtemps que le roi s'était tourné vers les expéditions navales auxquelles il vouait une passion sans mélange. À une époque où les découvertes géographiques commençaient à se répandre, la France, devancée par Albion, marquait le pas. Certes, le tour du monde de Bougainville, parti de Nantes en 1766 aux commandes de la *Boudeuse* et de l'*Étoile*, témoignait d'une curiosité scientifique et d'un esprit de découverte qui faisaient honneur au règne de Louis XV. La lecture du « Voyage », publié en 1771, trois ans après le retour de Bougainville, avait été un pur enchantement pour le dauphin, qui goûtait davantage les descriptions d'ordre technique que les coquecigrues du « paradis polynésien ». Rien de tel que le patois marin de l'auteur pour vous projeter sur toutes les mers du globe et vous pousser à découvrir des terres inconnues. Louis s'était laissé dire que le récit, loin d'être une transcription directe de son Journal de bord, était une version remaniée, plus libre, plus poétique[16]. Bougainville s'en expliquait à merveille dans le discours préliminaire :

> Je suis maintenant bien loin du sanctuaire des sciences et des lettres ; mes idées et mon style n'ont que trop pris l'empreinte de la vie errante et sauvage que je mène depuis douze ans. Ce n'est ni dans les forêts du Canada, ni sur le sein des mers que l'on se forme à l'art d'écrire[17]...

L'ouvrage abondait en observations piquantes sur les mœurs des sauvages et surtout des Tahitiens, habitants de l'île baptisée la « Nouvelle Cythère », qui « se copulaient sur la première natte offerte » et dont les femmes étaient toutes des « Vénus » (Louis XVI était resté songeur). De même, les Académies des sciences et de la marine avaient dû prendre leurs distances avec l'enthousiasme de l'équipage pour ces êtres lascifs à l'état de nature, « nés essentiellement bons ». Bougainville ne manquait pas de régler son compte à l'esprit de système si commun de son temps :

> Je suis voyageur et marin ; c'est-à-dire un menteur et un imbécile aux yeux de cette classe d'écrivains paresseux et superbes qui, dans les ombres de leur cabinet, philosophent à perte de vue sur le monde et ses habitants, et soumettent impérieusement la nature à leurs imaginations. Procédé bien singulier, bien inconcevable de la part de gens qui, n'ayant rien observé par eux-mêmes, n'écrivent, ne dogmatisent que d'après des observations empruntées de ces mêmes voyageurs auxquels ils refusent la faculté de voir et de penser[18].

Nous retrouverons la même attitude chez Lapérouse.

Ce qui était important, en revanche, c'était que d'authentiques savants avaient pris la mer pour la première fois, en compagnie des marins de la *Boudeuse* et de l'*Étoile*. Nombre d'informations avaient été recueillies par l'astronome Véron, élève de Lalande, et le naturaliste Commerson, qui devait découvrir la *bougainvillée*, modeste hommage rendu au nom du commandant. Et si, par malheur, les herbiers et les animaux naturalisés collectés par ses soins étaient restés à l'île de France (île Maurice), de son côté, Véron avait perfectionné la façon de calculer la longitude grâce aux horloges embarquées et aux distances lunaires[19]. Or Louis XVI aime aussi la terre vue du ciel (une terre en miniature) depuis qu'à Versailles il a assisté à l'envol d'un gros aérostat conçu par les frères Montgolfier, équipé d'une nacelle contenant un mouton, un canard et un coq qui étaient retombés dans la forêt de Vaucresson, avant de trouver refuge dans la Ménagerie royale.

Autant la France pouvait s'enorgueillir du voyage

de Bougainville, autant les expéditions du capitaine de vaisseau Yves-Joseph de Kerguelen de Trémarec, vieux breton de noblesse bigoudène, embarqué sur la *Fortune* et le *Gros-Ventre*, avaient été un désastre. Le 12 février 1772, il avait pris connaissance d'un archipel vierge d'habitants qu'il pensait être le grand continent austral (« le soleil ayant dissipé la brume et éclairci l'horizon, je distinguai une continuation de terres, qui s'étendaient à toute vue depuis le nord-est jusqu'au sud du compas[20]... »). Il charge son second, Charles de Boisguehenneuc, de planter le pavillon sur un sol ingrat « couvert de mousse et de cresson sauvage ». À son retour, il délire, piégé par son rêve : « C'est une cinquième partie du monde et la terre que j'ai nommée France australe[21]. » Louis XV, qui n'y vit que du feu, lui décerna l'ordre de Saint-Louis. Le souverain finança une seconde expédition dans l'espoir de se procurer les richesses inouïes qui ne manquaient pas de se trouver derrière ces montagnes englacées. Mais Kerguelen était allé droit dans le mur, son continent mythique n'existait pas et une cabale de jaloux s'était formée contre lui. À son retour, peu après la mort du monarque, l'accueil du nouveau roi Louis XVI fut aussi glacial que cette terre rendue à sa vérité par James Cook, qui l'avait baptisée île de la Désolation. Déchu de son grade pour non-respect des instructions et commerce d'esclaves entre Madagascar et Le Cap, Kerguelen avait en outre eu l'audace de faire embarquer sa maîtresse, Louise Seguin, « pour son propre plaisir[22] ». Passé en cour martiale, incarcéré à Brest dans un vaisseau vermoulu transformé en ponton, il végéta six ans au fond d'une forteresse avant de rebondir du côté des Indes.

Mais ce n'était pas tant les Français qui retenaient l'attention de Louis XVI que le navigateur de génie, la figure emblématique de l'esprit de conquête, celui qui dépassait en gloire tous ses devanciers, l'Anglais James Cook. Louis XVI avait dévoré les récits des expéditions de l'inventeur de l'Australie, de la Nouvelle-Zélande et du continent antarctique, qui avait accompli ce que Bougainville et Kerguelen s'étaient contentés d'entrevoir, et offert à la Grande-Bretagne la maîtrise du Pacifique jusqu'à la latitude de 71°11'. Au point que sans se soucier du lourd contentieux entre la France et l'Angleterre, Louis avait prié Sartine de donner des instructions aux commissaires maritimes des ports de commerce afin de ne pas importuner l'explorateur :

> L'intention du Roi est que le capitaine Cook soit traité de même que s'il commandait des bâtiments des puissances neutres ou amies et qu'il soit recommandé à tous les capitaines [...] qui pourront le rencontrer à la mer et faire connaître à ce navigateur célèbre les ordres qui ont été donnés à cet égard en lui observant que de son côté, il doit s'abstenir aussi de tout acte d'hostilité[23].

Cependant le retard accumulé par le royaume rendait urgente l'organisation d'une circumnavigation qui complétât les découvertes des trois voyages de Cook, en même temps qu'elle favoriserait l'extension du commerce. Et de même que Cook avait embarqué avec lui de grands savants, Joseph Banks et Daniel Solander, pour aller observer l'éclipse de la planète Vénus à Tahiti en 1769, l'expédition française avait prévu d'emmener une pléiade de quatorze scientifiques, plus éclatants les uns que les autres. L'initiative avait été prise par Fleurieu, qui avait présenté au roi un mémoire dans lequel il recommandait de confier le commandement des navires au capitaine de vaisseau Jean-François de Galaup, comte de Lapérouse, le meilleur marin qu'il lui pût indiquer. C'est ainsi qu'en 1785, alors que la dernière expédition de Cook n'était connue que par sa fin tragique sous les coups de patoupatou assénés par les indigènes des îles Sandwich (Hawaï), Louis XVI s'était décidé à accomplir ce qu'on appelle de nos jours un « grand geste ». Nul n'était mieux préparé à réaliser cet exploit que Lapérouse, marin auréolé de succès militaires qui lui avaient déjà valu à l'époque une ascension remarquable, la croix de Saint-Louis et une pension de 300 livres sur le Trésor royal.

Premières armes

C'était un Languedocien, né près d'Albi, au château du Gô, le 23 août 1741. Un charmant petit gars aux yeux étonnamment bleus, « sérieux, sentimental et dévoué », comme me l'a confié Élisabeth de Lapérouse, dont le sang bouillonne comme celui de son ancêtre. Les Galaup remontaient au XVe siècle et l'on comptait nombre de consuls (nom donné aux membres du conseil municipal) parmi eux. Il était si chétif à la naissance que ses parents l'avaient fait ondoyer, de crainte qu'il ne vînt à mourir. Victor-Joseph de Galaup, son père, était issu d'une famille enrichie dans le passé grâce au commerce du pastel. Il hérita de la charge de consul et fut délégué aux états particuliers albigeois[1]. Sa femme, Marguerite de Rességuier, fille du commandant du bataillon de Condé, de Sauveterre de Rouergue, mit au monde dix enfants dont trois seulement survécurent au-delà de l'âge de vingt ans, selon l'impitoyable loi de l'époque. Sa sœur Martiane-Claire-Jacquette était la préférée de Jean-François, avec qui elle se promenait dans un double panier en osier, tiré par un mulet ;

son autre sœur, Victoire, était de dix-huit ans plus jeune que lui. Toutes deux hériteront de leur frère disparu et obtiendront par un décret signé de Louis XVIII l'autorisation de porter son nom.

Parmi ses ancêtres, Pierre Galaup, capitaine de santé, avait affronté la peste qui affligea la ville à deux reprises, en 1507 et en 1517. Claude de Galaup, le premier à porter la particule, avait acquis en 1614 la métairie du Gô, terre située dans un méandre du Tarn[2]. L'ensemble sera racheté par Jean-François avec l'argent de ses primes d'officier de la Marine royale. Le père de Jean-François possédait un important hôtel dans Albi et la métairie de Lapeyrouse (La pierreuse), située à quelques kilomètres au sud de la ville, sur l'actuelle route de Fauch. L'usage voulant que chacun payât ses études dans le corps des gardes de la Marine, ses parents se séparèrent du domaine au profit de leur fils, qui bénéficia des rentes de 400 livres procurées par les champs, les vignes et la ferme (dont il détournera l'orthographe pour signer). On ne l'appellera plus que Jean-François de Galaup de La Pérouse, puis comte de La Pérouse, le titre lui ayant été conféré par Louis XVI en 1787. Le 11 août 1839, Louis-Philippe signe l'ordonnance royale qui restitue l'orthographe légale du nom de famille, qui se doit écrire en un seul mot, conformément à l'usage qu'en font ses vrais descendants, les Galaup. « Nous avons gardé le nom qui l'a rendu célèbre », dit simplement Élisabeth de Lapérouse.

Jusqu'à la Révolution, le pouvoir administratif et spirituel appartenait à l'archevêque, qui reste le seigneur d'Albi. Choiseul-Stainville, le cardinal de

Bernis, Mgr de Castries encouragent les embellissements de la ville. Le neveu de l'homme d'Église, le marquis de Castries, sera ministre de la Marine et des Colonies à l'époque de la circumnavigation. Il se souviendra d'avoir rencontré Jean-François enfant, lors de séjours chez son oncle, à Albi.

À neuf ans, le petit garçon est confié au collège des Jésuites de sa ville natale où il fait ses humanités en langue latine (« à main de fer, cul de bronze », disait-on de leur éducation). Il parle aussi couramment l'occitan. N'en déplaise à ses savants éducateurs, son style, son orthographe laisseront toujours à désirer, mais il se moquait de cette faiblesse. Des bâtiments, ne demeure aujourd'hui que la chapelle du collège, devenue médiathèque du lycée Lapérouse. Au cours de ses six années d'études, il se lie d'amitié avec de futurs gradés de la Marine, tels Henri Paschal de Rochegude, homme politique sous la Convention, franc-maçon comme lui, et Jean-Baptiste Mengaud de La Hage, futur lieutenant de vaisseau dont il sera très proche. Un de ses oncles, Clément Taffanel de La Jonquière, est à l'origine de la fascination de Jean-François pour la mer, tout ouïe, tout oreilles lorsqu'il écoute les histoires de ce grand capitaine dont il admire les exploits. Lapérouse ne manque pas d'appui pour pouvoir entrer dans le milieu fermé de la Marine. Il sera également pistonné par son tuteur, le chevalier d'Arsac de Ternay, qui lui mettra le pied à l'étrier pour accomplir des travaux d'hydrographie dans les parages d'Ouessant. Les deux hommes s'apprécient au point de ne guère se quitter jusqu'à la mort de Ternay en Amérique, pendant la guerre d'Indépendance. L'adolescent, qui n'a jamais vu passer sous ses yeux d'autres bateaux que des gabares fluviales, ne rêve que d'entrer dans le « Grand Corps », au service du roi. Son père lui ayant fourni les ressources nécessaires, il quitte Albi à quinze ans, en vue de mener des études à Brest, l'une des trois compagnies de gardes de la Marine, avec Rochefort et Toulon. « Quand il accueillait un nouvel élève à l'école, le capitaine de Chézac, qui commandait les lieux, avait coutume de dire à voix haute et ferme : "Monsieur, vous êtes maintenant un garde de la Marine royale. Ne l'oubliez jamais[3]." »

L'arsenal de part et d'autre des rives escarpées de la Penfeld, le chantier naval, les six formes de radoub, les corderies, les grandes forges, les hôpitaux maritimes et le bagne assez vaste pour contenir 3 000 hommes : peut-on imaginer cadre plus différent de son Albigeois natal ? Brest était une vraie fourmilière :

> Des bateaux de toute taille encombrent le chenal... Quatre grands navires et deux frégates sont en cours de construction, deux navires de guerre et une frégate sont déjà prêts et à l'ancre ; un vaisseau de 84 est en cours de réparation, six cents forçats cassent des pierres pour élargir les quais. Des grands bâtiments en pierre et deux fabriques de cordages forment un amphithéâtre près des camps des forçats et de l'hôpital. Tout cela donnait une grande impression de puissance[4].

De quoi enflammer l'imagination d'un petit provincial épris d'aventures et de gloire, dont le rêve prendra forme sous la plume de Chateaubriand :

« Après ce cap avancé, il n'y avait plus rien qu'un océan sans bornes et des mondes inconnus[5]... » Au cours de l'apprentissage qui lui conférera le grade de garde de la Marine, les livres de comptes de Clément de La Jonquière, dont il dépend, le montrent plutôt indiscipliné, turbulent et coupable de dépenses excessives pour « ses plaisirs, l'auberge de la prison (où il fut mis aux arrêts deux semaines d'affilée) et le raccommodage de son épée, qui avait peut-être trop servi[6] ».

Les hostilités reprenant avec l'Angleterre, le jeune cadet ne tarde pas à mettre à l'épreuve l'enseignement qu'il a reçu. Dès 1755, l'amiral Edward Boscawen avait reçu l'ordre de capturer, voire de détruire tous les navires français qu'il croisait sur sa route. Les Anglais s'en donnent à cœur joie et attaquent les bâtiments qui patrouillent le long de nos côtes. Mais ils vont avoir mieux à faire dans les eaux canadiennes. Lors du traité d'Utrecht (1713), la France avait définitivement cédé l'Acadie aux Anglais et s'était rabattue sur l'île Royale, clé du Canada, qui mène des îles Britanniques à la Nouvelle-Angleterre, dont le port, Louisbourg, indispose les colons anglais. L'ambitieux programme d'expansion territoriale planifié au XVIIe siècle par Colbert et l'intendant Talon, désireux d'unir l'Acadie et la vallée du Saint-Laurent jusqu'aux confins de l'Amérique du Nord, s'était effiloché, la prospérité économique escomptée n'ayant pas suivi. Micheline d'Allaire, professeur à l'université d'Ottawa, expose les raisons de cet échec :

> Une société diffuse sur un territoire immensément grand. Pensons que 90 % de la population française est massée dans la vallée du Saint-Laurent, sur une longueur de 480 kilomètres [...]. Un fait : la grandeur de la Nouvelle-France est une cause de sa perte [...]. L'unité de ses composantes est factice, Acadiens et Louisianais ne se rattachent qu'en théorie au gouvernement général de Québec et vivent en marge de la population canadienne de la vallée du Saint-Laurent[7].

Or, en 1755, éclatent les conflits de limites entre colons anglais et français, annonciateurs de la guerre de Sept Ans (1756-1763). Les Acadiens d'origine française versent de l'huile sur le feu en refusant de prêter un serment d'allégeance à la Grande-Bretagne. Entrée dans l'histoire sous le nom de « Grand Dérangement », leur déportation en différents points des colonies américaines, où leur identité linguistique allait se dissoudre, provoque de fortes répercussions en France. Des troupes sont convoyées vers Louisbourg, afin de voler au secours du Canada français. En 1757, La Jonquière, « son parrain naval », embarque Lapérouse sur son propre bâtiment, le *Célèbre*. Pour le jeune cadet âgé de seize ans, c'est le premier voyage au long cours : il découvre un monde sans rivages, sans autre frontière que l'horizon, un monde qui exige des horloges et des chronomètres parfaits pour savoir en quel point l'on se trouve ; il comprend que ce sont les vents qui dictent leur route aux navires et non leur commandant ; il observe la conduite des marins à bord, les forts en gueule, les timorés, les nostalgiques, ceux qui redoutent l'inconnu (James Cook n'a pas encore établi une carte des côtes de Terre-Neuve et du Canada).

Autant de leçons à conserver dans un coin de sa tête, pour le jour où lui sera confié un équipage. Le 19 juin, ils parviennent à Louisbourg. Les troupes une fois débarquées, le *Célèbre* rentre à Brest et le cadet ne verra pas grand-chose du Québec. Transféré sur la *Pomone* et, quelques mois plus tard, sur le *Zéphyre*, Lapérouse repart pour le Canada sous le commandement de Ternay, dans l'escadrille de Louis-Charles du Chaffault. Dès son arrivée, ce dernier propose de renvoyer en France les trois vaisseaux chargés des malades qui seront plus à charge qu'utiles à la colonie. En effet, la montée de l'estuaire du Saint-Laurent se révèle difficile : « La traversée, qui dure trente et un jours, est attristée par une épidémie qui éclate à bord du *Dragon*, du *Hardi* et du *Sphinx* et fait tout de suite plus de cent malades et vingt-et-un morts. C'est l'inévitable fièvre venimeuse avec le pourpre qui tue en quatre jours[8] », écrit Paul Chack.

Dans les faux-ponts, les malades sont allongés sur les cadres que la houle chambarde. Par chance, Lapérouse est déjà reparti en France sur le *Zéphyre* pour y porter les nouvelles des premières attaques contre Louisbourg. La frégate de Ternay, officier froid, hautain et lugubre, de qui l'on a dit plus tard qu'il était l'amiral le plus triste qu'on eût jamais vu, arrive à Brest le 3 juillet, escorté de mouettes grises et blanches qui piaillent au-dessus des gaillards. Jean-François rentre indemne et s'offre une permission de trois semaines :

> Il put ainsi retourner à ses études, à son épais manuel de mathématiques, au traité standard sur les mâts et gréements et au livre de Duhamel du Monceau, *Éléments de l'architecture navale*, lecture de chevet obligatoire de tous les gardes de la Marine[9].

Trois semaines plus tard, le 27 juillet 1757, Louisbourg capitulera.

En 1759, Lapérouse est embarqué dans un raid sur les îles Britanniques à bord du *Formidable*. Le 20 novembre, les deux flottes ennemies s'affrontent dans la baie de Quiberon. Le maréchal Hubert de Conflans prend en chasse les bâtiments du commodore Robert Duff, rapidement secouru par l'amiral Hawke. Lapérouse assiste au carnage :

> Autour de lui gisaient des officiers et des marins morts ou blessés, les mâts volaient en éclats et se brisaient sur le pont avec fracas, des cordes cassées pendaient dans tous les sens... Le capitaine Saint André du Verger était mort, la tête écrasée par un boulet de canon[10].

Affreuses batailles qu'on a peine à imaginer, amoncellements de corps coupés en deux, de têtes et de membres fauchés, de blessés qui hurlent dans le vacarme des charpentes explosées. Touché à l'estomac et au bras, Lapérouse est envoyé en prison à terre, puis libéré, à condition de donner « sa parole de ne pas servir de nouveau dans les forces armées aussi longtemps qu'un prisonnier britannique du même grade n'aurait pas été échangé contre lui et renvoyé en Angleterre[11] ». Libéré au mois de décembre 1760, il peut enfin rallier Brest et se rendre à Albi. Conflans sera banni sur ses terres par Louis XV, qui use pour ce faire d'une élégante litote : « Nous n'avons aucun désir de le voir[12]. »

En 1761, les Britanniques s'emparent de Belle-Île, alors que les navires français réchappés de la bataille de Quiberon se sont réfugiés dans l'embouchure de la Vilaine. Le duc d'Aiguillon, ministre de la Marine, voit d'un mauvais œil ces officiers inactifs qui seraient plus utiles à Rochefort ou à Brest qu'en tapant le carton assis autour d'une table. C'est ainsi que Ternay, qui avait réussi à rentrer à Brest sain et sauf, est envoyé sur la Vilaine pour tenter de faire sortir les bateaux immobilisés. Il emmène avec lui Lapérouse et tous deux rejoignent le *Robuste*, qu'ils parviennent à extraire des mâchoires des Anglais et à ramener à Brest en compagnie d'un autre bâtiment, l'*Éveillé*. Désireux de multiplier ce genre d'exploits, le duc de Choiseul, successeur du duc d'Aiguillon au ministère, prépare d'immenses armements contre l'Angleterre et redonne son faste à la flotte, avant d'être renversé par une intrigue de cour. Il accorde une rente annuelle de 3 000 livres à Ternay et une récompense de 300 livres aux gardes de la Marine, parmi lesquels Jean-François de Lapérouse.

Cependant, ni l'un ni l'autre n'en ont fini avec le Canada. Commandée par Choiseul, une nouvelle mission, plus modeste, leur est assignée sans tambours ni trompettes : faire au moins respecter le droit de pêche le long de la côte de Terre-Neuve, territoire résolument sous contrôle britannique. Ils font route jusqu'à Saint John's Harbour, la capitale dont ils s'emparent, et attendent de pied ferme que la flotte anglaise se montre à l'horizon. Pour John Dunmore, il ne s'agit que d'un « bluff de plus dans cette vaste partie de poker menteur ». Lorsque les Anglais apparaissent en force et armés jusqu'aux dents, Ternay parvient à s'esquiver tandis que les ennemis reprennent possession du port, sans juger nécessaire de déloger les pêcheurs français. Pour n'être qu'à moitié rempli, le défi a mis en joie Lapérouse, fier d'avoir contribué à une action militaire qui maintenait notre présence sur le sol canadien. Résultat fort modeste, quand on sait que le désastreux traité de Paris (1763) amputera la France d'une immense partie de ses possessions (Canada, Labrador, île du Cap-Breton, bouches du Saint-Laurent, Antilles et territoires de l'Hindoustan).

La guerre achevée, Jean-François retourne au pays sain et sauf et retrouve le climat familial. Avec déjà cinq campagnes à son actif, il piaffe en attente d'une nouvelle affectation et repart à Brest :

> Il soupire après de nouveaux combats ; mais la guerre cesse ; alors au lieu de passer dans le repos le temps de paix que donna à la France le traité de 1763, il s'embarqua et, pendant quatorze années, parcourant plusieurs fois le monde, il se prépare à devenir digne de la noble mission qui doit un jour lui être confiée[13].

Les lignes pompeuses du Bulletin de la Société de géographie[14] retracent grosso modo la carrière civile et militaire qui précède le célèbre voyage autour du monde. Promu enseigne de vaisseau en 1764, Lapérouse navigue pendant trois ans le long des côtes de France sur de petits navires marchands, successivement l'*Adour* et le *Gave*, qui transportent les bois des forêts pyrénéennes destinés à la fabrication des mâtures des vaisseaux. On ne doit pas sous-estimer ce commerce à l'allure simplette : Jean-François y acquiert l'art de la manœuvre et se mesure avec les problèmes de chargement qu'il rencontrera par la suite.

Pour être moins notoires que sa grande odyssée, les débuts de Lapérouse n'en façonnent pas moins le héros légendaire d'un voyage célèbre. Il est déjà revêtu des vertus qui guideront le choix de Louis XVI : le courage, la vigilance nécessaire à la navigation dans des eaux inconnues et l'insurpassable don d'observation des déchiffreurs du globe. Quand la soif de découverte commence-t-elle à l'obséder ? En entendant parler de Bougainville, dont on murmure qu'il vient de fonder une colonie française aux Malouines, nom qu'elles doivent aux aventuriers de Saint-Malo ? Comme lui, Jean-François s'est battu au Canada, comme lui, il n'a de cesse d'en découdre avec les Anglais. En 1741, déjà, l'amiral anglais George Anson avait mis la pâtée aux colonies espagnoles d'Amérique du Sud, mais cela, c'était la guerre, et l'on pouvait aussi partir pour des voyages pacifiques autour du monde, comme le feront, en 1766, les Anglais Samuel Wallis et Philip Carteret. Si seulement l'avenir pouvait lui réserver pareille chance, il serait aux anges… Il suffit d'attendre qu'on lui confie une mission ambitieuse, à caractère scientifique, comme aux grands navigateurs. Alors, l'océan Pacifique n'aurait plus de secrets pour lui : ni ses habitants, ni ses îles (tellement éloignées qu'on ne savait même pas ce qui y poussait), ni ses terres inconnues en quête d'identité. Plus que toute autre, le captive la lecture de l'ouvrage de Charles de Brosses, paru en 1756, *Histoire des navigations aux terres australes*. Et il rêve de ce grand continent du Sud qui ferait pendant à notre hémisphère et serait disposé en miroir dans l'hémisphère austral. Plus près de nous, Gilles Lapouge s'amuse de la manie organisatrice de la géographie, et du culte qu'elle rend à la symétrie : « même un peu déchu, le thème du double continue d'habiter les esprits[15] ».

La période de paix l'oblige à ronger son frein. Ce n'est pas à tort qu'un Malouin du temps de Cartier a nommé cap de Bonne Espérance la pointe ouest de la baie de Gaspé ! Jean-François avait déjà dû contrevenir à la règle qui interdit aux gentilshommes du Grand Corps de faire du commerce et se sacrifier à la montée des idées modernistes, en acceptant d'œuvrer pour la marine marchande. En 1768, une longue permission lui permet de se ressourcer au Gô, où il fête son vingt-huitième anniversaire en famille.

La patience n'est décidément pas son fort. Le voilà de retour à Brest, où pleuvent les mauvaises nouvelles. Louis XV est hostile aux va-t-en-guerre et Choiseul, affaibli par les manigances de Mme Du Barry, quittera bientôt sa charge. Les îles de l'océan Pacifique se couvrent de noms anglais et espagnols. Pourquoi rester inactif, alors que tout indique que le moment est venu d'attaquer ? On sait que les colonies britanniques d'Amérique ruent dans les brancards, que la Couronne a maille à partir avec la puissante Compagnie des Indes orientales, et que la santé de George III inspire des inquiétudes outre-Manche. Et dire que Tahiti, île très riche découverte en 1768 par Samuel Wallis, était rebaptisée *King George the Third's Island* ! Où s'arrêterait l'insolence de l'ennemi ?

De mai à septembre 1771, la bonne étoile de l'apprenti marin lui vaut une mission aux Antilles, à bord de la *Belle-Poule*. De Port-au-Prince, le bateau patrouille autour des îles pour surprendre les navires britanniques attirés par le négoce florissant des colonies françaises. Rentré à Brest, son capitaine établit un rapport élogieux : « Lapérouse, enseigne. Très instruit et plein de connaissance, jeune officier de la plus grande espérance[16]. » Ce bref séjour lui permet-il de clarifier ses idées, notamment à propos de l'esclavage sur lequel reposait la prospérité du pays ? L'île de France (île Maurice), qui comptait 190 000 Nègres importés d'Afrique contre 250 000 habitants, était particulièrement dépendante de ce négoce, ainsi que sa modeste voisine, l'île Bourbon. John Dunmore rend compte du problème :

> Les visiteurs étaient mal à l'aise dans cet environnement insulaire, et Lapérouse, vraisemblablement encore plus que les autres. C'était un Galaup, le descendant de commerçants et d'administrateurs locaux qui ne devaient leur ascension progressive au fil du temps qu'à leur analyse froidement objective et à leur approche terre à terre des choses, mais qui se demandera souvent si le fait de posséder des esclaves était davantage une question de statut et de profit[17].

Adepte des idées progressistes, Lapérouse garde pourtant les traces d'une éducation hostile aux valeurs des Lumières. Dunmore suppose que les officiers débattaient entre eux des œuvres de Montesquieu, qui « prêchait en quelque sorte dans le désert, quand il écrivait que l'esclavage n'apporte rien ni au maître ni à l'esclave[18] ». Cependant, à lire l'auteur de *L'Esprit des lois*, dont les ondoyantes positions oscillent entre le racisme anti-Noirs — « Il est impossible que nous supposions que ces gens-là soient des hommes » — et l'éloge de l'abolitionnisme (« mais, comme tous les hommes sont égaux, il faut dire que l'esclavage est contre la nature[19] »), Lapérouse eut à se poser des questions embarrassantes. Comme l'écrit Darwin, « il est aussi difficile de ne pas se faire d'opinion qu'il est difficile de juger correctement les choses[20] »...

La route des Indes

Jusqu'à la guerre, qui reprendra en 1778, Lapérouse fait preuve d'une activité forcenée, qui lui permet d'engranger le savoir nécessaire à ses futurs exploits. Fin décembre 1771, il est à Brest au moment de la mort de César-Gabriel de Choiseul, duc de Praslin, qui avait succédé à son oncle après la disgrâce de ce dernier. Remercié pour la qualité de son travail, il aspire à être promu, lorsqu'il se voit devancé par Bernard de Tromelin, à qui est confié le commandement d'une corvette tout juste sortie des chantiers, la *Lunette*. C'est alors qu'il exprime sa rancœur et commet l'impair de demander des comptes à l'abbé Joseph-Marie Terray, ministre par intérim :

> Au service de la Marine depuis plus de quinze ans, j'ai fait douze campagnes, j'ai été blessé dans le combat le plus meurtrier de la dernière guerre, cependant aujourd'hui, M. de Tromelin, officier de port depuis six mois, moissonne le champ que j'ai semé, il obtient le commandement que M. de Rosilis [responsable des affaires navales à Brest] avait demandé pour moi. Je cherche, Monseigneur, dans ma vie passée, les raisons d'un traitement aussi rigoureux[1].

Fussent-elles justifiées, les récriminations de ce genre irritent d'autant plus les autorités qu'elles surviennent en période de remaniement politique. Avant de reprendre du service, Lapérouse avalera son chapeau et patientera jusqu'à ce que la situation se clarifie. Enfin, le 22 janvier 1772, le ciel s'entrouvre : Ternay l'engage sur la *Belle-Poule*, en partance pour l'île de France, dont il vient d'être nommé gouverneur. Jean-François franchit pour la première fois l'équateur et subit les gros bizutages de rigueur au passage de la ligne.

À première vue, l'île reprise aux Hollandais en 1715 par le Français Guillaume Dufresne coulait des jours tranquilles. Mais, en y regardant de plus près, la situation était loin d'être aussi simple. Les intérêts locaux s'opposaient à ceux de la Compagnie française des Indes, qu'il avait fallu relever de la faillite après la triste fin de la guerre de Sept Ans. En proie à la division des pouvoirs militaire et civil, vouée aux intrigues politiciennes, minée par les clivages sociaux, l'île posait toute sorte de difficultés au nouveau gouverneur. Reçu chez les notables de Port-Louis, Lapérouse est appelé à arbitrer les querelles intestines. Il écoute avec son habituelle courtoisie les doléances des différents partis, observe la société coloniale d'un œil bonasse et se prononce rarement en public. Peu à peu, nous dit John Dunmore, il commence à se sentir chez lui dans les résidences des notables qui l'invitent à des dîners et des réceptions en plein air mais retourne toujours à son port d'attache — il dispose pour se loger d'une cabine personnelle sur la

Belle-Poule, puis, quand le navire repart en France, d'un bateau de fret pour transporter des marchandises à Madagascar, l'*Africaine*. À Monplaisir, la maison de Pierre Poivre, intendant de la colonie, dont les jardins devront à Philibert Commerson les plantations d'épices que les deux hommes rapporteront des Indes orientales, il a le bonheur de rencontrer le fameux compagnon de Bougainville, retenu sur l'île pour y exercer ses talents de botaniste. Le talentueux inventeur de la bougainvillée fut ravi de discuter de l'exploration du Pacifique avec un compatriote. Nul ne sait si Jeanne Barret, qui avait suivi Commerson sur la *Boudeuse* travestie en valet, participa à leurs causeries... Sous le pseudonyme de Jean Baré, cette modeste assistante tenait les herbiers de son maître et le servait à table pendant le voyage autour du monde. Elle n'avait eu qu'à changer sa culotte de matelot contre une robe plutôt stricte pour demeurer dans l'île auprès de lui, en qualité de gouvernante. La bonne étoile de Jean-François met aussi sur son chemin Charles de Romainville, cartographe de Bougainville à bord de l'*Étoile*, conserve de la *Boudeuse*. Il a donc tout loisir d'étudier les cartes marines et les esquisses qui lui sont communiquées, et de méditer sur les pointillés des côtes inexplorées.

À trente et un ans, Lapérouse est encore un cœur à prendre. Convié à une réception dans la résidence d'Abraham Broudou, tenu de recevoir les officiers en escale en tant que directeur des entrepôts maritimes de Port-Louis, il tombe éperdument amoureux de l'une de ses deux filles, Louise-Éléonore, âgée de dix-sept ans. La jolie créole n'est pas insensible aux avances du « corpulent enseigne » dont Dunmore nous dit qu'il était « aux prises avec un embonpoint croissant ». D'ores et déjà, un nuage plane sur l'idylle des jeunes gens. Broudou ne peut fournir à sa fille qu'une dot relativement modeste et sa famille ne possède aucun titre de noblesse. Conscient de la fureur éventuelle de son père, Lapérouse évite de s'adresser directement à lui et se confie dans une lettre à sa sœur Jacquette, datée du 1er août. Il se dit enchanté du magot de 90 000 livres amassé grâce au partage des prises, lui promet de rapporter les toiles peintes qu'il lui a promises et s'avance sur le chapitre épineux des amours en marchant sur des œufs :

> Je suis un peu amoureux d'une personne de cette île, et cette affaire pourrait bien se terminer par un mariage, mais rien n'est encore décidé. Je ne prévois rentrer en France qu'en 1777[2]...

Et voilà comment s'y prendre de façon élégante pour déposer une bombe à retardement dans un pays que l'on sait ne pas revoir de sitôt.

En avril 1773, notre coureur des mers obtient enfin le commandement d'une flûte de 700 tonneaux et de trente canons de 12, la *Seine*. La mission qui lui est confiée est haute en couleur, il doit remettre un peu d'ordre dans ce qui reste de l'Empire français aux Indes. Lors de son premier voyage à l'île de France, il avait découvert à la fois la lenteur des traversées et l'attente interminable des instructions en provenance de Versailles. De nouvelles embûches le guettent, qu'il serait fastidieux de relater en détail, bien qu'elles le préparent à affronter le singulier destin qui sera le sien. Malgré sa flamboyante devise, *Florebo quocumque ferar* (Je fleurirai là où je serai porté), la Compagnie française des Indes orientales avait connu bien des avatars depuis qu'elle avait été créée à l'initiative de Colbert pour concurrencer les commerces anglais et hollandais « dans toutes les Indes et mers orientales », avec monopole du commerce lointain, y compris la Louisiane, le Sénégal et les Mascareignes (île Bourbon, île de France, île Rodrigues.)

Victime des manipulations de Jean Law, neveu du célèbre banquier, qui l'absorbe en 1719 dans la Compagnie d'Occident pour créer une seule et grande Compagnie des Indes, son indépendance connaît une éclipse jusqu'en 1723. Les coups successifs des Anglais et le rappel du gouverneur Dupleix en 1754 ont raison de sa puissance, sans compter la désastreuse capitulation de Lally-Tollendal, assiégé par les Anglais dans Pondichéry (16 janvier 1761). En 1764, un an après le traité de Paris, Jean Law est chargé de récupérer nos établissements aux Indes, à savoir les cinq villes et les loges du Bengale qui feront l'objet de l'inspection de Lapérouse. Ces établissements sont répartis sur trois régions : la côte de Coromandel autour de Pondichéry, celle du Bengale avec Chandernagor et la côte malabare avec Mahé (Karikal et Yanaon étant des comptoirs secondaires)[3]. Jean Law les administre en « bon calculateur. »

La route des Indes était périlleuse, et Lapérouse

ne l'ignorait pas. À quoi bon souligner son courage devant l'inconnu, son intuition face aux dangereuses lacunes des cartes, son ardeur à reprendre la mer dans les pires conditions d'inconfort et d'insécurité ? Certes, le service l'exigeait et l'obsession de rendre la mer intenable aux navires anglais. Mais, plus fort encore, le mystère avait son rôle à jouer, car depuis des siècles la frontière était mince entre officiers de marine et aventuriers. L'état-major s'y retrouvait parmi les siens et Ternay avait visé juste en tablant sur la compétence de son protégé, lui déclarant :

> Je vous fais confiance pour venir à bout des difficultés qui assaillent les Seychelles, nous n'avons pas le moindre budget pour leur entretien ou leur développement. Il revient aux colons de travailler le sol dont ils m'ont dit qu'il était fertile[4].

En langage ministériel : « Puissé-je être débarrassé de cette corvée ! »

Mais où donc étaient situées les îles des Seychelles, anciennes îles de La Bourdonnais, qu'il devait rallier avant d'atteindre les côtes de l'Inde ? Nul n'était vraiment sûr de leur position, Lapérouse pas plus que d'autres. On supposait qu'elles couvraient une étendue de 390 kilomètres carrés au nord-est de Madagascar et que leur production était peu rentable. Lors de son précédent voyage, Lapérouse avait suffisamment caboté sur l'*Africaine*, qui assurait le commerce entre l'île de France et cette coûteuse colonie, pour être informé de ce dernier point.

Une fois parvenu à l'extrémité ouest de l'archipel des Seychelles, sa position estimée et celle de la carte affichent quelque 240 kilomètres d'écart en longitude. « C'est une chose à laquelle tous les navigateurs du monde doivent s'attendre[5] », affirme-t-il, olympien. Son bateau chargé de tortues et de noix de coco, il met le cap sur l'Inde, redoutant les innombrables chamailleries commerciales qui dressent les coloniaux contre les esclaves et les sociétés d'indigènes indépendants. Habile diplomate, faisant respecter le pavillon d'un roi qui marque au demeurant peu d'intérêt pour les Indes, il règle les litiges, calme les fauteurs de troubles et négocie des cessez-le-feu. Il visite Pondichéry, Chandernagor et la côte de Malabar, croise au sud de Bombay et y disperse une flotte mahratte (25 janvier 1775). À Mahé, il se trouve embarqué dans une guerre locale contre un prince malabar et participe à la défense du port. Au moment où Ternay n'a plus besoin de ses services, il lève l'ancre pour s'en retourner à l'île de France, où il relâche le 24 mars. Le moral des amis qu'il y retrouve n'est pas au beau fixe. Coup sur coup, l'expédition de Marc-Joseph Marion-Dufresne, massacré en Nouvelle-Zélande, et celle de Kerguelen, à la recherche de son mirage « austral », sont autant de désastres qui plombent les esprits.

Le temps s'écoule, empli par diverses tâches administratives. Heureux de fréquenter Éléonore, il achète en août 1775 une maison voisine de celle des Broudou, la propriété coloniale du Mesnil, à mi-chemin de Port-Louis et de Vieux Grand Port, pour y voir commodément sa fiancée. On peut lire sur le monument érigé sur place en 1987 une phrase de l'explorateur anglais Matthew Flinders : « Il demeura jadis dans cet endroit, sans doute peu connu, mais heureux. » Lapérouse étudie les rapports des capitaines, contrôle les cartes marines et surveille la réparation des navires avariés, dont la *Seine*, tellement à bout de course qu'elle nécessite deux pompes fonctionnant nuit et jour pour être maintenue à flot. Selon Dunmore, il serait à deux pas de s'installer dans l'île, voire de donner sa démission, ce qui paraît douteux. D'autant que des nouvelles parvenues de Boston font allusion à une rébellion des citoyens contre les taxes supplémentaires imposées aux colonies anglaises d'Amérique par le ministre britannique lord North. Surnommés « les Fils de la liberté », les révoltés avaient jeté à la mer des caisses de thé de la Compagnie des Indes en signe de protestation. Signée le 4 juillet 1776, la Déclaration d'indépendance ne sera connue dans l'île qu'en octobre. Sur ces entrefaites, Ternay est remplacé. Il embarque Lapérouse sur la *Belle-Poule*, qui lève l'ancre le 16 décembre pour Lorient, où ils n'arriveront que le 7 mai 1777. Avant de partir, Jean-François revend Le Mesnil. Dès le mois de décembre, un navire de la Compagnie des Indes quitte Port-Louis, une jeune créole à son bord, dont la sœur, Elzire, se désole de ne pas avoir été l'élue du cœur de Lapérouse[6]...

« Il faut secourir les Américains »

De Lorient, Ternay et Lapérouse se rendent à Paris pour remettre leurs rapports au ministère. Jean-François est élevé au grade de lieutenant de vaisseau. Il se plaint au ministre de la maigre pension qui lui est allouée (*bis repetita placent*) et obtiendra par la suite une augmentation de 300 livres par an « au vu des services rendus dans les mers indiennes[1] ». La capitale bruit des rumeurs insistantes de la révolte des colonies anglaises d'Amérique. La France doit-elle ou non intervenir outre-Atlantique et signer un traité d'alliance avec les Insurgents ? Les deux amis s'informent auprès des cercles qu'ils fréquentent. Pacifiste, le roi hésite et consulte. Beaumarchais monte à l'assaut :

> Aujourd'hui que l'instant d'une crise violente avance à grands pas, je suis obligé de prévenir votre Majesté que la conservation de nos possessions d'Amérique et la paix qu'elle paraît tant désirer dépendent uniquement de cette seule proposition : il faut secourir les Américains[2].

De passage à Paris à la fin de l'année 1776, Benjamin Franklin a acquis les intellectuels influents à sa cause. Mais d'autres pensent, comme le commissaire de la Marine Pierre-Victor Malouet, que l'indépendance de la Nouvelle-Angleterre risque de mettre notre commerce en danger.

Cependant l'occasion est trop belle, qui attise le désir de prendre une revanche sur les odieux vainqueurs de la guerre de Sept Ans. Avant de rentrer au pays, Ternay et Lapérouse prennent soin d'informer le ministère qu'ils sont prêts à reprendre du service.

Cela fait cinq ans que Jean-François n'est pas retourné à Albi et il est tout d'abord accueilli en héros. Son avancement rassure ses parents qui sont fiers de lui, mais il se fait si rare ! Comment leur héritier, un marin, aura-t-il le temps de prendre en main la gestion de Gô ? N'était la question de son mariage, ces retrouvailles familiales, agrémentées de cadeaux exotiques, seraient totalement paisibles. Il suffirait que M. de Lapérouse père cède à l'inclination de Jean-François pour faire avancer les choses. Mais quand le vieillard en vient à parler des Broudou péjorativement (des inconnus, des commerçants, des employés, des Nantais, des « gens du Nord »), Jean-François serre les dents et mesure le chemin à parcourir avant d'épouser celle qu'il aime. Son destin lui réserve si peu de temps pour l'amour qu'il ne souhaite pas s'encombrer d'une vision aussi rétrograde que celle des siens. En passant par Nantes, il revoit Éléonore et promet à la jeune femme de lui rester fidèle.

Il avait pourtant peu d'espoir de voir ses vœux exaucés. La perspective d'accepter que son fils épousât une demoiselle de petite extraction, désargentée de surcroît, ne pouvait qu'accroître la colère du vieux M. de Lapérouse, devenu presque aveugle. Arrivé à Brest, Jean-François reçoit une lettre furibonde, dictée par leur père à sa sœur Victoire : « Vous me faites frémir, mon fils ; quoi, vous envisagez de sang-froid les conséquences d'un mariage qui vous met dans la disgrâce du ministre, vous fait perdre la protection des amis puissants. Vous allez perdre avec le fruit de vos travaux de vingt années, la considération que vous vous étiez acquise. Nous en étions flattés, mais en vous avilissant, vous humiliez toute votre famille et votre parenté[3]. » Une lettre bien intéressante au demeurant, où s'affichent en termes indignés la rigidité des traditions familiales et le refus des mésalliances. L'importance des relations sociales, une bonne réputation, la bienséance et l'argent sont les facteurs indispensables de réussite à qui ne veut pas déchoir. Rien n'est pire que de renoncer à la fortune au profit des sentiments, cet inépuisable grain à moudre des romanciers anglais. L'appel à la rupture des engagements inconsidérés : « Cette personne et ses parents ignorent-ils que vous êtes sous ma puissance et que tout ce que vous avez pu promettre demeure sans effet ? » L'incertitude de l'avenir, le confort à offrir à une épouse, tant que fortune n'est pas faite : « Vous n'avez pas d'habitation bien certaine dans la ville. Votre maison de campagne est-elle en état de recevoir une femme ? Irait-elle trotter les boues pour chercher une messe ? » Enfin, que Jean-François suive l'exemple de ceux qui ont pris pour femme des créoles fortunées : « M. de La Jonquière et tant d'autres ont épousé des créoles, mais ce qui pouvait manquer du côté de la naissance était compensé par les biens et la fortune. Sans cet équilibre ils n'eussent pas eu la bassesse de les épouser[4]. »

À Brest, on se prépare à la reprise des hostilités contre l'Angleterre. À la fureur du gouvernement britannique, Louis XVI a reçu à Versailles les représentants des treize colonies unies. Rejointe par la noblesse, l'opinion publique approuve l'intervention armée. On se reportera plus haut aux exploits qui suivirent la sortie de la *Belle-Poule*. À Saint-Malo, en cette année 1778, Lapérouse reçoit le commandement de l'*Amazone* et doit attendre que son navire soit prêt à prendre la mer, raison pour laquelle il ne participe pas à la bataille d'Ouessant. La frégate réparée, il est enrôlé dans l'escadre du comte d'Estaing et prend deux bâtiments aux Anglais lors du combat livré devant la Grenade (Antilles) contre l'amiral Byron. Ses impressions sont consignées dans son Journal :

> Notre général alla à la rencontre de l'ennemi, et nous étions si près d'eux qu'il nous fut impossible, alors que nous foncions sur eux, d'adopter un quelconque ordre de bataille[5].

Le carnage dont il est le témoin, les morts, les milliers de blessés, et parmi eux La Motte-Picquet, lui rappellent les horreurs de la guerre, mais une guerre qui décuple son ardeur. Pendant que d'Estaing, désobéissant aux ordres, subit une cuisante défaite à Savannah (n'est pas Nelson qui veut), Lapérouse est chargé de convoyer des marchandises à Charleston (Caroline du Sud). Sur la route du retour, il donne la chasse à une frégate anglaise, l'*Ariel*, qu'il capture à l'issue d'un combat féroce, puis prend le *Tigre*, avant de faire escale à Cadix. Brave entre les braves, il entre dans le port sous les applaudissements qui saluent ses marins assemblés sur le pont « dans un accoutrement étrange fait de morceaux d'uniformes britanniques[6] ». Il arrive à Brest en décembre 1779.

À Lorient, Ternay attend le héros de pied ferme. Sans le laisser souffler, il l'envoie sur-le-champ à Versailles, afin d'obtenir de Fleurieu une nouvelle mission. Il est l'homme providentiel, celui qui sait dans quels ports américains se sont rassemblées les garnisons ennemies. Or Rochambeau s'apprête à rejoindre La Fayette, parti de Brest quelques semaines plus tôt pour voler au secours des insurgés. Le 17 avril 1780, l'escadre de Rochambeau est enfin prête à quitter la France : « Les bateaux étaient chargés de soldats, en tout quatre régiments : le Bourbonnais, le Soissonnais, le Saintonge et le Royal-Deux-Ponts, mais aussi cinq cents auxiliaires allemands, sans compter la main-d'œuvre diverse et la police militaire[7]. » Ralentie par les navires de commerce, la traversée s'étire sur deux mois dans les pires conditions d'hygiène, les marins entassés à six ou sept cents par bateau. En cours de route, le scorbut se propage. Des 6 000 hommes convoyés par Rochambeau, plus de mille sont atteints lors du débarquement à Rhode

Island. Par bonheur pour les Français, le général Clinton ne pouvait connaître la fameuse formule de Napoléon : « La guerre est un art simple et tout d'exécution », sans quoi il eût attaqué sur terre, l'amiral Graves, sur mer, et c'en était fait de la belle flotte française. Il n'en demeure pas moins qu'il fallait courir faire les yeux doux à Versailles pour demander les renforts nécessaires. C'est ainsi que Lapérouse et le fils de Rochambeau reçoivent l'ordre de rentrer en France. Quand, cinq semaines plus tard, les deux marins arrivent au château, des changements sont intervenus. Sartine a été contraint de démissionner pour avoir engagé des dépenses navales sans l'approbation du contrôleur des Finances et le marquis de Castries occupe désormais ses fonctions. Une petite brise albigeoise flotte dans le cabinet du nouveau ministre, enchanté de revoir Lapérouse (« Je n'ai jamais oublié que j'ai été albigeois comme vous[8] »). Persuadé que la guerre basculerait en faveur des Américains, Castries lui octroie un million et demi de livres et une frégate de trente-deux canons, l'*Astrée*, qui naviguera de conserve avec l'*Hermione*. En bon stratège, le ministre promet d'envoyer à Rochambeau père deux flottes distinctes, l'une pour les Antilles (amiral de Grasse), l'autre pour les États-Unis (amiral Barras de Saint-Laurent), soit la bagatelle de trente bateaux de guerre et de cent navires de transport. En tête du convoi, l'*Escadrille bleue* tracera la route en direction des Antilles, sous le commandement d'un certain Louis-Antoine de Bougainville.

Arrivé à Boston fin février 1781, Lapérouse apprend le décès tragique de Ternay à l'île de France (« le meilleur ami que j'eusse au monde. Il me servait de père depuis le premier instant où j'étais entré dans la marine[9] »). Il patrouille avec l'*Astrée* et l'*Hermione* dans les parages du Cap-Breton et, le 21 juillet, surprend un convoi de vingt navires marchands et de six frégates anglaises. Courant sur l'ennemi toutes voiles dehors, il s'empare de deux vaisseaux britanniques, le *Charleston* et le *Jack*. Sa réputation fait le tour de l'océan. Par la suite, il participe à de nombreuses attaques, notamment les 9 et 12 avril 1782, au cours de la bataille des Saintes, baptisée le « Trafalgar antillais », où l'escadre de l'amiral Rodney, vite soutenue par les bâtiments de Hood, remporte la victoire. C'est après la bataille de la Dominique qu'il obtient de Vaudreuil un vaisseau de soixante-quatorze canons plus récent que l'*Astrée*, le *Sceptre*, et qu'il est chargé d'une mission d'importance qui va le mener de Saint-Domingue dans l'endroit le plus reculé du monde, la baie d'Hudson.

En étrange pays

L'entreprise devait être accomplie dans le plus grand secret afin d'échapper aux patrouilles ennemies. Lapérouse lui-même ne disposait d'aucune carte du territoire glacial où les Anglais avaient implanté la Compagnie de la baie d'Hudson, société qui détenait le monopole du commerce des fourrures collectées par les Indiens. Fondée en 1670, octroyée à ses sujets par une charte signée de la main de Charles II, la baie d'Hudson couvrait une immense surface — près de la moitié du Canada et le nord du Québec d'aujourd'hui —, drainée par les nombreuses rivières qui se jetaient dans la baie. Il n'avait pas échappé aux monarques anglais que les employés de la Compagnie étaient aux premières loges pour découvrir le mystérieux et hypothétique passage du Nord-Ouest. Déjà convoitée par François Ier, qui avait chargé Jacques Cartier de « s'avancer en direction du Cathay [la Chine] et de rapporter tas de riches choses[1] », la région offrait des atouts commerciaux et géographiques qui ne pouvaient qu'intéresser Louis XVI depuis que la chute du Canada français avait tiré un trait sur les bénéfices tirés des comptoirs en notre possession.

Mise en œuvre par Fleurieu, la tâche dévolue à Lapérouse consiste à détruire deux des forts ou *factories* installés par les Anglais, seuls à détenir des cartes fiables qu'ils conservaient jalousement. En 1769, la Compagnie avait chargé un explorateur âgé de vingt-quatre ans, Samuel Hearne, *self-made-man* né à Londres, de progresser aussi loin que possible en direction du nord. Le premier à traverser la toundra canadienne depuis l'expédition de Martin Frobisher au XVIe siècle, Hearne souffrit mille morts et perdit ses orteils avant de buter sur « une frontière infranchissable de récifs et de glaces enchevêtrées[2] ». C'est cet homme formé à la dure école de la Royal Navy, nommé à trente-sept ans gouverneur de l'Honorable Compagnie, au-devant duquel marche Lapérouse. À la tête de trois navires, le *Sceptre*, l'*Engageante* et l'*Astrée* (rafistolée) qui fait partie du voyage sous les ordres de Fleuriot de Langle, futur commandant de l'*Astrolabe*, Lapérouse fait route sans carte ni pilote. Or, qui s'aventure dans le Grand Nord ne peut progresser sans l'assistance de guides locaux, Indiens ou Esquimaux, et muni de vêtements adaptés à la rigueur du climat, ce qui était loin d'être le cas.

Partis le 31 mai 1782, les navires atteignent début juillet la côte du Labrador, pris dans un brouillard intense. Frigorifiés, les timoniers, les vigies scrutent l'obscurité et indiquent aux marins les manœuvres à suivre pour se faufiler entre les blocs de glace. Le commandant en second de

Fleuriot de Langle témoigne du danger qu'ils encourent :

> Nous rencontrâmes les brumes les plus épaisses, conservant autant que nous le pouvions la vue du *Sceptre*, qui, quand nous nous perdions, faisait sonner sa cloche, battre la caisse et tirer des coups de canon[3].

Quand, le 18 juillet, ils parviennent à l'entrée de la baie d'Hudson, Lapérouse s'inquiète du retard qu'ils ont pris :

> Pour arriver promptement au fort du Prince de Galles, qu'il se proposait d'attaquer d'abord, il n'avait plus un instant à perdre, la rigueur de la saison obligeant tous les vaisseaux d'abandonner cette mer dans les premiers jours de septembre. Mais dès qu'il fut entré dans la baie d'Hudson, les brumes l'enveloppèrent, et le 3 août, à la première éclaircie, il se vit environné de glaces à perte de vue[4]...

Les vaisseaux louvoient tant bien que mal, évitent les icebergs et longent la côte en direction du nord-ouest, lorsque les marins aperçoivent une petite troupe qui accourt à leur rencontre, chargée de pelleteries à vendre. Bénis soient ces bons sauvages qui se désignent eux-mêmes sous le nom d'« Inuits » ! Quand on claque des dents, on ne perd pas de temps à discuter le prix des peaux de renard et de castor. Marché conclu, les marins s'accoutrent et doublent leurs vêtements de fourrure :

> C'était un spectacle extrêmement comique que de voir nos hommes habillés ainsi grimper dans les gréements et les vergues avec des airs d'ours ou de phoques[5].

Et ils continuent jusqu'à l'île de Baffin, cette terre désolée, autrefois nommée *Meta Incognita* (les limites inconnues) par Frobisher. Les voilà au-delà des frontières géographiques, allant toujours « plus oultre » selon la formule de Bacon. Trois vaisseaux fantômes dans le vent glacial, et personne n'imagine la longueur phénoménale du détroit d'Hudson. Plus de 320 kilomètres avant d'arriver dans la baie qu'il faudra encore traverser jusqu'au fort Prince-de-Galles, sur la rivière Churchill. Au sortir des tempêtes, ils sont quasi morts de faim quand ils ancrent, le 8 août au soir, devant le fort. Le lendemain, impressionné par le nombre des Français qui débarquent, Samuel Hearne fait sagement hisser le drapeau blanc et la reddition est négociée : le fort sera détruit. Parmi les biens de la Compagnie saisis par les soldats, se trouvent les cartes et le récit de l'exploration pédestre particulièrement éprouvante menée par Hearne dans le Grand Nord canadien. Tombé sous le charme du récit, Lapérouse restitue ses Journaux à l'auteur pour sauver une chronique aussi instructive :

> Faisant abstraction de la rivalité entre les deux nations, il autorisa Hearne à repartir en Angleterre moyennant sa promesse de publier ses cartes marines secrètes de la baie d'Hudson dès son retour[6].

Pour preuve de sa mansuétude, ces lignes de Barthélemy de Lesseps, tirées de son *Voyage de Lapérouse* (1831) : « Lapérouse fut obligé de se conformer à des ordres rigoureux, et de détruire les possessions de nos ennemis ; mais il n'oublia pas en même temps les égards qu'on doit au malheur. Ayant su qu'à son approche des Anglais avaient fui dans les bois, et que son départ ou la destruction des établissements anglais les exposaient à mourir de faim et à tomber sans défense entre les mains des sauvages, il eut l'humanité de leur laisser des vivres et des armes[7]. » Louis XVI ne tarira pas d'éloges à l'égard de son lieutenant (« Si le roi était ici, il approuverait mes actions[8] »). On ne saurait mieux dire que Jules Verne :

> Il s'était acquitté de cette tâche en militaire consommé, en habile marin, en homme qui sait allier les sentiments de l'humanité avec les exigences du devoir professionnel[9].

La prise du fort n'était pas seulement un exploit : les marins affamés ont la bonne fortune de trouver des provisions sur place, « un véritable garde-manger avec du poisson séché, des porcs et du beurre irlandais conservé dans une jarre scellée… », écrit Dunmore. Ils reconstituent une garde-robe digne de ce nom à base de pièces de drap et de tissus qu'ils transforment en chemises et en pantalons, « trop contents de pouvoir enfin se débarrasser de leurs horribles couches de peaux d'ours et de fourrure brutes ». En dépit du froid, mieux vaut renoncer au confort et à la chaleur et porter des vêtements européens, si peu adaptés soient-ils au climat. Ce ne sont pas les Anglais de l'époque, obligés par l'Amirauté à débarquer en uniforme au pôle, qui s'inscriraient en faux.

Lapérouse n'en a pas fini avec cet étrange pays. Il entame la partie la plus pénible de sa mission, qui doit le conduire à Fort York, sur l'île de Hayes. Comme de bien entendu, Samuel Hearne refuse de lui communiquer ses cartes et la progression des navires se fait à l'aveuglette le long des côtes. La tempête sévit, des ours s'invitent sur le parcours, entraînés vers la mer par la crue des rivières. Épuisés, ils rôdent autour des bateaux et se suspendent aux câbles pour se reposer. Les oies sauvages s'apprêtent à quitter la baie, le temps presse. Huit jours de navigation et il leur faut encore patauger dans la vase jusqu'à mi-jambes avec Fleuriot de Langle, Monneron et deux cent cinquante hommes, traverser des bois et des marais pour arriver au fort qui se rend. Le 2 septembre, ils prennent le chemin du retour. Le bilan humain est un désastre. Chaque navire compte des blessés et des morts, dont certains du scorbut. « Maintenant que je connais ce pays, je n'y retournerai jamais[10] », écrira Lapérouse à sa mère.

La signature du traité de Versailles, le 3 septembre 1783, met un point final à la guerre allumée par l'insurrection des provinces anglaises de l'Amérique du Nord et assure la tranquillité des mers. Désormais, la Marine royale est libre de se consacrer à des expéditions pacifiques et Jean-François, à son futur mariage. Une augmentation substantielle lui est allouée, de 800 livres par an. Élevé au rang de capitaine de vaisseau, chevalier de l'ordre de Saint-Louis, il est fait membre de la Société des Cincinnati, fondée le 13 mai par George Washington en l'honneur des soldats qui se sont distingués pendant la guerre d'Amérique.

Si pesante est la tutelle paternelle qu'en un premier temps Lapérouse joue le jeu de l'honorabilité et s'apprête à céder à la volonté de ses parents. Après mûre réflexion, ces derniers avaient trié sur le volet un parti de bon aloi, conforme aux exigences de la noblesse, Élaine de Vésian. Mis au courant de ces dispositions, Jean-François adresse à sa future belle-mère une lettre de consentement qu'il eût sans doute mieux valu ne jamais écrire. Le foudre de guerre se comporte en agneau, et l'homme de trente-six ans en enfant :

> Mon projet est de vivre dans votre famille et la nôtre... Toute autre manière d'exister m'est affreuse, et j'ai assez de connaissance de moi-même et du monde pour savoir que je ne puis être heureux qu'en vivant ainsi[11].

Cependant, il ménage la chèvre et le chou : les parents de la jeune fille sont-ils certains qu'elle veuille vraiment l'épouser ? Il serait très affecté qu'elle cédât par obéissance, et sachant que son cœur avait appartenu à une autre.

Là-dessus, il apprend qu'Éléonore se trouve, comme les Vésian, à Paris. Comment se désister sans éprouver de honte ? Il invente un subterfuge misérable et va jusqu'à lui proposer de l'argent par l'intermédiaire d'un ami. On est plus près de Labiche que de Molière ! La réponse de Mlle Broudou ne se fait pas attendre : elle se retirera du monde et entrera au couvent. Jean-François court lui rendre visite et ils tombent dans les bras l'un de l'autre. Le romantisme ayant repris ses droits, il épousera la sage, la douce et ravissante Éléonore

Broudou, elle et personne d'autre. Il se confie à sa mère :

> J'ai vu Éléonore... Je n'ai pu résister aux remords dont j'étais dévoré [...]. J'oubliais mes serments, les vœux de mon cœur, les cris de ma conscience... Je serais un monstre si je violais mes serments et portais à mademoiselle de Vésian un cœur flétri. Je ne puis être qu'à Éléonore[12].

Renonce-t-il pour autant à toutes ses ambitions ? Que non ! Il doit encore écrire au maréchal de Castries pour obtenir l'autorisation de se marier (il met la charrue avant les bœufs, car la cérémonie a déjà eu lieu) :

> Mon histoire est un roman que je vous supplie de lire. Il y a huit ans, je devins éperdument amoureux à l'Île de France d'une demoiselle extrêmement jolie et aimable, je voulus l'épouser, elle n'avait pas de fortune ; le chevalier de Ternay s'y opposa, mes parents lui ayant donné toute autorité sur moi par un acte en forme[13].

Et, merveille, il obtient le soutien du ministre :

> Je conçois parfaitement, Monsieur, tous les mouvements différents que vous avez éprouvés, ainsi que le sentiment qui vous a déterminé. Les convenances les plus réelles doivent se trouver dans nos sentiments et je serai toujours plus disposé à ce genre de rapprochement qu'à celui que l'intérêt autorise [...]. Si la demoiselle que vous avez prise pour femme a des sentiments honnêtes et qu'elle justifie la préférence que vous lui avez accordée, vous avez fait un bon mariage [...]. Jouissez des marques honorables que vous avez reçues de vos concitoyens ; vous les avez méritées, et comme ancien habitant d'Albi, je m'y joins de tout cœur[14].

Quand un maréchal de France prend les accents de Marivaux, on applaudit à grands cris...

Le 17 juin 1783, en l'église Sainte-Marguerite, à Paris, il passe la bague au doigt de Mlle Broudou, « sans bruit » et « sans en faire part à personne », précise-t-il. Il décrit à son ministre l'accueil triomphal que la ville lui réserve :

> J'ai été reçu à Albi d'une manière aussi jolie que si j'avais gagné des batailles ; j'ai remis ma femme à ma vieille mère[15].

Dans l'attente d'une nouvelle mission, il n'opère que quelques brefs séjours au Gô (« Je me trouve toujours dans la même incertitude... et je perds mon temps et mon argent loin de ceux que j'aime[16] »). Dans sa biographie de Lapérouse, l'amiral de Brossard calcule que ce dernier n'aura passé que fort peu de temps auprès d'Éléonore entre leur mariage et son départ définitif pour la circumnavigation. C'est pendant cette période que se trament entre Fleurieu, Castries et le roi les plans de la plus illustre expédition maritime jamais projetée en France. Il aurait été stupide de se tenir éloigné de la capitale et de manquer une telle occasion. La fameuse campagne de l'*Astrée* en baie d'Hudson a fait de Lapérouse un héros, digne des plus hauts commandements. Mûri par une longue expérience, on le sait désormais capable de conduire cette affaire décisive, dont les ambitions scientifiques, coloniales et secrètement marchandes rivalisent avec celles de l'Empire britannique.

« Le Roy le veult »

Malgré le début prometteur du *Premier rapport à Sa Majesté sur les avantages qui résulteraient d'une reconnaissance générale du globe, Projet d'une campagne de découvertes*, le roi avait jugé que le texte de Fleurieu péchait par manque d'ambition :

> Après avoir consacré le commencement de votre règne, Sire, au rétablissement de votre Marine, il importe à votre gloire de faire exécuter par elle des travaux moins brillants sans doute que ceux de la guerre, mais dont l'utilité donnerait à la Nation une célébrité qui lui manque [...]. J'y ai enlevé [à ce projet] diverses vues politiques et militaires à remplir dans le cours de la navigation pour laquelle on propose à Votre Majesté le Sieur de La Pérouse[1].

Pourquoi donc amoindrir le rôle de la politique au moment où les colonies de la France ne sont plus que l'ombre d'elles-mêmes ? Le roi répugne à présenter l'entreprise comme une simple opération commerciale qu'il convenait de mener sans trop engager de dépenses. Il a beau tenir Fleurieu en très haute estime, le souverain intervient pour imprimer sa marque personnelle, critiquer, émettre des réserves, apporter des retouches pertinentes dans les marges des brouillons qu'il annote de sa main, et cela jusqu'au manuscrit définitif, *Projet, Instructions, Mémoires et autres pièces, relatifs au voyage de Découvertes ordonné par le Roi* :

> Pour résumer ce qui est proposé dans ce mémoire et les propositions que j'ai faites, il y a deux parties : celle du commerce et celle des reconnaissances. Pour la première des deux, deux points principaux : la pêche de la baleine dans l'Océan méridional, entre le sud de l'Amérique et le Cap de Bonne Espérance ; l'autre est la traite des pelleteries dans le nord-ouest de l'Amérique pour être transportées en Chine et si on peut au Japon[2].

En ce qui concerne l'itinéraire, dont Fleurieu dresse lui-même les cartes à partir des meilleurs documents existants (français, espagnols, anglais et hollandais), le monarque s'inspire des relations de Cook : Christmas-Sound après trois mois depuis La Praya, par le sud du cap Horn ; canal de la Reine-Charlotte, Nouvelle-Zélande, après trois mois de mer par les Samoa, les Tong, la Nouvelle-Calédonie, les Santa Cruz, et l'Australie etc., retour par l'île de France en février 1789, et Brest en juillet-août :

> Tous les autres points doivent être subordonnés à cela, et on doit se restreindre à ce qui est le plus utile, et ce qui peut s'exécuter dans les trois années proposées[3].

Lapérouse est autorisé à opérer des changements en cas d'imprévu, à condition de s'en tenir aux lignes directrices contenues dans le *Mémoire* :

> Le sieur de La Pérouse [...] pourra visiter en passant [...] les îles [de la Société]... pour s'y procurer des suppléments de vivres, pourvoir ces îles des ouvrages d'Europe qui sont utiles à leurs habitants, et y semer les graines, y planter les arbres, légumes, etc., qui pourraient par la suite présenter de nouvelles ressources aux navigateurs européens qui traverseraient cet Océan[4].

Les atouts de sa marine, Louis XVI les connaît mieux que tous, mais aussi ses carences. S'il y a un point essentiel sur lequel sa vision épouse celle de Fleurieu, c'est le retard de la France dans le domaine des explorations. Comme l'écrit ce dernier :

> Les Portugais, les Espagnols, les Hollandais dans les premiers temps, et les Anglais dans ce siècle ont ouvert de nouvelles voies à la navigation, et tout semble inviter les Français qui partagent avec eux l'empire des mers, à perfectionner un travail auquel jusqu'à présent ils n'ont eu qu'une faible part[5].

C'est pourquoi le souverain est prêt à sacrifier plus d'un million de livres à l'expédition de Lapérouse, malgré l'état désastreux des finances de la France. Eh quoi ! Si la flotte du royaume n'atteint pas à la splendeur baroque du temps de Louis XIV, les progrès techniques l'ont rendue aussi efficace que celle des Anglais. L'école d'ingénieurs constructeurs que le monde nous envie a su alléger les bâtiments et les dépouiller d'un excès d'ornements. Peu à peu renforcés de cuivre, à l'imitation des Anglais, les navires ont gagné en vitesse et en mobilité. Et si le document définitif des instructions est d'une précision quasi hallucinante, c'est que rien n'inspire le roi autant que les succès de sa marine. Dans *Le Voyage de Louis XVI autour du monde* — le titre est à lui seul une trouvaille —, Paul et Pierrette Girault de Coursac énumèrent les sujets qui ont retenu l'attention du souverain. Ses ajouts sont si pleins de sagesse, de prudence et d'humanité (mesures sanitaires, sécurité des équipages, usage modéré de la force dans les relations avec les naturels, discipline teintée de douceur), qu'ils révèlent un savoir surprenant de la part d'un roi si souvent rabaissé et réduit au rôle de lourdaud. Que n'a-t-il exercé pareille autorité dans les autres domaines...

Le choix des navires pour un périple au long cours — celui de Lapérouse doit couvrir 150 000 kilomètres pendant mille trois jours — est de la plus haute importance. Ce genre de navigation réclamait non pas tant des records de vitesse que des bâtiments résistants. Aux frégates rapides dont la flotte dispose, sont donc préférées deux grosses gabares de 500 tonneaux (800 m^3), de 41 mètres de long, l'*Autruche* et le *Portefaix*. Remises en état à Rochefort, puis à Brest, aménagées pour une mission d'exploration, ces robustes flûtes de charge à coque plate sont rebaptisées l'*Astrolabe* et la *Boussole* en juin 1785. Les instructions du roi insistent sur l'hygiène, domaine auquel Lapérouse apportera des soins constants. On installe de nouvelles cuisines et des hublots qui favorisent une meilleure aération des équipages. On construit des cabines légères à l'usage des savants, « appartements marins » qui seront jugés « on ne peut plus propres et bien disposés mais un peu petits[6] » par

Lamartinière, botaniste de l'expédition. Les mesures sont les mêmes que celles qui sont appliquées aux bâtiments anglais : « Les logements des équipages sont quotidiennement nettoyés, aérés, parfumés et séchés, car, dit Lapérouse, « j'avois fait la triste expérience dans ma campagne de la Baye d'Hudson que l'humidité froide étoit peut-être le principe le plus actif du scorbut[7] ». Les frégates portent bien évidemment les armes de France, l'écu aux trois fleurs de lis sur l'arrière de la *Boussole* et l'écu de France sur la poupe de l'*Astrolabe*.

L'armement nécessite moins de cinq mois et s'opère en grand secret. Un secret impossible à garder aux yeux de Lapérouse :

> M. le maréchal m'a dit, mon cher Fleurieu, que le projet de notre campagne était sous les yeux du Roi et qu'il avait déjà donné des ordres dans les ports relatifs à l'équipement des deux bâtiments. Je vous prie de lui faire bien connaître qu'il vous est impossible ainsi que moi, de répondre du secret qu'il faut confier à demi à une infinité de personnes... Il me paraît impossible que d'ici à douze jours il ne soit public qu'on prépare à Rochefort deux bâtiments destinés à des découvertes... Ainsi, mon cher, plus de secret avant quinze jours. Mais j'espère qu'à cette époque il ne sera pas absolument nécessaire[8].

Le manque d'espace reste le problème majeur des voyages aussi longs. Les deux maisons flottantes doivent héberger des vivres pour quatre années de campagne et de l'eau pour cinq mois :

> Il y avait des moutons, des cochons. Les volailles destinées à la table des officiers étaient sur la dunette arrière. Cinq bovins meuglaient au pied du grand mât. Ce n'étaient plus des fréga-

tes ni même des flûtes, mais des navires de charge surchargés qui quittèrent Brest le 1ᵉʳ août 1785⁹.

Le spectre du grand scorbut hante encore les opérations maritimes du XVIIIᵉ siècle et fait planer la terreur à bord, d'où ces monceaux de victuailles fraîches prêtes pour l'embarquement. Il n'y avait pas si longtemps que des hommes étaient morts par milliers, couverts de plaies, d'ecchymoses, les chevilles enflées, les gencives affectées de lésions qui répandaient une odeur infecte. Pourtant on ne connaissait à peu près rien de la hideuse maladie surnommée « peste des mers ». Une fois de plus, Lapérouse en réfère à l'expérience de Cook, chargé par l'Amirauté britannique d'effectuer des recherches d'ordre médical au cours de ses trois campagnes. Dès la deuxième expédition, le capitaine anglais exigeait des provisions de jus d'orange et de citron et aérait ses vivres pendant ses séjours dans les ports. À la troisième, il avait compris qu'il ne fallait boire que de l'eau renouvelée. Lapérouse emporte ses ouvrages en traduction française ainsi qu'en anglais. Avec Rollin, son chirurgien-major, il croit à la « Médecine préservative », qu'il privilégie, de préférence à « la Médecine curative » ; il sait comme tout marin que le scorbut apparaît au bout de soixante-dix jours si l'on ne consomme que les rations de bord, très souvent altérées. Des préparations à base de malt, de l'essence de spruce (bière faite avec des branches de sapin), de la mélasse et autres recettes de farines tirées des traités médicaux sont entassées dans les « coffres de mer », qui tiennent lieu de pharmacie. Le résultat d'une expédition se juge aux vies économisées : l'obsession de Lapérouse rejoint celle de Louis XVI, qui lui a enjoint de ne perdre aucun de ses hommes. Il applique les règles d'hygiène très précises imposées par la Grande Ordonnance militaire de 1776, le lavage des ponts tous les jours à grande eau, la désinfection des hardes et des hamacs, le changement de linge le jeudi et le dimanche, l'eau potable filtrée trois fois à travers des serviettes :

> Les hommes ont l'obligation de se peigner fréquemment et à fond, ce qui met fin à l'usage cher aux marins de faire tenir leur longue queue de cheveux en la poissant avec du goudron[10].

Brest

À son arrivée à Brest, le 4 juillet 1785, Lapérouse est obligé de désarrimer une partie de la cale pour loger la totalité des « articles propres aux échanges avec les sauvages » :

> Je donnai la préférence aux effets de traite en songeant qu'ils pourraient nous procurer des comestibles frais, et qu'au cours des années, ceux que nous aurions à bord seraient presque entièrement altérés[1].

Il se pourvoit d'outils, de fer en barres et en plaques, de clous, d'épingles, d'hameçons, d'objets de métal qu'il distribuera (ou qui lui seront volés). La pacotille est de valeur diverse : rassades, perles de verre, sorte de monnaie maritime universelle de traite et d'échange, colliers de verroterie (mille quatre cents paquets), boucles d'oreilles, deux mille bagues de verre, gazes d'or et d'argent, brandebourgs et galons, grelots, boutons, deux mille six cents peignes en bois, os ou corne, plumes de couleur ou lanternes magiques, mais aussi, plus luxueux, médailles à l'effigie de Louis XVI et

« présents du Roi » aux indigènes, à savoir « une cinquantaine de casques de dragons, le double de hausse-cols, douze habits d'écarlate, autant de serinettes et quatre grands orgues d'Allemagne[2] ». Il semble que la plupart des objets furent toujours échangés à la satisfaction des deux parties. Une fois leurs besoins satisfaits en eau et en vivres, les visiteurs européens marquaient un vif intérêt pour les curiosités naturelles et artificielles et s'adonnaient au troc dès qu'ils pouvaient en se servant de tout ce qui se trouvait à bord[3]. On se rappelle la fameuse injonction que Cook fut contraint de lancer à son équipage : « Rien en fer ! », afin d'empêcher ses marins d'arracher les clous de ses deux navires comme monnaie d'échange contre des Tahitiennes.

Les deux vaisseaux sont déjà pleins à craquer qu'il faut encore compter avec deux chaloupes, un grand et un petit canot, quatre biscayennes, dont trois en bottes, prêtes à être remontées, un grand mât, une mèche de gouvernail, un cabestan, trente-six ancres de rechange, douze canons, un grand ballon aérostatique « pour faire spectacle » et des petits pour déterminer la hauteur et la direction des vents, un trésor monétaire de 4 000 piastres espagnoles, cinquante mille aiguilles à coudre, sept mille couteaux, il est vrai plus logeables que le très encombrant matériel scientifique à acheminer. Encore ne s'agit-il que d'une *short list* à laquelle manque la vaisselle, mille huit cents verres à pied ou gobelets ainsi que les tasses et soucoupes en porcelaine des Indes en couleur et or, au nombre de deux cents. « L'extraordinaire total de cette campagne n'excédera pas 150 000 livres, non compris le traitement des savants et artistes embarqués. » Le prix des marchandises atteint 58 365 livres, celui du matériel agricole, plantes et outils, 2 330 livres, dont les ouvrages « destinés à l'instruction et à l'amusement du jardinier pendant un si long voyage[4] », celui des instruments d'astronomie, 17 034 livres. Les navigateurs emportent cinq horloges marines et un chronomètre de fabrication anglaise pour les longitudes, de quoi monter tout un observatoire en lunettes, quarts de cercles et sextants de réflexion, graphomètres à lunettes, boussoles d'inclinaison, soit un matériel plus élaboré que celui de Cook... Les vestiges de ces merveilles, rassemblées en 2008 au musée de la Marine, donnaient un aperçu des fabuleux moyens consentis par Louis XVI à la circumnavigation.

Le commandement de la *Boussole* est confié à Lapérouse, celui de l'*Astrolabe* à son camarade de combat en baie d'Hudson, le Breton Paul-Antoine Fleuriot de Langle, capitaine de vaisseau et mathématicien féru d'astronomie, qui profite de ses pauses pour se livrer à des activités scientifiques. Le chef de l'expédition l'a chaudement recommandé dans une lettre à ses supérieurs dans l'espoir de faire obtenir à celui qu'il appelait « le vicaire » le commandement de la seconde frégate : « C'est l'officier de la marine du roi qui a peut-être le plus de mérite, d'instruction et de force de caractère. Je ne connais ni un seul officier ni un seul marin qui réunisse davantage et à autant de talents les qualités qui font le grand homme⁵. » Lorsqu'il est informé de sa nomination, Lapérouse jubile : « De Langle est à nous. C'est autant le choix de ma tête que celui de mon cœur⁶ », écrit-il à Fleurieu. Le vicaire veillera en personne avec le comte d'Hector, lieutenant général de la Marine à Brest, à la sélection des recrues et à l'armement des navires. « Cent officiers se proposèrent à M. de Langle et à moi pour faire cette campagne ; tous ceux dont nous fîmes choix étaient distingués par leurs connaissances⁷ », notera Lapérouse. Beaucoup sont des vétérans de la récente guerre d'Amérique et se sont déjà côtoyés. D'autres viennent de divers fronts, comme Monneron, officier du génie, dont Lapérouse vante l'amitié à Fleurieu en ces termes : « Cet officier a fait sur mon vaisseau la campagne de la baie d'Hudson [...]. L'objet du désir qu'il avait de rester dans cet affreux pays, était de voyager l'hiver avec les sauvages et d'étendre les connaissances très imparfaites qu'on a du pays⁸. » Barthélemy de Lesseps, fils du consul de France à Saint-Pétersbourg, est affecté à l'expédition par Castries, à peine arrivé à Versailles. Lapérouse acquiert du même coup un interprète russe, faute d'en avoir trouvé un qui parle esquimau. Nombre de ces personnalités se connaissent entre elles. Le meilleur exemple de cet univers clos est le jeune gouverneur de Pondichéry, Jean-Guillaume Law de Lauriston, de la famille du financier malheureux, que Lapérouse a rencontré en Inde.

Presque tous les marins sont bretons, comme le souligne une lettre adressée à Castries par le commandant de la Marine à Brest, Charles d'Hector :

> Les Bretons sont ceux les plus propres à faire les campagnes de ce genre : leur force, leur caractère et le peu de calcul qu'ils font sur l'avenir doivent leur faire donner la préférence. Aussi ces deux bâtiments en auront-ils leurs équipages entièrement composés[9].

En cours de route il se dira infiniment content de ses Bas-Bretons. Par bonheur, Langle n'oubliera pas d'embarquer des sacs de blé noir nécessaire à la confection des fameuses galettes !

Aux officiers de vaisseau du XVIIᵉ siècle, ceux du Grand Corps, issus de l'aristocratie et fiers de porter le justaucorps et la culotte rouge, l'Histoire a reproché leur inhumanité. À l'inverse des Anglais, les Français sont aussi éloignés de leurs hommes que le seigneur de ses paysans et le prestige dû à leur rang nuit à la cohésion des équipages plus qu'il ne la sert. Rien de tel en ce qui concerne Lapérouse, qui s'était distingué très tôt par « son esprit agréable, un caractère égal, sa douceur et son aimable gaieté ». Ses gestes de compassion au cours de la mission en baie d'Hudson lui ont valu la bienveillance de tous, y compris des Anglais. À ses officiers il témoigne de la déférence, à son équipage une certaine « douceur », appuyée par le souverain qui nous frappe une fois de plus par sa fermeté dans le domaine des rapports hiérarchiques :

> Le Sieur de La Pérouse établira la plus exacte discipline dans les équipages des deux frégates et il tiendra soigneusement la main à prévenir tout relâchement à cet égard. Mais cette sévérité, convenable dans tout service, et nécessaire dans une cam-

pagne de plusieurs années, sera tempérée par l'effet des *soins paternels* qu'il doit aux compagnons de ses fatigues, et Sa Majesté, connaissant les sentiments dont il est animé, est assurée qu'il sera exactement occupé de procurer à ses équipages toutes les facilités, toutes les douceurs qu'il pourra leur accorder sans nuire aux intérêts du service et à l'objet de l'expédition[10].

Lapérouse ne suivra que trop bien ces consignes, ce qui lui coûtera cher. De son propre aveu, il ne tient pas bien en main son équipage :

La discipline à la fin du XVIIIe siècle, malgré les efforts de Louis XVI, n'est toujours pas le fort des marins et des soldats français [...] et les officiers sont au moins aussi indisciplinés que les hommes[11].

Autre problème : la mésentente habituelle entre marins et savants. Le roi avait souhaité voir Lapérouse recruter lui-même les scientifiques dignes de mener des recherches sous ses ordres. Ils seront dix-sept à prendre le départ, noms illustres ou qui le deviendraient. Professeur à l'École militaire, astronome, Louis Monge (frère de Gaspard) dut son salut au mal de mer tenace qui le contraignit à débarquer le 29 août 1785 à Ténériffe : il sera l'un des rares survivants de l'expédition à échapper au désastre. Montent à bord le géographe Bernizet, assistant de l'ingénieur en chef Paul de Monneron ; Joseph Lepaute Dagelet, membre de l'Académie des sciences, horloger hors pair, qui avait gardé très mauvais souvenir de l'expédition Kerguelen dans l'océan Indien quelques années plus tôt ; Jean-Honoré de Lamanon, géologue chevronné et météorologiste, ami des encyclopédistes et adepte des idées de Rousseau ; Jean-André Mongès, ornithologue, membre de la Société d'histoire naturelle, prêtre qui fera office de chapelain sur l'*Astrolabe* avec Claude-François-Joseph Receveur, son pendant sur la *Boussole* ; trois artistes, Duché de Vancy et MM. Prévost, oncle et neveu, chargés de « dessiner toutes les vues de terre et les sites remarquables, les portraits des natures des différents pays, leurs costumes, leurs cérémonies, leurs jeux, leurs édifices, leurs bâtiments de mer, et toutes les productions de la terre et de la mer dans les trois règnes[12] » ; Joseph Boissieu de Lamartinière, médecin de la faculté de Montpellier et botaniste, désigné par Jussieu, ainsi que le naturaliste Dufresne. On connaît les rapports difficiles de Lapérouse avec ses savants : « C'est généralement une classe d'hommes si pleine d'amour-propre, et de vanité, qu'elle en est très difficile à conduire dans ces longues campagnes[13]. » Le seul à en réchapper sera Lepaute Dagelet qu'il juge en un premier temps « un peu paresseux », pour s'amender quatre mois après le départ : « Mr. Dagelet est un excellent et très laborieux astronome. Il a formé tous les officiers de manière que nous pourrions nous passer de lui mais nous le Regretterions infiniment, on ne peut être [*sic*] ni plus aimable ni plus instruit[14] ».

Quoique Lapérouse s'y intéresse un peu moins qu'à l'astronomie, la botanique revêt une importance considérable. Une rencontre avait eu lieu au Jardin du Roi en présence de Buffon, entre André Thouin, son assistant et Lapérouse. Nul n'était mieux qualifié que Thouin, « Premier jardinier du

Jardin Royal des Plantes », pour discuter de la conservation des plantes et arbustes à transporter comme présents du roi aux indigènes. Que ne donnerait-on pour avoir assisté à la scène ! Thouin propose à Lapérouse de recruter un homme de l'art actif et intelligent en qualité de jardinier-voyageur du roi. Deux jours plus tard, c'est chose faite. Nicolas Collignon est présenté à Lapérouse et à Fleurieu. Alors seulement, Thouin entreprend la rédaction d'un mémoire d'une cinquantaine de pages relatif aux tâches qui lui sont confiées, soit un sixième de l'ensemble des instructions ! Cinq copies sont adressées à Lapérouse, Collignon, Lamartinière, l'abbé Mongès et Castries. Sans tarder, Collignon quitte Paris pour Brest avec six caisses emplies de livres, un amoncellement de graines, de plantes et d'arbres fruitiers. À cet assortiment, où figure en bonne place la pomme de terre, Thouin a eu la délicate attention d'ajouter les fleurs favorites du roi, rosiers à cent feuilles et lilas. Les boîtes et les châssis portatifs conçus pour le transport des végétaux s'entasseront bientôt dans la cale de la *Boussole* en compagnie des instruments d'agriculture. On peut voir les ravissants dessins au trait et au lavis qui représentent ces caisses et ces paniers à la bibliothèque Mazarine, où ils sont conservés. Et pour veiller sur la santé de l'équipage, Lapérouse s'adjoint les chirurgiens Claude-Nicolas Rollin et Simon-Pierre Lavaux, tous deux excellents praticiens, dont le principal souci serait d'éviter ou de soigner le scorbut par l'administration de végétaux et de fruits frais (les « rafraîchissements »), chaque fois que se présenterait l'occasion de se ravitailler.

Malgré les avancées du capitaine Cook, de nombreuses lacunes restaient à combler. « Les Instructions royales abordent tous les chapitres ou presque de l'*Encyclopédie* de Diderot et D'Alembert, écrit le contre-amiral François Bellec, l'astronomie, la géographie, le climat, la faune et la flore, les races, les sociétés et leurs mœurs ; la cartographie, puisque l'on peut enfin mesurer la longitude et assigner une position exacte à chaque point de la terre[15]. » Datée de mars 1785, une lettre de Fleurieu à Castries confirme l'importance donnée au plan du voyage, « le plus vaste qui ait jamais été fait ». Il y va avant tout de la gloire de la France :

> Si nous remplissons les vues du ministre, il est certain que le voyage pourra être cité dans la postérité, et nos noms surnager dans l'espace des siècles après ceux de Cook et de Magellan[16].

L'Académie des sciences, la Société de médecine, le Jardin des Plantes et l'Observatoire élaborent les programmes scientifiques, après que Fleurieu, Castries et le roi en ont déterminé les grandes orientations. Les instructions définitives comportent cinq parties distinctes, de l'itinéraire dont la moindre étape est programmée jusqu'aux précautions d'hygiène pour les équipages. Les trois autres points traitent des objets relatifs à la politique et au commerce, des opérations relatives à l'astronomie, à la géographie, à la navigation, à la physique et aux différentes branches de l'histoire naturelle, enfin de la conduite à tenir dans les relations avec les peuples sauvages, débat qui enflamma les philosophes du XVIIIe siècle et continue de nos jours.

C'était la première fois qu'on exigeait d'un chef de mer qu'il rassemblât autant de connaissances universelles :

> Il fera examiner la nature du sol et les productions des différens pays, et tout ce qui est relatif à la physique du globe.
> Il fera recueillir les curiosités naturelles, terrestres et marines ; il les fera classer par ordre, et fera dresser, pour chaque espèce, un catalogue raisonné, dans lequel il sera fait mention des lieux où elles auront été trouvées, de l'usage qu'en font les naturels du pays, et, si ce sont des plantes, des vertus qu'ils leur attribuent.
> Il fera observer le génie, le caractère, les mœurs, les usages, le tempérament, le langage, le régime et le nombre des habitans[17].

Et les instructions d'insister sur les singularités de toute sorte, en particulier sur tout ce qui touche à l'aspect des individus monstrueux. Au XIXe siècle, la tératologie comme branche de l'anatomie fera partie de l'anthropologie physique.

On peut s'étonner de la prodigieuse énumération des tâches assignées aux voyageurs par les différents mémoires des sociétés savantes. Avant d'en exposer la liste interminable, les textes dressent un bilan exhaustif des connaissances de l'époque, sur près de deux cents pages. Cependant, écrit Michèle Duchet, la richesse des inventaires est « une science en trompe-l'œil[18] » qui ne doit pas faire illusion. Les seuls peuples réellement connus étaient ceux que l'actualité propulsait sur le devant de la scène. Il arrive aussi que les témoignages se contredisent, ou qu'ils reflètent la rivalité entre les différents pays qui n'ont aucun intérêt à partager leurs propres informations avec autrui.

Le mémoire définitif de Fleurieu, *Projet d'une campagne de découvertes*, dont il reste aujourd'hui trois copies intégrales, abonde en précisions de toute sorte[19]. Nous sommes à cent pics au-dessus des mots prononcés par Brueys à la veille de l'expédition d'Égypte : « Qu'on organise la pagaille ! » Et si Bonaparte se rengorgeait alors d'embarquer « un tiers de l'Institut et des instruments de toute espèce[20] » pour le développement des sciences, treize années auparavant, les visées de Louis XVI, pour être pacifiques, n'en sont pas moins plus ambitieuses : civiliser les peuples sauvages et étudier leurs mœurs et leurs façons de faire. Vaste question, dont Platon s'était déjà emparé dans *Les Lois*, lorsque l'Athénien discute des voyages à l'étranger et de leur effet sur la renommée de la Cité, « lui promettant un patrimoine de gloire capable de contrebalancer celui que procurent les exploits guerriers[21] ». Chargé d'ambiguïté, mis à toutes les sauces, le mot de civilisation traverse les instructions comme un fil rouge, même si le concept en demeure opaque et frôle celui de colonisation. D'où l'intérêt du roi pour l'observation des sauvages qu'il est nécessaire de bien traiter, selon les consignes données à Lapérouse. À ce stade, ce dernier garde encore une entière naïveté : « Notre voyage prouvera à l'Univers que le Français est bon et que l'homme naturel n'est pas méchant[22]. » Les derniers mots que le roi philanthrope adresse *de sa propre bouche* à Lapérouse sont pour lui recommander de toujours agir envers les nations indiennes avec *bonté* et humanité. Il va de soi que le sauvage ne manquera pas d'être ébloui par les lumières dont il bénéficie et qu'il applaudira à tant de sollicitude.

Une telle avalanche de recommandations ne pouvait aller sans la consultation de nombreux ouvrages. Louis XVI compte sur les lectures assidues de Lapérouse. Les bibliothèques de bord regorgent des récits de voyage des devanciers dont l'expérience, heureuse ou malheureuse, est indispensable à la navigation dans des eaux inconnues. Une lettre touchante du jeune Law de Lauriston à son « cher papa », avant son départ de Brest, illustre cette soif de savoir :

> Je suis décidément embarqué sur la *Boussole* que commande Monsieur le chevalier de Langle [alors que c'est l'*Astrolabe*]. Ce dernier et Monsieur de Clonard m'ont dit que les *Voyages* de Cook et surtout le dernier m'étaient absolument nécessaires et que je ne pouvais pas m'en passer. Comme l'édition de cet ouvrage ne paraîtra pas ici de deux ou trois mois, je vous prie de vouloir bien m'en renvoyer une de Paris avec le volume de cartes[23].

Le formidable inventaire scientifique relatif aux sciences naturelles va de pair avec les objectifs territoriaux, politiques et économiques poursuivis par le roi, ce que personne ne savait à l'époque. La « colonisation » des terres vierges, sans porter son nom, est aussi essentielle aux yeux de

Louis XVI qu'elle l'est à ceux du roi d'Angleterre. Les textes de Lapérouse qui traitent des possessions espagnoles d'Amérique et d'Asie sont révélateurs de l'appétit commun aux deux pays. Indépendamment de son programme scientifique, la mission avait pour but d'observer la côte américaine entre la haute Californie et l'Alaska, de préparer le commerce des fourrures entre l'Amérique du Nord et la Chine, et d'ouvrir de nouveaux débouchés jusqu'au Japon et peut-être dans la mer de Corail, que ni les Français ni les Espagnols n'avaient envie de laisser sous le contrôle des Anglais. C'est ainsi que Lapérouse tentera d'établir des forts et des magasins au Port-des-Français, sur la côte nord-ouest de l'Amérique : « Une nation qui aurait des projets de factorerie sur cette côte comme celle des Anglais dans la baye d'Hudson ne pourroit faire choix d'un lieu plus propre à pareil établissement[24] », écrit-il. La tentative déclenchera le premier drame de l'expédition.

Ressentent-ils de l'angoisse à l'idée de parcourir les océans et d'aborder les pays les plus lointains, les terres les plus étranges ? Les historiens se refusent à interpréter ce qui relève de l'intimité et la peur n'a pas droit de cité dans les archives militaires. Le cœur est plus ou moins banni des rapports officiels rédigés aux escales, et l'élégante calligraphie de cette culture évanouie, si émouvante soit-elle, dissimule le secret des âmes. « Jamais de bavardage dans ces récits, écrit Kersauson, juste cette intimité avec la souffrance que le roman peine à atteindre[25]. » La tristesse, l'angoisse de mourir dans des îles, dans des baies, des chenaux ignorés des atlas, la privation de revoir les enfants grandis ou nés en leur absence (Fleuriot de Langle accepte de quitter son fils de huit mois, Lapérouse part deux ans après son mariage) ne doivent point apparaître. La bonne humeur semble de mise en toute occasion, elle peut d'ailleurs être réelle : « La gaieté était peinte sur le visage de tous les matelots ; ils paraissaient mieux portants et mille fois plus heureux que le jour de notre départ de Brest[26] », écrira Lapérouse après un bon repas avec ses marins au Chili. L'ardente curiosité à la vue d'un monde vierge « qui n'a jamais reçu l'empreinte de l'homme », le prix à payer pour les téméraires, voire les fous qui outrepassent les frontières du monde connu (*l'oultre-monde* de Charles Quint), il fallait le génie et l'audace d'une jeune fille de dix-huit ans, Mary Shelley, pour les évoquer près d'un demi-siècle plus tard dans *Frankenstein*, chef-d'œuvre d'où monte le fumet de sorcellerie qui embue tant d'expéditions.

En dépit des avancées techniques, les instruments n'étaient pas toujours fiables. Une mission avait été confiée à Monneron pour qu'il rapportât de Londres le matériel de pointe utilisé par Cook lors de son troisième voyage. Parfaitement bilingue, l'astucieux ingénieur en chef eut l'idée de commander son portrait au peintre John Webber, qui était rentré à bon port après la dernière expédition de Cook. En digne précurseur des méthodes d'OSS 117, Monneron tira de lui une moisson de renseignements à propos des remèdes antiscorbutiques et du bon choix pour les objets de troc. Son pouvoir de séduction agit également sur le tout-puissant sir Joseph Banks, président de la Royal Society, qui accepta de lui confier deux boussoles d'inclinaison du Bureau des Longitudes, « les mêmes qui ont servi pour le dernier voyage du capitaine Cook[27] », ce qui lui vaudra d'être remercié personnellement par le maréchal de Castries. Les compas, les sabliers, les sextants, les baromètres et les boussoles de l'illustre navigateur furent regroupés en une seule caisse et envoyés en France, où Lapérouse les reçut « avec un sentiment de respect religieux pour la mémoire de ce grand homme[28] ». La collaboration scientifique franco-anglaise au XVIIIe siècle s'inscrit en faux contre les rapports détestables des deux pays. Banks correspondait de façon régulière avec D'Alembert, Lamarck ou André Thouin et « les savants de tous les pays, Volta et Galvani, Linné et Humboldt constituaient une sorte d'aristocratie intellectuelle qui était au-dessus de la mêlée politique, une confraternité internationale consacrée à l'idéal des Lumières[29] », écrit Michèle Duchet.

La liste du matériel embarqué comporte l'ensemble des instruments dont on peut faire usage, soit sur mer, soit sur terre. Le comte de Cassini, directeur de l'Observatoire royal de Paris, prête à Lepaute Dagelet un quart de cercle de trois pieds de rayon, monté sur son pied et une boussole d'inclinaison munie d'une lunette, qui appartiennent au roi. Les cercles de réflexion du Daxois Jean de Borda, directeur de l'École de Construction navale, permettront d'observer les hauteurs et les distances des astres. Arrivés à Brest, Lepaute Dagelet, seul astronome de métier à bord, et Monge vérifient le fonctionnement des horloges astronomiques qui serviront à régler les horloges marines de Berthoud. Il arrivera qu'il faille opérer des ajustements durant le voyage, mais en définitive, Lapérouse s'estimera satisfait des résultats obtenus : « Nous avons navigué avec moins d'erreurs en longitude qu'on n'en avait en latitude il y a dix ans lorsqu'on observait avec des octants de bois, et quatre fois moins que lorsqu'on se servait de la flèche ou du quart de nonante[30] », écrira-t-il dans l'une de ses dernières lettres, partie de Botany Bay.

On retrouve l'exploration à des fins érudites et l'idée d'une éducation supérieure à propos du Grand Tour, qui distingue le citoyen britannique, le *citizen of the world* d'Élie de Beaumont :

> Les voyages sont la pierre de touche de la liberté d'un peuple [...] ils sont une nouvelle manière de rendre hommage à la sagesse et à la bonté [...] la noblesse anglaise se veut cosmopolite[31].

Certes, mais à l'inverse des sentiers balisés du Grand Tour, la cartographie du monde était encore balbutiante. Malgré leurs points communs, l'acquisition des connaissances et le refus des préjugés, ces voyages étaient pourtant de nature différente. « Enfermer l'infini, l'investir, l'encercler, en faire du fini [...]. L'enfant qui dessine l'isthme de Suez et le roi de la France jouant avec sa mappemonde appliquent la même recette : se rendre souverain de ces immensités qui épouvantent[32] » :

la définition de Gilles Lapouge, dans sa *Légende de la géographie*, est celle qui convient à tous les conquérants du globe, depuis l'Antiquité. Lapérouse sait que les précisions apportées chemin faisant par Cook ne dévoilent qu'une partie du « Grand Océan » et que c'est à lui, et à bien d'autres encore, de les parachever. Aussi sent-il parfois le besoin de se mettre en valeur : « L'ancien esprit de découvertes paraissait entièrement éteint[33]. » La faute en était peut-être aux chimères nées de l'imagination des géographes. Tout comme Bougainville, il accusera les « faiseurs de systèmes » qui, « du fond de leurs cabinets », reportent sur les cartes des données incertaines... Hérodote lui-même, « le premier géographe du réel », n'avait-il pas cédé à certaines inventions, bien qu'il eût arpenté la Perse ? Comment ne pas courir de risques en s'appuyant sur les indications fournies par les devanciers, Bougainville, les officiers de la Compagnie des Indes, Dufresne, Surville, et bien sûr « l'infatigable Cook », comme le nommaient les Anglais ? « Au Sud, le continent australien n'était pas entièrement cerné [...]. Au Nord, les Européens n'avaient pas pénétré dans la mer du Japon et Cook longeant les côtes de l'Alaska dans la brume avait peut-être laissé échapper le passage menant au Pacifique dont on rêvait encore[34]. » Les îles, comme les navires, lèvent l'ancre, elles dansent sur la mer ; il arrive même qu'elles sombrent et qu'elles se perdent à jamais. En ce cas, Lapérouse les supprimera de la mappemonde ou bien corrigera leur position, si tant est qu'elles réapparaissent. Il s'efforce de respecter leurs noms, dont elles changent comme de chemises au gré des envahisseurs successifs, Portugais, Espagnols, Britanniques, ce dont il s'expliquera dans une lettre à Castries, datée de janvier 1787 :

> J'ai eu l'attention la plus scrupuleuse à ne pas changer les noms que le capitaine Cook avait imposés aux différents caps qu'il avait reconnus, mais il ne vous échappera pas, Monseigneur, que nous avons vu la côte de l'Amérique de bien plus près que ce célèbre navigateur ; ainsi nous avons été autorisés à nommer des ports, des baies et des îles et entrées qu'il n'avait pas même soupçonnés[35].

Rien de tel que la bonne vieille méthode du coup de pied de l'âne, agrémentée de quelques douceurs, pour qui entend soigner sa propagande...

Combien de fois Lapérouse n'avait-il pas foulé les pavés de Versailles pour rencontrer le maréchal de Castries dont les bureaux à hautes fenêtres occupaient l'aile droite du château ? À proximité immédiate, les locaux de l'administration de la Marine occupaient l'hôtel de la Paix, élevé sur l'ancien potager royal. Fleurieu, « l'un des officiers les plus distingués de la marine savante », y disposait d'un bureau situé au deuxième étage. Mais le souvenir le plus marquant de l'existence de Lapérouse était celui du jour où Louis XVI l'avait reçu dans sa bibliothèque personnelle : « J'eus l'honneur de prendre congé du Roi le 28 [juin 1785] et de recevoir verbalement ses ordres sur les points les plus importants de ma campagne[36]. » Commandé par Louis XVIII, le célèbre tableau de Nicolas-André Monsiau qui représente la scène est, comme on le sait, posthume. Du soldat qu'il était, le roi faisait un missionnaire de la paix, chargé de propager la civilisation dans les contrées les plus éloignées de l'Europe :

> Le même esprit de justice qui devait faire prendre les armes pour que les pavillons des nations les plus faibles sur mer y fussent respectés à l'égal de ceux de France et d'Angleterre, devait pendant la paix se porter vers tout ce qui peut contribuer au plus grand bien-être des hommes[37].

La dernière entrevue protocolaire de Lapérouse sera pour Marie-Antoinette, au Trianon, en présence de Castries.

Langle, à Brest, Lapérouse, à Versailles, conduisent les préparatifs jusqu'à l'armement des navires. En juillet 1785, tous deux sont à pied d'œuvre. Chateaubriand, qui brigue un brevet d'aspirant, se rappelle avoir vu Jean-François chez le commandant de la Marine à Brest. « Lorsque le comte de Bois Teilleul me conduisit chez M. d'Hector, j'entendais les jeunes et les vieux marins raconter leurs campagnes et causer des pays qu'ils avaient parcourus : l'un arrivait de l'Inde, l'autre de l'Amérique [...] mon oncle me montra Lapérouse dans la foule[38]. » Le 11 juillet, l'arrimage de la cargaison est achevé et les deux frégates en partance sont mouillées sur des ancres du port. « Les ponts de nos bâtiments étaient tellement encombrés qu'il était impossible de virer au cabestan ; mais nous partions dans la belle saison et nous avions l'espoir d'arriver à Madère sans essuyer de mauvais temps[39]. » C'était compter sans les vents d'ouest venus d'Islande et du Grand Nord qui repoussent de trois semaines le départ, ce qui inquiète le capitaine :

> Il y eut pendant ce temps de la brume et de la pluie. Je craignis que l'humidité ne nuisît à la santé de nos équipages ; nous ne débarquâmes cependant, dans l'espace de dix-neuf jours, qu'un seul homme ayant la fièvre ; mais nous découvrîmes six matelots et un soldat attaqués de la maladie vénérienne, et qui avaient échappé à la visite de nos chirurgiens[40].

Le mardi 12, Lapérouse passe en revue l'équipage :

> Ce même jour, les horloges astronomiques qui devaient nous servir pour vérifier dans les relâches le mouvement journalier des horloges marines furent embarquées sur les deux bâtiments ; malheureusement, ces horloges furent reconnues si mauvaises qu'il fallut bien du travail pour les régler[41].

Le 1er août, enfin, les frégates larguent leurs lignes de mouillage aux cris de « Vive le roi ! » et s'écartent du quai, tirées par quatre chaloupes. Il est quatre heures du matin, la mer frissonne et l'assistance pousse des cris de joie. Quelques femmes en tenue sombre agitent le bras en direction des navires qui emportent leurs hommes. La *Boussole* et l'*Astrolabe* approchent du goulet. Derrière les murs de Saint-Mathieu-de-Fine-Terre, « l'abbaye du bout du monde », les moines se sont levés pour chanter matines avant le lever du jour.

Au moment où il quitte la France, Lapérouse pense-t-il à son père, mort l'année précédente ? À l'épouse qui l'attendra dans leur vaste maison de la rue de Montorgueil ? Victime d'une fausse couche, Éléonore souffrira doublement de son absence. Dans une lettre adressée à une amie, Jean-François, proche du départ, lui dit son amertume :

> Votre amitié, Madame, est essentielle à mon bonheur. Je le croyais à Albi [...] avec ma femme. Combien ma situation est différente aujourd'hui, je pars pour faire le tour du monde ; si les sacrifices du cœur pouvaient être compensés par d'autres avantages, je n'aurais rien à désirer. Mais un grade de plus, quelque célébrité même, tout cela n'est rien pour le bonheur. Je ferai tous mes efforts pour que les habitants des îles que nous pourrons rencontrer, n'aient jamais à se repentir de nous avoir reçus[42].

Sous voiles

Les voilà qui dansent sur la houle, à la discrétion des vents, pris dans l'engrenage du temps et le plain-chant de la mer. Il leur faudra six cent quatre-vingt-dix jours de Brest à Botany Bay (Australie) pour couvrir environ 40 000 milles et dresser l'inventaire du monde. À bord, la vie s'organise : comme les instruments, les hommes se rodent. Voltiger sur les vergues, la peau imprégnée de sel, les mains durcies par les manœuvres ; rester suspendu entre ciel et mer, mais aussi se faufiler entre les animaux qui envahissent les ponts... Lapérouse veille sur « le premier des biens », la santé de ses marins :

> C'est pour la leur conserver que j'ordonnai de parfumer les entreponts, de faire branle-bas tous les jours [...]. Mais, afin que chacun eût assez de temps pour dormir, l'équipage fut mis à trois quarts en sorte que huit heures de repos succédaient à quatre heures de service[1].

Ce dispositif demande un nombre d'hommes supérieur à celui dont il dispose et le contraint à revenir à l'ancien usage dès qu'il n'est plus dans les « belles mers », mais dans les « parages orageux ».

Les vents leur ayant été constamment favorables, ils font route vers Madère, où ils relâchent le 13 août 1785. Pendant les nuits de traversée, Lamanon observe les points lumineux qui sont dans l'eau de mer et cherche à s'en expliquer la présence. Cette île de 800 kilomètres carrés, colonisée en 1434 par l'un des chevaliers d'Henri le Navigateur et où Christophe Colomb avait vécu, était liée depuis des siècles à l'exploration européenne. Lapérouse arrive par beau temps, surpris par l'affabilité des résidents :

> Nous n'étions pas encore mouillés à Madère, que M. Johnston, négociant anglais, avait déjà envoyé à bord de mon bâtiment un canot chargé de fruits[2].

Dans une lettre à ses parents, Law de Lauriston est de loin moins chaleureux. Il fait une description sévère de Funchal et de ses habitants :

> Les plus beaux édifices sont les églises qui sont fort dorées mais avec le plus mauvais goût possible, comme cela est ordinaire aux Espagnols [...]. Les moines sont ici tout-puissants : ils portent leur insolence jusqu'à aller faire baiser leurs manches à toutes les personnes qu'ils rencontrent et qui se croient fort honorées quand ils veulent bien leur accorder cette faveur-là. Plusieurs d'entre eux furent tentés de nous l'accorder, nous ne jugeâmes pas à propos de l'accepter [...]. Les femmes sont toutes fort brunes et, en général, laides. Elles ne sortent jamais dans la ville qu'avec des espèces de robes qui leur couvrent la tête et les pieds[3]...

Dagelet effectue quelques relèvements, Lamanon mesure la pression barométrique, Monneron cartographie. On herborise et, comme tous les navires qui faisaient escale sur l'île, on s'approvisionne en vin de Madère. Les « quelques barriques » conseillées par Louis XVI se multiplient et passent au nombre de « 62 tonneaux mesure de Bordeaux », soit 24 000 litres par navire, à peu près cinq fois la quantité que Cook avait chargée en 1768... « Cette opération nous avait obligés de désarrimer la moitié de notre cale pour trouver des barriques vides qui étaient destinés à les contenir [...]. À la vérité le peu de célérité des fournisseurs fut ce qui nous retarda : ce vin venait d'Orotava, petite ville qui est de l'autre côté de l'île[4]. »

Lapérouse sait-il qu'en 1776 George Washington avait porté un toast avec le même vin pour célébrer l'indépendance des États-Unis ? Cela excuserait et le retard et la lettre de change d'environ 40 000 livres qu'il tire pour s'acquitter de sa dette ! Ils complètent les provisions d'eau et de bois dans l'île de San Yago des Canaries, et, le 18 au matin, abordent l'île Salvage, dont ils observent qu'elle est calcinée par le soleil et que pas un arbre n'y pousse. Arrivés à Ténériffe (19-30 août), ils s'abritent dans la rade de Sainte-Croix et vérifient les instruments. Lapérouse doit renvoyer en France le malheureux Monge, torturé par le mal de mer : il sera remplacé au pied levé par Fleuriot de Langle, qui s'acquittera de la tâche avec brio. Le 28 août, Jean-François écrit à Fleurieu :

> J'aurais mieux aimé que cette maladie eût attaqué le sieur de Lamanon, qui est une mauvaise tête, et surtout d'une avidité qui ne ressemble guère au désintéressement dont parlait M. le baron de Choiseul. Il voulait faire et faire faire aux autres le voyage du pic aux frais du Roi, ce qui aurait coûté mieux de 100 louis, parce qu'il n'y aurait pas eu la même économie que lorsqu'ils ont su que ce serait à leurs dépens ; 12 ou 15 mules ont été congédiées à cette triste nouvelle. C'est un homme plein de zèle, mais ignorant comme un capucin dans tout ce qui ne tient pas à sa physique systématique. Il prétend savoir mieux que M. de Buffon comment le monde a été formé et je suis convaincu qu'ils l'ignorent autant l'un que l'autre[5].

Décidément, mis à part un seul d'entre eux, les « savants faiseurs de systèmes » portent sur les nerfs du capitaine : « J'excepte absolument M. Dagelet qui fait ici le même métier que nous, et sans doute mieux que nous[6]. »

En effet, Lamanon s'est mis en tête d'escalader le pic volcanique situé au sud-ouest de la plus grande des îles Canaries, et d'en mesurer la hauteur, malgré les objections de Lapérouse. Le savant entraîne donc à ses frais mules et muletiers qui se rebellent, le laissant « fortement agacé contre ces indigènes, qu'il jugea encore pires que les marins[7] ». Le père Receveur témoigne :

> Nous y avons fait beaucoup d'expériences sur l'aimant, l'électricité et finalement nous avons mesuré la hauteur de cette montagne par le moyen d'un baromètre ; elle est d'environ 1 900 toises [...]. Il nous a fallu cinq jours tant pour faire le voyage que pour parvenir au sommet du volcan, qui n'est pas entièrement éteint. Nous avons couché deux fois à la belle étoile. Mis à part cet acte d'insubordination, le restant des scientifiques se livre à des travaux d'importance pour la bonne marche de l'expédition. Un observatoire [ou tente astronomique] est éta-

bli à terre pour y disposer le matériel. Nos instruments y furent placés le 22 août et nous déterminâmes la marche de nos horloges astronomiques, par des hauteurs correspondantes du soleil ou des étoiles[8].

À l'aide d'un quart de cercle, Lepaute Dagelet parvient à déterminer les latitudes avec plus de précision qu'en mer. Il contrôle la marche des horloges et des montres marines à l'aide des horloges astronomiques. Lamartinière découvre des plantes « curieuses[9] ».

Depuis le départ de France, aucun incident fâcheux ne s'est produit. « Les différentes opérations de MM. Fleurieu et Borda ne laissent rien à désirer sur les îles de Madère, Salvage et Ténériffe[10] », déclare Lapérouse, qui rend hommage aux travaux de ses prédécesseurs. Le 29 septembre, l'expédition passe l'équateur par 18 degrés de longitude ouest de Paris, avec un mois de retard et plus à l'est que ne l'indiquait le plan de navigation. La prétendue zone de calme, le pot au noir tant redouté des marins, n'est qu'une exagération des navigateurs, conclut le capitaine, heureux de voir ses navires portés par un fort vent. La lumière change et s'affadit. Lesseps dépeint le phénomène :

> Peu de jours après notre départ de Ténériffe, nous perdîmes de vue ces beaux ciels qu'on ne retrouve que dans les zones tempérées : une blancheur terne, qui tenait le milieu entre la brume et les nuages, dominait toujours ; l'horizon avait moins de trois lieues d'étendue ; mais après le coucher du soleil, cette vapeur se dissipait, et les nuits étaient constamment belles[11].

Vues de loin, les falaises littorales des îles Martin Vaz évoquent « cinq têtes ». Ils subissent les humeurs de l'océan et ses « mobiles paysages » qui changent d'aspect à toute minute, tels que Chateaubriand les décrira : « [...] tantôt une multitude de tertres verdoyants représentaient des sillons de tombeaux dans une terre immense ; tantôt les lames, en faisant moutonner leurs cimes, imitaient des troupeaux blancs répandus sur des bruyères[12]... » Ils ne revoient pas la terre avant le milieu du mois d'octobre. Jusqu'à l'île de la Trinité, les navires essuient le mauvais temps sur une mer tumultueuse, qui rend l'abordage extrêmement périlleux. Lapérouse doit vérifier si les Anglais ont entièrement évacué l'île, dont il aperçoit le fort surmonté de drapeaux portugais. « Je dis à M. de Langle que celui des deux bâtiments qui se trouverait le plus à portée enverrait son canot pour s'informer des ressources que nous pourrions trouver dans cette relâche[13]. » Le 18 octobre au matin, l'*Astrolabe* détache une biscayenne, commandée par M. de Vanjuas, sur laquelle embarquent Lamartinière et le père Receveur : « Ils descendirent au fond de l'anse, mais la lame était si grosse que le canot et son équipage auraient infailliblement péri sans les prompts secours que les Portugais lui donnèrent. Ils tirèrent le canot sur la grève pour le mettre à l'abri de la fureur de la mer[14]. » Après avoir repris ses esprits, Vanjuas s'abouche avec le gouverneur, dont la garnison compte à peu près deux cents hommes. Il apprend que Rio de Janeiro a pris possession de l'île depuis la paix de 1783 et que les habitants mouraient de faim sans l'envoi régulier de vivres en provenance du continent :

> Il ignorait, ou il feignait d'ignorer que les Anglais l'eussent précédemment occupée ; et il était dans une telle crainte qu'on ne s'aperçût du misérable état de son gouvernement, qu'il ne voulut jamais permettre à M. de Lamartinière et au père Receveur de s'éloigner du rivage pour herboriser[15].

Ce dernier se contente de ramasser des échantillons de pierres et quelques coquilles, tandis que le père Receveur effectue des sondages. Le bilan scientifique est plutôt maigre. L'île souffre d'un tel dénuement que les deux frégates repartent sans avoir pu se procurer ni eau ni bois. De surcroît, la tenue vestimentaire de ces Portugais, pourtant si serviables, choque Lapérouse : sur deux cents hommes, quinze seulement sont en uniforme et le reste « en chemise. »

Trois mois se sont écoulés depuis le départ. « Après quatre-vingt-seize jours de navigation, écrit Lapérouse, nous n'avions pas un seul malade ; la différence des climats, les pluies, les brumes, rien n'avait altéré la santé des équipages, mais nos vivres étaient d'une excellente qualité, on avait fait branle-bas tous les jours, l'équipage avait été divisé en trois quarts suivant la méthode du capitaine Cook. Je n'avais négligé aucune des précautions que l'expérience et la prudence pouvaient m'indiquer ; nous avions eu en outre le plus grand soin d'entretenir la gaieté en faisant danser les équipages, lorsque le temps le permettait, depuis huit heures du soir jusqu'à dix[16]. » On connaît l'effet des divertissements à bord durant les expéditions des grands voiliers. Rien de tel que les chansons, les complaintes, les bals ou les pièces de théâtre improvisées pour apaiser ceux qui sont nostalgiques du pays. Sans avoir le génie d'Albion dont les équipages jouaient Shakespeare sous toutes les latitudes, y compris dans les glaces de l'Arctique, la poésie n'en est pas moins présente à bord des navires français[17].

Après avoir recherché en vain l'île de l'Ascension, que Cook avait reconnue, Lapérouse déclare le plus fermement du monde qu'elle n'existe pas, sa vue n'ayant pu couvrir l'espace suffisant. Le temps est exécrable. Le 25 octobre, ils essuient un violent orage et se retrouvent au centre d'un cercle de feu. Les éclairs partent de tous les points de l'horizon et la foudre tombe sur le paratonnerre de la *Boussole*. Ils approchent des côtes du Brésil et relâchent le 6 novembre à l'île Sainte-Catherine, « enveloppés d'une brume plus épaisse que celle que l'on observe sur les côtes de Bretagne au milieu de l'hiver[18] ». Lapérouse note qu'il achète assez de bœufs, de cochons et de volailles pour nourrir l'équipage pendant un mois entier. Le montant des dépenses est noté : « Un gros bœuf ne coûtait que 8 piastres ; un cochon en coûtait quatre seulement [...]. Les oranges et les légumes y étaient aussi à un prix très modéré [...]. J'avais pris de l'eau et du bois pour quatre mois. » Des oranges, ils en font une orgie, au point d'en dévorer huit cents par jour sur chacun des navires. Les autochtones font preuve d'une hospitalité et d'un désintéressement hors du commun : « Leurs mœurs sont douces ; ils sont bons, polis, obligeants, mais superstitieux et jaloux de leurs femmes, qui ne paraissent jamais en public[19]. » Leur embarcation ayant chaviré, les matelots sont sauvés par des habitants qui les forcent à se coucher dans leurs lits. On croirait du Rousseau, ce qui n'empêche pas Jean-François de garder la tête froide. Il juge le pays « fort pauvre » malgré l'abondance des victuailles qu'il trouve à se procurer : « Le terrain, qui serait très propice à la culture de la canne à sucre, y demeure inculte faute d'esclaves, les habitants du pays n'étant pas assez riches pour en acheter[20]. »

Lapérouse est souvent accusé de ne pas avoir suivi les indications fournies par les relevés de Cook. Il renonce à rechercher l'île Grande, découverte par Antoine de La Roche en 1765 et que personne n'avait revue depuis, préférant mettre en doute son existence plutôt que de persévérer : « J'abandonnai ma recherche, bien convaincu que l'île de La Roche n'existait pas et que les goémons et les pétrels ne prouvent point le voisinage d'une terre, puisque j'ai vu des algues et des oiseaux jusqu'à mon arrivée sur la côte des Patagons[21]. » Ses arguments sont sans appel :

> Après quarante jours de recherches infructueuses, pendant lesquels j'avais essuyé cinq coups de vent, je fus obligé de faire route vers ma destination ultérieure [...]. Je suis dans la ferme persuasion que l'île Grande est, comme l'île Pepis, une terre fantastique ; et le rapport de La Roche, qui prétend y avoir vu de grands arbres, est dénué de tout fondement et de toute vraisemblance[22].

Le 27 décembre, sa décision est prise.

Est-elle si grande la persistance des croyances en un monde imaginaire et fabuleux, qui se dérobe comme par magie à la vue des marins, alors que l'expédition est chargée d'établir avec exactitude le relevé de « ces étranges provinces qui régnaient silencieusement dans leur néant, insoucieuses de nos cadastres et de nos mappemondes depuis le début des choses[23] » ? En l'occurrence, l'assurance de Lapérouse l'entraîne à nier l'existence d'une île répertoriée par Cook et James Burney, officier écrivain qui l'accompagna dans ses deux derniers voyages. Toujours est-il que son attitude souligne le peu de confiance qu'il accorde aux cartes des « anciens navigateurs », dont les moyens étaient moins aboutis que les siens. Reconnaissons que les découvreurs n'étaient pas toujours à la fête. Jean Malaurie dévoile dans *Ultima Thulé* l'arrogance de l'Occident, qui occulte pendant deux siècles un véritable exploit :

> William Baffin, marin de Londres, un des plus grands explorateurs de l'histoire polaire, détecte, dès 1616, le passage du Nord-Ouest et le détroit de Smith et c'est lui qui les nomme. Or Londres n'ajoute pas foi aux résultats de ce voyage exceptionnel [...] et sa carte est égarée par l'Amirauté[24].

Est-il juste de reprocher à Lapérouse de ne pas toujours se plier aux instructions du roi ? Il s'en défend et, à plusieurs reprises, il insiste sur la rigueur dont il use pour accomplir sa tâche et mesurer les distances :

> Nous n'avons jamais laissé échapper l'occasion d'en faire, lorsque le temps a été favorable ; les officiers de la frégate y étaient tellement exercés et secondaient si bien M. Dagelet que je ne crois pas que notre plus grande erreur, en longitude, puisse être évaluée à plus d'un demi-degré[25].

Il a conscience des approximations de la géographie de son temps et ne s'étonne guère que les cartographes aient souvent vu double ou triple. S'appuyer sur le travail des prédécesseurs est indispensable, mais l'on doit aussi éliminer leurs erreurs : « Rappelons-nous que la découverte elle-même a ses deux faces : la découverte de ce qui était inconnu, et l'élimination des fausses hypothèses[26]. » En longeant la côte des Patagons miséreux que l'on disait géants, Lapérouse se soumet scrupuleusement aux calculs exigés dans les *Notes géographiques et historiques pour être jointes au mémoire du roi*. C'est lui faire un mauvais procès que de le soupçonner de désinvolture à cet égard. Et puis... le voyage tourne à la course contre la montre, car il veut arriver sans faute au détroit de Le Maire avant la fin janvier. Cap Beau-Temps, cap des Vierges, terres arides et basses, mer d'une violence affreuse : cette fois, l'opus de James Cook lui est d'un grand secours. Une chose cependant le chagrine, c'est que l'illustre Anglais n'ait pas apporté plus de soins aux « détails qui font la sûreté de la navigation[27] ». Aussi recommande-t-il beaucoup plus de prudence dans cette partie du monde qu'au long des côtes d'Europe. Le 25 janvier 1786, il est au cap San Diego, près du détroit de Le Maire. Le beau temps permet à l'équipage de chasser et d'inscrire au menu des albatros et des pétrels à la sauce piquante. Début février 1786, l'expédition longe la Terre de Feu et pénètre dans le Pacifique par le cap Horn : « J'ai contourné le cap Horn avec beaucoup plus de facilité que je ne l'aurais jamais rêvé[28]. » Univers de rochers, neige et grand froid, humidité, on claque des dents, mais les deux frégates ne se sont pas perdues de vue. Au milieu du XVIIIe siècle, des géographes français et anglais avaient émis l'hypothèse qu'un immense continent tempéré, la *Terra Australis Incognita*, devait exister dans les hautes latitudes australes pour contrebalancer les blocs continentaux de l'hémisphère Nord et « équilibrer » la Terre. Après les fariboles de Kerguelen, l'hypothèse avait disparu définitivement en 1774, lorsque Cook avait franchi le cercle polaire Antarctique, atteignant ainsi ce que l'on appelait son « Nec Plus Ultra » (Plus rien au-delà). Il s'était heurté à une impénétrable banquise, « dont il n'avait pas de mots pour décrire l'aspect terrible et sauvage », et avait renoncé à lutter contre un obstacle infranchissable : « Je n'envierai pas l'honneur de la découverte à celui qui aura assez de détermination et de persévérance pour élucider cette question en allant plus loin que je ne l'ai fait[29]. »

Les navires poursuivent leur route en longeant une région qui porte sur les cartes le nom de terre de Drake. L'île reste introuvable et Lapérouse refuse une fois de plus de croire à son existence. En 1578, la Terre de Feu était mal connue, argumente-t-il : c'est pourquoi Drake aurait confondu les deux noms. Il est vrai qu'elle n'avait été découverte qu'en 1616 par l'explorateur hollandais Willem Schouten, qui avait donné au promontoire extrême de l'Amérique du Sud le nom de sa ville natale, Hoorn. Non loin du cap Horn et de ses tempêtes, malgré un climat épouvantable, des Indiens très peu vêtus parcouraient les parages à bord de leurs canoës en écorce. Lorsque Darwin les avait aperçus au cours de son voyage autour du monde (1831-1836), il s'était étonné de leur aspect : « On a peine à croire que ce sont des créatures semblables à nous et des habitants du même monde[30]. » Quant au détroit de Drake, c'était « le seul endroit au monde où le vent peut faire le tour du globe sans jamais toucher la terre, ce qui en fait l'une des régions les plus dangereuses de la planète pour la navigation à voile[31] ». Quand les vivres diminuent, que les biscuits rongés par les vers tombent en poussière et que les frégates nécessitent des réparations, force est de jeter l'ancre. Après avoir longuement cherché un abri, la *Boussole* et l'*Astrolabe* mouillent le 22 février dans la baie de la Conception (Concepción). Approcher d'une terre exige des manœuvres à n'en plus finir, ils n'y parviennent qu'au bout de huit heures. Possession espagnole, le Chili n'était pas une *terra incognita* : « Le long de ce littoral sud-américain, on rencontrait alors ses compatriotes comme dans un port de l'Atlantique[32]. » Cependant, une surprise attend Lapérouse, due au gouffre qui sépare le travail des géographes en chambre de la réalité. Arrivé aux environs de Talcahuano — qu'il nomme Talcahuana —, il s'étonne de ne pas apercevoir La Conception au bout de sa lunette. C'est que la ville a été rasée à la suite d'un tremblement de terre survenu le 25 mai 1751 et qu'elle a été rebâtie dans la vallée de la Mocha, à trois lieues de la mer, lui expliquent les pilotes du pays venus à sa rencontre. Un accueil chaleureux est réservé à l'émissaire de Louis XVI et à son équipage, auxquels les insulaires, prévenus par Madrid de l'arrivée des navires, portent de la viande fraîche, des fruits et des légumes, non sans s'étonner de la bonne santé des voyageurs. Lapérouse exulte : « Jamais peut-être aucun vaisseau n'avait passé le cap Horn et n'était arrivé au Chili sans avoir de malades et il n'y en avait pas un seul sur nos deux bâtiments[33]. »

On est encore loin de l'anthropologie moderne et du changement opéré dans les mentalités. Lapérouse porte un jugement à l'emporte-pièce sur l'inertie des classes pauvres, trop léthargiques pour améliorer les ressources qui relèvent du climat. « Le peuple de La Conception est très voleur, et les femmes y sont extrêmement complaisantes : c'est une race dégénérée, mêlée d'Indiens[34] », ajoute-t-il pour faire bonne mesure. Au diable les utopies des philosophes ! Pareille sévérité s'étend aux moines et aux religieuses, « les plus mauvais sujets d'Amérique », qui indiquent à ses matelots l'adresse des mauvais lieux et des cabarets où le vin du Chili coule à flots. Le ton employé annonce « la Constitution civile du Clergé et les mesures anticléricales de la Révolution[35] », remarquent à bon escient les Girault de Coursac. Il tient surtout, ce ton, de la superbe de l'Occident face à des civilisations qui ne suscitent pas la moindre empathie de la part des observateurs. En revanche, l'explorateur s'extasie sur la courtoisie des gouverneurs espagnols, qui ont à gérer des « sauvages » redoutables, « comparables en tout à ceux qui habitent l'Arabie[36] ». L'accueil du commandant par *intérim*, M. Quexada, en est une preuve éclatante : « Il n'est certainement aucune ville maritime, en Europe, où des navigateurs étrangers puissent être reçus avec autant d'aménité et d'affection[37]. »

Un dîner de cent couverts est donné en l'honneur des Français, à grand renfort d'artillerie :

> À chaque service, un franciscain improvisateur récitait des vers espagnols qui célébraient l'union qui régnait entre les deux branches de la maison de Bourbon et leurs sujets respectifs. Il y eut un grand bal pendant la nuit, toutes les femmes s'y rendirent parées de leurs plus beaux habits[38].

Précise dans les moindres détails, la description de l'habillement des dames du Chili, tant sous la plume de Lapérouse que sous le pinceau de Duché de Vancy, est un enchantement. Les planches du dessinateur, qui ont gardé toute leur fraîcheur, dorment dans les archives de la Marine à Vincennes, après avoir pris l'air sous les yeux du public à l'exposition du musée de la Marine. Le voyage défile sous nos yeux, avec ses paysages, ses ports et ses maisons, les portraits des autochtones et leurs coquettes parures : « une jupe plissée qui laisse à découvert la moitié de la jambe [...] des bas rayés rouge, bleu et blanc, des souliers si courts que tous les doigts sont repliés, de sorte que le pied est presque rond [...] leurs cheveux sont sans poudre[39]... » Les visiteurs ne sont pas en reste : « Nous avons rendu à notre tour une fête à toute la ville, et nous y avons étalé le luxe français, autant que le permettaient les circonstances. » Le banquet, donné au nom du roi, est suivi d'un bal pour cent cinquante personnes dans une vaste tente dressée au bord de la mer. Un feu d'artifice illumine les festivités auxquelles Lapérouse donne le nom de « Saturnale du départ[40] ». On s'esbaudit devant un ballon de papier « assez grand pour faire spectacle[41] » : gaspillage des fusées éclairantes et des précieux ballons-sondes du physicien Lamanon, grognent les Girault de Coursac.

Le Grand Océan

Il semble qu'ils soient privilégiés parmi les navigateurs, eux qui ne souffrent pas encore de la solitude et du confinement à bord. Quartier libre pour les équipages ! À La Conception, chacun a le loisir de se promener à terre jusqu'au 15 mars 1786, date à laquelle les navires réparés seront prêts à repartir. Mais pas de paradis sans nuisance. Les cas de syphilis contractés sur place, « où les femmes du peuple sont presque aussi complaisantes qu'à Tahiti[1] », écrit Lapérouse, n'ont pas attendu les matelots français pour se déclarer : Anglais et Hollandais étaient passés avant eux, laissant les séquelles des maladies vénériennes. Malgré l'excellence des chirurgiens navigateurs et les précautions d'hygiène, la vérole, mais aussi la dysenterie et le scorbut frapperont les organismes affaiblis par la durée de la campagne. Pour le moment, Lapérouse se félicite qu'aucune suite fâcheuse ne découle des virées à terre. Trompeur sentiment de sécurité, dangereuses illusions... En outre, l'escale au Chili s'est étirée sur trois semaines, beaucoup plus longtemps que prévu dans le calendrier initial, ce qui réduira la relâche à l'île de Pâques à une brève parenthèse. Le commandant oublierait-il l'intérêt de Louis XVI pour les statues colossales qui avaient provoqué la stupeur des découvreurs hollandais ?

Les bâtiments en état de marche, des vivres à profusion, l'eau et le bois embarqués, il serait inutile de faire escale en chemin. Le 17, ils sortent de la baie et s'élancent en direction de la côte nord-ouest du Pacifique. Les vents contraires, une mer démontée les dévient de l'itinéraire, et l'archipel Juan Fernández, situé à plus de 600 kilomètres du Chili, demeure introuvable (l'une de ses trois îles hébergea Alexander Selkirk, marin écossais qui inspira le *Robinson Crusoé* de Daniel Defoe). En conséquence, Lapérouse ne perd pas de temps en vaines recherches, assailli qu'il est par les incertitudes et les craintes de ceux qui l'ont précédé sur ce qu'on appelait le Grand Océan, masse d'eau qui couvre un tiers de la surface du globe, « mélange vivant d'îles réelles et d'îles imaginées[2] ». Après tout, les îles savent peut-être qu'elles sont, elles aussi, mortelles. Malgré les indications des voyageurs espagnols, hollandais et anglais, malgré le nom de Pacifique que lui attribua Magellan au sortir des tempêtes du cap Horn, il reste empli de mystère et recèle des dangers. Jusqu'aux oiseaux qui refusent tout service et entendent ne plus signaler la proximité des côtes :

> La direction du vol des oiseaux, après le coucher du soleil, ne m'a jamais rien appris ; et je suis bien convaincu qu'ils sont déterminés dans tous leurs mouvements en l'air par l'appât d'une proie[3]...

Le 4 avril, à 60 lieues de l'île, il ne distingue pas le moindre volatile, ce qui l'amène à conclure que « les découvertes des îles ne sont dues qu'au hasard[4] ». Mais si les oiseaux se montrent par trop discrets, il n'en va pas de même des baleines qui s'ébattent si près des navires qu'elles arrosent les ponts de leurs jets.

Le 8, l'île de Pâques, première des îles Polynésiennes, est en vue. Lapérouse peine à trouver un mouillage. Située à 4 000 kilomètres de la terre habitée la plus proche, difficile d'accès, la volcanique, la râpeuse *Rapa Nui* se trouvait dans une solitude totale avant que les trois navires conduits par le Hollandais Jacob Roggeveen n'y débarquent le 5 avril 1722, un jour de Pâques. Le capitaine Cook y avait abordé une seule fois en 1774, lors de son second voyage, assisté du peintre et portraitiste de l'expédition, M. Hodges, dont les dessins n'ont pas l'heur de plaire à Lapérouse, qui voit l'île sous un jour différent :

> Mais quelque déférence que l'on ait pour le plus célèbre des navigateurs, j'ose croire qu'il n'a pas bien vu cette île, ou du moins que son dessinateur a bien mal rendu tout ce qu'il a observé. Je veux parler des grandes statues en pierre volcanique élevées à l'honneur des morts. Le nom de buste convient mieux à ces monuments que celui de statues, car il n'y a de sculpté que la tête, les épaules et la poitrine. Ces bustes ont de douze à quatorze pieds de hauteur, et sur la tête de chacun on a placé un champignon conique [...]. On a de la peine à concevoir comment une peuplade qui ne monte pas à deux mille âmes a pu élever des blocs de pierre aussi lourds et les traîner sans le secours des métaux[5].

C'est le premier pas de Lapérouse dans une civilisation inconnue, loin de la doulce France, des Espagnols et des Portugais solidaires des marins. Compte tenu de la brièveté de la visite à terre — moins de dix heures —, les rapports écrits des deux commandants, le considérable travail de relevé effectué par Bernizet, les dessins de Duché de Vancy (insulaires et monuments) suscitent l'admiration. L'interprétation, qui traduit avec subtilité la psychologie des indigènes, voisine avec des observations fouillées sur la nature du sol, l'habitat, l'agriculture et l'art singulier de l'île. La veille du débarquement, les Indiens ont réservé un accueil enthousiaste aux navires, au point de les escorter à la nage à une lieue du rivage, jusqu'au moment où ils ancrent en baie de Cook. Le sexe dissimulé sous une touffe d'herbes retenue par une cordelette, le corps tatoué, les « sauvages » montent à bord riants et nus ; ils examinent les câbles, les ancres, la boussole, la roue de gouvernail, éblouis par le tonnage des bateaux et les uniformes des officiers qu'ils amadouent dans l'espoir d'en tirer quelques bénéfices. D'ailleurs, ils paraissent si terriblement sympathiques que le chef de l'expédition les comble de présents, leur distribue des animaux et des semences. Ne poussent-ils pas la gentillesse jusqu'à choisir les cadeaux les plus modestes, la pacotille, de préférence aux clous et aux couteaux ? Une fois congédiés, ils s'en retournent, un petit paquet sur la tête, pour protéger de l'eau leur butin.

Le 9 avril, une partie des officiers et douze soldats d'infanterie descendent à terre avec les savants au grand complet et les commandants des deux frégates. Une nuée d'Indiens, dont « la physionomie exprimait la joie », les attend sur la plage pour négocier les échanges. Lapérouse a lu les relations des divers voyageurs, en particulier la flambante description des insulaires rédigée par le capitaine Cook :

> La plupart des hommes portent un cercle d'environ deux pouces d'épaisseur tressé avec de l'herbe d'un bord à l'autre et couvert d'une grande quantité de ces longues plumes noires qui décorent le col des frégates. D'autres ont d'énormes chapeaux de plumes de goéland brun, presque aussi larges que les vastes perruques des jurisconsultes européens ; et plusieurs enfin, un simple cerceau de bois, entouré de plumes blanches de mouettes, qui se balancent dans l'air[6]...

Lapérouse et Langle emporteront des naturels une meilleure opinion que Cook et Forster, même s'ils trouvent un peu moins de panache aux parures des natifs : atteint par le scorbut, à bout de ressources, Cook n'avait pu tirer des habitants ni eau, ni bois, ni viande. Lapérouse écrit :

> Notre situation était infiniment meilleure. Les équipages jouissaient de la plus parfaite santé ; nous avions pris au Chili ce qui nous était nécessaire pour plusieurs mois et nous ne désirons de ce peuple que la faculté de lui faire du bien[7].

Pourtant l'homme des Lumières, l'explorateur qui croyait encore un peu au mythe des bons sauvages, le bienfaiteur qui débarque avec un cheptel et des semailles destinés à améliorer leur mode de vie, est sur ses gardes. C'est un marin, un pragmatique, pas un rêveur. Lui qui a donné l'ordre de ne pas tirer un seul coup de feu se retrouve exposé au pillage des insulaires qui volent à qui mieux mieux les chapeaux sur les têtes (y compris son bicorne) et les mouchoirs dans les poches, avant de s'enfuir comme une volée de moineaux déposer leurs rapines en sûreté dans les cases (« Malheureusement nous en avions une trop petite quantité pour en donner à tous[8] »). Les femmes se montrent provocantes et participent aux larcins des hommes. Le scepticisme du chef de l'expédition se retrouve dans son Journal (tolérance n'est pas cécité) : « Il est certain que ces peuples n'ont pas sur le vol les mêmes idées que nous. Ils n'y attachent vraisemblablement aucune honte, mais ils savent très bien qu'ils commettent une action injuste, puisqu'ils prennent la fuite à l'instant, pour éviter le châtiment[9]. » Loin de s'étonner, Lapérouse affirme avoir trop lu les récits des voyageurs pour ne pas savoir que les populations indigènes sont de « grands enfants insatiables[10] ». S'il finit par traiter les Pascuans de fieffés coquins, c'est en raison de leur hypocrisie et non de leur malhonnêteté, malgré le vol d'un grappin de l'*Astrolabe*, définitivement perdu... Louis XVI, le roi philanthrope, avait souhaité que la lecture de ses devanciers éclairât son officier :

> Les relations des voyageurs qui ont précédé le sieur de La Pérouse [...] lui ont fait d'avance connaître le caractère et les mœurs d'une partie des différents peuples avec lesquels il pourra avoir à traiter[11].

Pour gagner du temps, le groupe est divisé en deux sections. Les uns sont envoyés sous les ordres de Langle pour parcourir quelque 7 kilomètres. Les savants sont de la partie avec ceux qui « s'en sentent la force ». Lepaute Dagelet, Lamanon, Duché de Vancy, Dufresne, Lamartinière, le père Receveur et l'abbé Mongès accompagnent le commandant de l'*Astrolabe*. Collignon cherche un coin abrité et fertile à l'intérieur des terres : les graines, choux, betteraves, carottes, maïs et citrouilles, préparées par Thouin sont dispersées du geste auguste du semeur sur les sols que les indigènes jugent propices à leur développement. « Il montra aux insulaires rassemblés autour de lui comment planter les arbres. Ces derniers rirent, applaudirent, mais, surtout, ils volèrent tout ce qui était à portée de la main[12]. » À l'extrémité de la pointe sud de l'île, le père Receveur descend dans le cratère d'un volcan d'une profondeur de 800 pieds. Il y découvre tout au fond un marais bordé d'une plantation de bananiers et de mûriers, « parmi lesquels on voyait voltiger des hirondelles de mer[13] ». Ce serait un pays de cocagne, si seulement il y avait des citernes pour recueillir l'eau de pluie... Les observateurs se contentent de noter l'aspect pelé et les amas de lave auxquels s'accrochent de maigres arbrisseaux, ce qui n'empêche pas Lapérouse d'admirer les insulaires capables de pratiquer l'agriculture « avec intelligence[14] » sur des sols aussi ingrats.

Le mystère des statues colossales, ces *moai* tournés vers l'intérieur de l'île comme pour la protéger, intrigue les savants. Cook et ses officiers s'étaient interrogés sur la signification des gigantesques monolithes aux très gros yeux levés vers le ciel, qui ne semblaient pas être des objets de vénération pour les Pascuans : « À quelle époque lointaine remontent ces témoignages de l'activité d'un peuple à jamais disparu ou dont les souvenirs se sont perdus dans la nuit des âges ? Problèmes à jamais insolubles[15] ! » Pour autant qu'il marche dans les pas de son modèle anglais, Lapérouse s'inscrit en faux contre son opinion : « Ces bustes pourraient être l'ouvrage de la génération actuelle[16]. » La science moderne affirme que la création des géants aurait commencé vers 1300. Construire des statues demandait énormément de bois pour les acheminer depuis les carrières de basalte jusqu'à la côte. Or on sait aujourd'hui qu'une catastrophe climatique fit disparaître la forêt vers 1650, interrompant la production de ces œuvres vieilles de plusieurs siècles. De la sécheresse induite par ce cataclysme, ni Cook ni Lapérouse ne pouvaient avoir eu vent.

L'étape à l'île de Pâques éclaire certains aspects du caractère de Jean-François, dont la modestie et l'honnêteté :

> Je ne puis que hasarder des conjectures sur les mœurs de ce peuple, dont je n'entends pas la langue, et que je n'ai vu qu'un jour ; mais j'avais l'expérience des voyageurs qui m'avaient précédé ; je connaissais parfaitement leurs relations, et je pouvais y joindre mes propres réflexions[17].

Chapeau, si l'on ose dire, après qu'on lui a dérobé le sien ! Il est difficile de suivre les Girault de Coursac dans leurs griefs contre Lapérouse, quand ils l'accusent de ne pas lire suffisamment les ouvrages de la bibliothèque de bord...

Il va pourtant désobéir et modifier l'itinéraire prévu. En quittant l'île de Pâques, le 10 avril au soir, il abandonne la course prévue dans le Pacifique Sud, évite les îles de la Société qu'il élimine d'emblée et fait route au nord, pour se consacrer à ce qu'il juge être la partie la plus importante de sa mission. Le voyage entre dans une phase, disons, plus expéditive :

> Je me flatte que le roi approuvera et verra même avec plaisir que dans ce long voyage, je n'aurai pas eu besoin de relâcher à ces éternelles îles de la Société sur lesquelles on a déjà beaucoup plus écrit que sur plusieurs royaumes de l'Europe et j'avoue que je me félicite de n'avoir à parler ni de Tahiti, ni de la reine Oberea[18].

Les équipages sont consternés de le voir renoncer de propos délibéré à son programme, car ce nouvel itinéraire qui renvoie aux calendes grecques Tahiti, la Nouvelle-Calédonie, la Nouvelle-Hollande (la future Australie) et la Nouvelle-Zélande, d'où il aurait gagné la Californie pour y établir un comptoir de fourrures, bouscule tous ses rendez-vous. Louis XVI devra se contenter de la déclaration du chef d'expédition, certain qu'il est de rendre « un service important à la géographie » en modifiant son trajet. Au large de la côte, le clair de lune donne à la surface de l'eau un aspect translucide, surnaturel, comme s'il provenait des abysses. Euphorie mêlée d'appréhension : ils voguent désormais sur une route inconnue, parallèle à celle du capitaine Cook en 1777, lorsqu'il faisait voile des îles de la Société vers la côte nord-ouest de l'Amérique, mais environ à 800 lieues plus à l'est que lui.

Le temps est clair, puis, entre le 17 et le 20, les vents tournent et les courants perturbent leur course :

> Les courants dans ces mers, nous occasionnaient chaque jour des grandes différences entre les longitudes estimées et les longitudes observées. C'est sans doute de la direction des courants peu observés autrefois que proviennent les erreurs des cartes espagnoles ; car il est remarquable qu'on a retrouvé, dans ces derniers temps, la plupart des îles découvertes par Quiros, Mendaña et autres navigateurs de cette nation, mais toujours trop rapprochées sur leurs cartes des côtes de l'Amérique[19].

Les marins tuent les oiseaux et pêchent des bonites, plus goûteuses que le bœuf salé. La gent frétillante fournit aux hommes des rations quotidiennes, chargées de vitamines (« Cette bonne nourriture maintint notre santé dans le meilleur état[20] »). De jour, l'*Astrolabe* et la *Boussole* marchent de front, un intervalle de 3 ou 4 lieues entre elles, de façon à balayer un plus vaste horizon.

Chemin faisant, leur émotion croît à mesure qu'ils approchent des îles Hawaï où Cook avait trouvé la mort, tué par les indigènes. Ils avancent, avec au cœur la passion de la découverte, sourde, lancinante. Lapérouse fait l'éloge de Cook, le « vrai Christophe Colomb » :

> Il sera toujours à mes yeux le premier des navigateurs, et celui qui a déterminé la position précise de ces îles, qui en a exploré les côtes, qui a fait connaître les mœurs, les usages, la

religion des habitants, et qui a payé de son sang toutes les lumières que nous avons aujourd'hui sur ces peuples. [...] Les marins, les philosophes, les physiciens, chacun trouve dans ses voyages ce qui fait l'objet de son occupation ; tous les hommes peut-être, du moins tous les navigateurs, doivent un tribu d'éloges à sa mémoire : comment m'y refuser au moment d'aborder le groupe d'îles où il a fini si malheureusement sa carrière[21] ?

Le 15 mai, après avoir fait le point, Lapérouse ne trouve aucune trace des îles qui figurent sur les cartes espagnoles, et conclut à la non-existence de *la Disgraciada* et de *Los Majos*, groupe appelé *la Mesa* par les Espagnols. Sans les montres marines qui rectifient l'estime, il les aurait placées 5 degrés trop à l'est. De façon à corriger ces « erreurs très préjudiciables à la navigation », il décide de passer par les îles Sandwich, entre Owehee (Hawaï) et Mowee (Mauï), terres annoncées depuis quelques jours par des vols de pétrels et les tortues de mer qui nagent le long du bord. L'air est torride ; les réserves d'eau potable s'épuisent et doivent être rationnées. Seule la pêche maintient l'équipage en bonne santé (« Les bonites ont fait 1 500 lieues avec nos frégates »). Après trois jours à Mowee, le 28 au matin, les marins assoiffés aperçoivent les montagnes couvertes de neige de l'île d'Hawaï, éden hors de portée de main. Il faut se méfier des hauts-fonds non répertoriés, des courants invisibles capables de drosser les frégates, des récifs de coraux aiguisés comme des lames de rasoir. Ils traversent le canal formé par les deux îles, ce qui ne va pas sans un petit coup de patte aux Anglais dont le plan « très défectueux dans cette partie » omet de représenter un îlot proche de la pointe de Mowee. La mer déchaînée retarde le mouillage, et la vision des cascades qui dévalent des cimes les rend fous :

> Il faut être marin, et réduit comme nous, dans ces climats brûlants, à une bouteille d'eau par jour, pour se faire une idée des sensations que nous éprouvions. Les arbres qui couronnaient la montagne, la verdure, les bananiers que nous apercevions autour des habitations, tout produisait sur nos sens un charme inexprimable. Mais la mer se brisait sur la côte avec la plus grande force et, nouveaux Tantales, nous étions réduits à désirer et à dévorer des yeux ce qu'il nous était impossible d'atteindre[22].

Alors que les frégates courent encore à grande vitesse pour gagner un mouillage à l'abri des alizés, cent cinquante pirogues à balancier se détachent de la côte, chargées de cochons, de patates, de bananes et de taro (racines de pied-de-veau). Elles poursuivent les Français qui cherchent encore un mouillage. Malgré la houle, les Maoris échangent leurs victuailles contre des morceaux de fer, des outils ou des clous, denrées des plus précieuses à leurs yeux. Éclaboussés, ils se jettent à la nage pour vider l'eau qui remplit les embarcations et rattraper leurs cochons emportés par les vagues. Lapérouse admire l'adresse des piroguiers :

> C'est avec ces frêles bâtiments que les habitants de ces îles font des trajets de soixante lieues, traversent des canaux qui ont vingt lieues de largeur [...] mais ils sont si bons nageurs qu'on ne peut leur comparer que les phoques et les loups marins[23].

Ils sont aussi très bons marchands :

> M. de Langle [...] eut un instant le pont de sa frégate très embarrassé par une multitude de ces Indiens, mais ils étaient si dociles, ils craignaient si fort de nous offenser qu'il était extrêmement aisé de les faire rentrer dans leurs pirogues [...]. Nos morceaux de vieux cercles de fer excitaient infiniment leurs désirs ; ils ne manquaient pas d'adresse pour s'en procurer [...] ils savaient très bien qu'il y aurait plus de profit pour eux à convenir d'un prix particulier pour chaque article[24].

Lapérouse éprouve des sentiments mitigés. Il compare les « bons sauvages » qui l'abordent aux habitants de l'île de Pâques :

> En faisant le rapprochement de ces deux peuples, tous les avantages étaient en faveur de ceux des îles Sandwich, quoique tous les préjugés fussent contre lui, à cause de la mort du capitaine Cook. Il est plus naturel à des navigateurs de regretter un aussi grand homme que d'examiner de sang-froid si quelque imprudence de sa part n'a pas en quelque sorte *obligé* les habitants d'Owyhee à recourir à une juste défense[25]...

Que cherche-t-il à dire ? Prendre la défense des indigènes, tenter de les comprendre, voire de les excuser, n'était pas chose courante de la part des Européens : « Lapérouse était naturellement disciple de Rousseau lorsqu'il s'agissait de contempler la nature, mais il récusait la bonté naturelle de l'homme[26]. » Une fois encore, les Coursac s'en prennent à lui, devenus soudain anglophiles : « Même si les sauvages ont montré à Cook des débris humains en train de cuire, même si Cook a été tué et son corps à demi dévoré par ces gens si bons, si doux, si hospitaliers, que pèsent l'expérience et l'évidence au regard du sentiment d'un marin français distingué[27] ? »

Malgré l'hospitalité des natifs, les officiers s'entassent dans des canots, en compagnie de vingt soldats armés, la baïonnette au bout du fusil, prêts à faire le service « avec autant d'exactitude qu'en présence de l'ennemi ». Méfiance ou mépris envers les insulaires dont Lapérouse avoue ne pas comprendre un mot, d'où son incapacité à communiquer ? Après lui, les instructions données à ses successeurs recommanderont la prudence dans les contacts avec lesdits sauvages. Il sera ainsi recommandé quelques années plus tard à l'explorateur Nicolas Baudin, commandant de l'expédition aux Terres australes :

> Ayez toujours devant les yeux l'exemple déplorable des circumnavigateurs qui sont tombés sous les coups des insulaires [...] et lorsque vous ordonnerez des instructions, ne négligez aucune précaution pour mettre vos compagnons à l'abri de toute surprise et de tout danger[28].

Il faudra longtemps encore pour que les conquérants et les explorateurs se départent de leur mépris pour les minorités. La « Société des observateurs de l'homme » n'a pas encore vu le jour ni les *Considérations sur les diverses méthodes à suivre dans l'observation des peuples sauvages*, édictées par Joseph-Marie de Gérando à l'usage de Baudin. Le moment arrivera où, pour parfaire leur connaissance du milieu, les savants étudieront les idiomes des populations locales au moyen d'un système de signes, inspiré du langage des sourds-muets[29].

Le rivage de l'île Hawaï grouille de naturels animés des meilleures intentions du monde, qui les attendent dès le point du jour. Arrêt sur images : distribution de médailles, de haches et de morceaux de fer (« Mes libéralités firent grand effet ») échangés contre « plus de cent cochons, des nattes, des fruits, de petits meubles en plumes et en coquillages, de beaux casques recouverts de plumes rouges[30] ». Les hommes sont affligés de maladies et d'ulcères, les femmes, « peu séduisantes », font tournoyer leur jupe sur des appas qui révèlent les séquelles de maladies vénériennes. Lapérouse se garde d'incriminer les matelots de Dampier et de Cook ; voyons, ce sont les Espagnols qui ont répandu ce « fléau de l'humanité », eux qui communiquent avec les Indiens depuis des siècles. À preuve les calculs de M. Rollin, « homme très éclairé », qui note que les cicatrices arborées remontent à une période antérieure au passage des Anglais. Outre les soins apportés à l'équipage, les médecins du bord observent les maladies des populations rencontrées et dispensent nourriture, médicaments et drogues. « Occasionnellement, ils les traitent avec les produits de leur époque, en se donnant ainsi une réputation de magicien[31]. »

Pourquoi Lapérouse ne prend-il pas possession de l'île au nom du roi ? Installer des relais commerciaux sur les futures routes du Pacifique, les Anglais n'hésitaient pas un instant à le faire. Les îles Hawaï possédaient du bois de santal, apprécié des Chinois pour la fabrication de l'encens. Au lieu de quoi, il commande une rapide cérémonie à la mémoire de Cook et remet aussitôt à la voile vers l'Alaska, comme si la conquête n'était pas de son ressort. De surcroît les Anglais, qui parlaient la langue du pays, avaient produit d'abondantes relations qui rendaient inutile une relâche prolongée. Le raisonnement de l'explorateur est étrange, qui vise Bougainville s'emparant des îles de la Société :

> Quoique les Français fussent les premiers qui, dans ces derniers temps, eussent abordé sur l'île Mowée, je ne crus pas devoir en prendre possession au nom du roi. Les usages des Européens sont, à cet égard, trop complètement ridicules. Les philosophes doivent gémir sans doute de voir que des hommes par cela seul qu'ils ont des canons et des baïonnettes, comptent pour rien soixante mille de leurs semblables ; que, sans respect pour leurs droits les plus sacrés, ils regardent comme un objet de conquête une terre que ses habitants ont arrosée de leur sueur et qui depuis tant de siècles sert de tombeau à leurs ancêtres[32].

Aux yeux de cet homme progressiste, l'essentiel est d'apporter à ces lointaines contrées le bénéfice des avancées économiques et techniques :

> Les navigateurs modernes n'ont pour objet, en décrivant les mœurs des peuples nouveaux, que de compléter l'histoire de l'homme ; leur navigation doit achever la reconnaissance du globe ; et les lumières qu'ils cherchent à répandre ont pour unique but de rendre plus heureux les insulaires qu'ils visitent et d'augmenter leurs moyens de subsistance[33].

Cette profession de foi s'inscrit dans le droit-fil des instructions, à une étape du voyage où Lapérouse tente d'éradiquer les mœurs les plus cruelles des indigènes :

> Pour nous, nous serions amplement dédommagés des fatigues extrêmes de cette campagne si nous pouvions parvenir à détruire l'usage des sacrifices humains, qu'on dit être généralement répandu chez les insulaires de la mer du Sud[34].

À présent, escortées sur 1 500 lieues d'une flottille de poissons — les bonites harponnées sont un excellent appoint de vitamines —, les frégates remontent vers la côte nord-ouest de l'Amérique. Pendant trois semaines, tout se déroule selon le plan prévu, grâce aux provisions des îles Sandwich, à l'exception des petits cochons qui se laissent mourir faute d'eau et d'aliments (« Je fus obligé de les faire saler suivant la méthode du capitaine Cook »). Cinq ou six îles « qui n'existent pas » doivent de nouveau être soustraites des cartes. Quand, le 9 juin, le ciel devient blanchâtre et terne, annonçant le mauvais temps, Lapérouse prend ses dispositions contre le scorbut, dont l'humidité reste à ses yeux la cause première :

> J'ordonnai donc de mettre des bailles pleines de braises sous le gaillard et dans l'entrepont où couchaient les équipages ; je fis distribuer à chaque matelot ou soldat une paire de bottes, et on rendit les gilets et les culottes d'étoffe que j'avais fait mettre en réserve depuis notre sortie des mers du cap Horn[35].

Nourriture et boissons appropriées sont distribuées. Ce n'est que dans son ultime lettre, le 7 février 1788, que Lapérouse émettra des réserves sur les mesures d'hygiène du capitaine Cook à propos de l'eau croupie dans les barriques. Mais, pour le reste, il rivalise avec son prédécesseur et veille avec autant de rigueur à la santé de son équipage. Outre les vêtements chauds, les marins reçoivent des grogs additionnés à leur insu d'une infusion de quinquina (dont le goût les eût retenus de boire). Le froid s'est installé, la pluie pénètre les hardes des matelots, qui jurent qu'on ne les y reprendra plus.

« Calme mais brumeux... La côte très floue... » Ils progressent avec une extrême lenteur pour ne pas manquer un site qui aurait échappé à Cook. Des algues gigantesques, semblables à « la tige d'un oignon monté en graine[36] », forment une résille à la surface de l'eau. À mesure qu'ils se rapprochent de la côte, baleines, plongeons arctiques et canards annoncent la présence d'une terre. Le 23 juin, à quatre heures du matin, ils découvrent des glaciers étincelants, qui surplombent un plateau de roches volcaniques :

> Le brouillard en se dissipant nous permit d'apercevoir tout d'un coup une longue chaîne de montagnes couvertes de neige que nous aurions pu apercevoir de trente lieues au large, si le temps eût été clair ; nous reconnûmes le mont Saint-Élie de Behring, dont la pointe paraissait au-dessus de nuages[37].

Trente-trois jours de mer ont été nécessaires pour atteindre l'Alaska.

En Alaska

Le paysage n'est pas pour les réconforter :

> L'œil se reposait avec peine sur ces masses de neige qui couvraient une terre stérile et sans arbres ; les montagnes paraissaient un peu éloignées de la mer, qui brisait contre un plateau élevé de cent cinquante ou deux cents toises[1].

Alors qu'ils cherchent un mouillage, la brume reparaît et de violents courants malmènent les frégates. Les deux grands canots et la biscayenne dépêchés en reconnaissance reviennent sans avoir trouvé de baie pour l'atterrage. Nouvel hommage au courage et à l'opiniâtreté de Cook, qui a scrupuleusement effectué des relevés depuis Saint-Élie jusqu'à la pointe de l'Alaska. Lapérouse mesure l'immensité de la tache qui reste à accomplir, alors qu'il n'a devant lui que quelques mois : « Plusieurs siècles s'écouleront peut-être avant que toutes les baies, tous les ports de cette partie de l'Amérique soient parfaitement connus[2]. »

Les deux frégates longent la côte quand, le 2 juillet 1786, une éclaircie laisse voir un goulet qui mène à une baie profonde : « Tout annonçait que nous étions à l'entrée d'une très grande rivière, puisqu'elle changeait la couleur et la salure de la mer à deux lieues au large[3]. » L'*Astrolabe* est d'abord rejetée en pleine mer par un courant violent, rejointe par la *Boussole*. Le lendemain, des manœuvres habiles portent bientôt les vaisseaux dans la baie, à une demi-encablure du rivage. « Le site est envoûtant, depuis le miroir insondable d'eau sombre jusqu'à des à pics de roches et de glace dévalant des sommets enneigés d'une prodigieuse hauteur. Le silence est absolu, comme éternel, rompu quelquefois par le grondement d'une avalanche multiplié par l'écho[4] », écrit François Bellec dans sa superbe prose. L'expédition découvre les conditions extrêmes des voyageurs du Grand Nord, Russes, Espagnols, Anglais, qui affrontent depuis des siècles l'hivernage, la famine et la mort à la recherche du passage du Nord-Ouest.

Quand les brumes et les pluies s'acharnent, les cartes ne sont plus d'aucun secours : Lapérouse, comme Cook, ne croit plus à la découverte du passage. L'un comme l'autre ne fourniront que les grandes lignes de cette côte d'origine glaciaire, dont le véritable hydrographe sera Vancouver en 1792. Le port où nul n'avait débarqué est aussitôt baptisé du nom de Port-des-Français (par la suite, baie de Lituya). L'arrivée de Lapérouse est tout d'abord un choc pour les Indiens, qui ne s'expliquent pas l'apparition de ces deux « *White Raven* ». Deux femmes, au visage « un peu extraordinaire, mais assez agréable », fuient et se cachent dans les herbes. Une aubaine pour l'artiste François Blondela qui constate que ce bain forcé dans la rosée leur a collé au corps « la longue robe de chambre » dont elles étaient vêtues, ce qui lui permet d'en dessiner les formes. Le coin semble propice à l'installation d'une factorerie. L'affaire décidée, « aucune nation ne pourrait avoir le droit de s'y opposer », décrète Lapérouse. A-t-il donc oublié les reproches adressés à ceux qui ont pris possession des îles Sandwich, cette « terre arrosée de sueur et tombeau des ancêtres » ? Mais le vent enfle et met soudain les navires en danger ; le ciel tourbillonne ; les ténèbres se referment (« depuis trente ans que je navigue, il ne m'est pas arrivé de voir deux vaisseaux aussi près de se perdre »). Il décide de séjourner à l'entrée de la baie. Il n'y aura pas de bataille. L'émotion des Indiens surmontée, c'est aussitôt le va-et-vient des pirogues, chargées de peaux de loutres de mer et de saumons frais (chaque frégate en fit saler deux barriques) ; images récurrentes de ces marchés sur l'eau, pendant qu'à terre les habitants font voltiger « des manteaux blancs et différentes peaux ». Vus des vaisseaux de haut bord, on dirait des fourmis ; on ne distingue leurs traits que lorsqu'ils montent aux échelles, munis de leur monnaie d'échange (« Ils nous donnaient leurs saumons pour des morceaux de vieux cercles »). Quant aux loutres, elles sont si communes que Lapérouse se montrerait « peu surpris qu'une factorerie rassemblât chaque année dix mille peaux de cet animal ». Mais bernique pour les obtenir vivantes : « Mr. Rollin, chirurgien-major de ma frégate, a lui-même écorché, disséqué et empaillé la seule loutre que nous ayons pu nous procurer[5]. » D'où viennent donc le fer et le cuivre des poignards de métal que portent autour du cou ces êtres un peu farouches, qui les leur a fournis ? Sont-ils en contact avec des trafiquants ? Ils ne leur servent qu'à tuer des bêtes, prétendent-ils, avec des mines rassurantes. Le chef indien Tlingit (ce ne sont pas des Inuit) propose à Lapérouse de lui vendre l'îlot sur lequel l'expédition compte installer un observatoire. « Je lui donnai plusieurs aunes de drap rouge, des haches, des herminettes, du fer en barre, des clous ; je fis aussi des présents à toute sa suite. » Le marché conclu, « l'île de l'Observatoire », qui n'appartenait à personne, devient la propriété des Français (« Je fis enterrer au pied d'une roche une bouteille qui contenait une inscription relative à cette prise de possession, et je mis auprès une des médailles de bronze qui avaient été frappées en France avant notre départ »). Bientôt suivi des Indiens de sa pirogue, le chef « fit ensuite une longue harangue qui fut terminée par des chants assez agréables ». Lapérouse leur trouve même un air de famille avec le plain-chant des églises. Que de bon vouloir ! À les voir danser, ces gens-là ne sont pas dangereux, même si leur nombre enfle de jour en jour et qu'ils se montrent nerveux lors de l'attribution des cadeaux.

De même que le vent change de direction, les sauvages changent d'humeur et montrent vite un très fort penchant pour le vol. De bienveillants qu'ils étaient, ils se muent en gros malfaiteurs. Profitant de la clémence (la « douceur ») de Lapérouse, ils pénètrent dans l'îlot, « se glissant sur le ventre comme des couleuvres, sans remuer presque une feuille », et dérobent un fusil garni d'argent et les tenues de deux officiers qui dorment à poings fermés. Peccadilles, note Jean-François, si l'on compare ces pertes à celle du cahier sur lequel étaient portées les observations astronomiques de l'excellent Dagelet depuis l'arrivée à Port-des-Français. Lapérouse est contraint de recourir à l'intimidation. Il constate qu'elle n'a que peu d'effets sur les naturels :

> J'avais cependant tâché de les convaincre de la supériorité de nos armes ; on avait tiré devant eux un coup de canon à boulet [...] et un coup de fusil à balle avait traversé, en présence d'un grand nombre de ces Indiens, plusieurs doubles d'une cuirasse qu'ils nous avaient vendue, après nous avoir fait comprendre par signes qu'elle était impénétrable aux flèches et aux poignards[6]...

Son jugement à leur égard évolue tout à trac : « J'admettrai enfin, si l'on veut, qu'il est impossible qu'une société existe sans quelques vertus ; mais je suis obligé de convenir que je n'ai pas eu la sagacité de les apercevoir : toujours en querelle entre eux, indifférents pour leurs enfants, vrais tyrans de leurs femmes qui sont condamnées sans cesse aux travaux les plus pénibles ; je n'ai rien observé chez ce peuple qui m'ait permis d'adoucir les couleurs de ce tableau[7]. » Quant aux femmes, elles sont qualifiées de « répugnantes ». Lapérouse se donne la peine de nous décrire un peuple et une civilisation qu'il ne peut comprendre. Il serait vain d'en accuser quiconque, d'autant que ses savants mènent l'enquête de façon à cerner au plus près les coutumes des natifs. Au Port-des-Français, Lamanon fait figure de pionnier, qui disserte sur la langue des habitants après en avoir dressé un lexique comparatif et tenté d'en analyser la grammaire. De même, sont relevées sur des portées musicales les notes d'un air que Lapérouse juge « agréable et assez harmonieux[8] ». Lapérouse et son expédition sont toujours d'actualité à Lituya Bay, comme le prouve le cercle « Laperouse Alaska Association », qui donne des représentations et des conférences, en présence de Tlingits.

Aucun accident n'a jusqu'alors entaché le déroulement du voyage : « Nous nous regardions comme les plus heureux des navigateurs, d'être arrivés à une si grande distance de l'Europe, sans avoir eu un seul malade ni un seul homme atteint du scorbut[9]. » Le leitmotiv reviendra à plusieurs reprises, mais cette fois, il précède le plus cruel des malheurs, celui qu'il était le plus impossible de prévoir. Aveuglés par leur enthousiasme, les navigateurs veulent découvrir le fond de la baie, espérant y trouver l'estuaire d'un grand fleuve venant du Canada. Or, en plein mois de juillet, la fonte des glaciers provoque des courants très violents à la marée descendante et Lapérouse s'inquiète. Le second de la *Boussole*, d'Escures, lieutenant qui avait servi sous son commandement à bord de la *Belle-Poule*, considère l'affaire comme une vulgaire promenade, plus un plaisir qu'une corvée de service, car il compte bien chasser et déjeuner sous les arbres. La manœuvre du marin étant un art à ne pas prendre à la légère, Lapérouse juge bon de donner au jeune intrépide des instructions écrites. Il ne doit franchir la passe qu'à l'étale et avec la plus extrême prudence. D'Escures prend la mouche : à trente-trois ans, après avoir commandé des bâtiments de guerre, il n'est plus un enfant. Quel besoin d'un plan point par point pour accomplir un travail de routine, à quoi bon le mettre en garde ? Il connaît parfaitement les consignes de sécurité, point n'est besoin d'insister.

Le 13 juillet, les deux biscayennes de l'*Astrolabe* et de la *Boussole*, accompagnées d'un simple canot, se détachent des navires pour entrer dans l'embouchure de la baie : « Il était prudent de ne pas se tenir sur les bords à cause des chutes de pierres et de glaces. Nous parvînmes enfin [...] à un cul-de-sac qui se terminait par deux glaciers immenses[10]. » Ils sont une vingtaine à débarquer, dont les officiers Langle et Monti, accompagnés de Dagelet et Blondela qui effectuent des travaux de géodésie tandis que les autres s'occupent des provisions d'eau et de bois. « Aussi indiscipliné que peut l'être un officier de la Marine française », selon les Girault de Coursac, d'Escures se présente dans la passe à la marée descendante. La première biscayenne, celle de la *Boussole*, est aspirée par le jusant, entraînée vers le large et culbutée par la barre. Lancée au secours des naufragés, la chaloupe de l'*Astrolabe* est précipitée sur les rochers par les brisants et chavire à son tour. En l'espace de dix minutes, vingt et un officiers et marins, dont les deux frères de La Borde, fils du grand financier de la cour, trouvent la mort (Langle s'était fait une loi inviolable de ne jamais envoyer deux frères à la fois pour une même mission, mais la reine avait insisté pour qu'ils fussent embarqués).

Seul le petit canot de la *Boussole* échappe au naufrage, grâce à l'enseigne Boutin, qui a sagement retenu ses hommes d'aller à la rescousse des naufragés. Pendant ce temps, les frégates étaient allées s'embosser derrière une île, à l'abri des vents. À bord, on préparait la campagne des mers de Chine, lorsque, à dix heures du matin, Lapérouse, surpris, voit rentrer le canot de son navire : « Je demandai à M. Boutin avant qu'il fût monté à bord, s'il y avait quelque chose de nouveau ; je craignis dans ce premier instant quelque attaque des sauvages... » Bouleversé, en état de choc, Boutin déroule les détails de la tragédie.

Notons la façon dont les naturels, admis à circuler sur le pont, viennent annoncer ce funeste événement aux Français : « Les signes de ces hommes grossiers exprimaient qu'ils avaient vu périr les deux canots et que tous secours avaient été impossibles [...] nous tâchâmes de leur faire comprendre que toutes nos richesses appartiendraient à celui qui aurait sauvé un seul homme [...]. Sur-le-champ, ils coururent sur les bords de la mer[11]. » Après avoir attribué leur zèle au seul goût du lucre, Lapérouse reviendra sur son jugement : « Les Indiens ont paru prendre part à notre douleur ; elle est extrême[12]. » Il reste plusieurs jours au mouillage, dans l'espoir de retrouver des survivants.

Les navigateurs mettent à profit ce délai pour continuer leurs recherches, « émus par le malheur et non découragés ». Ils visitent les tombeaux, sortes de coffres cinéraires qui abritent les cendres des morts indiens dont la tête est conservée, enveloppée de peaux ; à l'aide de leur lunette, ils observent les files de pirogues qui se relaient pour pêcher dans la baie au moment où la mer est étale ; ils apprennent que sept très grandes pirogues ont été naufragées dans la passe. S'il n'était pas « à une extrémité de la terre », l'arrière-pays mériterait d'être visité. Le climat y est plus doux que celui de la baie d'Hudson. Aucune des plantes potagères ou sauvages qui ne se trouvent en Europe ; de même les espèces de poissons, connues, elles aussi, sur les côtes de France. Quant aux fourrures, ils n'ont que l'embarras du choix : « Les Indiens nous vendirent des peaux d'ours noir et brun, de lynx du Canada, d'hermine, de marmotte aussi du Canada ou monax et du renard roux[13]. » La préparation des mille loutres de mer, nageuses de premier ordre capturées en pirogue par les Indiens, va demander un mois entier.

Peut-on imaginer leurs réactions à la suite d'un deuil aussi cruel ? Ils s'efforcent d'accomplir leur devoir, mais ce ne sont pas les observations scientifiques — aucune pierre, aucune espèce animale ne leur échappe — ou le zèle commercial qui leur font oublier que la mer est un cimetière pour les leurs. Si l'on excepte l'art — vannerie, statuettes et bijoux —, Lapérouse n'a pas de mots assez sévères pour la barbarie et la malpropreté des indigènes. Le pays offre « un tableau effrayant », celui des montagnes et des profondes vallées que les voyageurs du XVIIIe siècle avaient en horreur ; les habitants sont « aussi grossiers, aussi barbares que leur sol est rocailleux et agreste [...]. Les femmes les plus dégoûtantes qu'on puisse imaginer, couvertes de peaux puantes et souvent tannées, ne laissèrent pas d'exciter quelques désirs[14] ». Tous se peignent le visage et le corps d'une manière « effroyable ». La puanteur de leur maison tient de la tanière. Les ustensiles de bois dans lesquels ils cuisent le poisson ne sont jamais lavés. Les vêtements qu'ils portent sont conçus pour effaroucher leurs ennemis : bonnets à deux cornes, têtes d'ours entières, plumes d'aigle ; « l'habillement ordinaire du grand chef était une chemise de peau d'orignal tannée, bordée d'une frange de sabots de daims et de becs d'oiseaux, qui imitaient le bruit des grelots lorsqu'il dansait[15] ». Lapérouse accuse les philosophes qui font « leurs livres au coin du feu » et se récrieraient contre ce tableau, alors que lui, ne cessant de voyager, témoigne de scènes prises sur le vif.

Il opère de bien intéressantes distinctions entre les peuples : « J'ose assurer que les Indiens du Port-des-Français ne sont point Esquimaux. » La comparaison joue en leur faveur : « Ils sont si adroits qu'ils ne diffèrent presque pas des phoques ; ils se retournent dans l'eau avec la même agilité que les amphibies ; leur face est quarrée, leurs yeux et leurs pieds, petits... » Si ses principes l'obligent à se concilier l'amitié des indigènes qu'il visite, « à imiter la bonne conduite de quelques-uns des navigateurs qui l'ont devancé », s'il se veut humain, son Journal use d'un ton qui n'en choque pas moins la sensibilité actuelle. Aucun discours, aucune déclaration de principe n'y peut rien changer, et pas même le bon vouloir de Louis XVI, dont « la connaissance complète de la terre » devra en passer par cet état d'esprit, à mille lieues de l'anthropologie moderne.

Après dix-huit jours de vaines recherches, les deux frégates, pavillon en berne, quittent Port-des-Français le 30 juillet, à quatre heures du soir. Contre toute vraisemblance, Lapérouse s'est donné le temps de voir surgir des rescapés (« un départ trop précipité aurait laissé des inquiétudes, des doutes en Europe ») et l'on devait ménager les familles. L'histoire des explorations ne manque pas d'exemples de malheureux marins restés sur place à la suite d'un naufrage, ou d'une révolte, comme l'ont fait ceux de la *Bounty* en 1789. Lapérouse ne saura jamais que le même sort attendait les rares survivants de son propre équipage après le désastre de Vanikoro.

Consterné par le drame, il a fait ériger un petit cairn à la mémoire des disparus sur « l'île du Cénotaphe ». Au pied du « monument », fait de simples planches de bois, une bouteille fut enterrée qui contenait le récit du naufrage, suivi des noms des officiers, soldats et matelots qui avaient péri. Lamanon y ajouta une inscription :

À l'entrée du port, ont péri vingt et un braves marins ;
Qui que vous soyez, mêlez vos larmes aux nôtres.

Sur les traces de Cook

La relâche prolongée les entraîne à modifier une nouvelle fois l'itinéraire prévu :

> Toutes mes combinaisons devaient être subordonnées à la nécessité absolue d'arriver à Manille à la fin de janvier, et à la Chine dans le courant de février, afin de pouvoir employer l'été suivant à la reconnaissance des côtes de Tartarie, du Japon, du Kamtchatka et jusqu'aux îles Aleutiennes[1] [sic].

Ce vaste programme et le peu de temps dont il dispose obligent Lapérouse à renoncer à l'idée de chercher le passage du Nord-Ouest. Les deux frégates piquent vers le sud, en longeant la côte californienne. Le départ s'annonce difficile ; la brume, la pluie, plus redoutables encore, les calmes, retardent la navigation jusqu'au 4 août 1786 à midi, où le brouillard se dissipe. Ils doivent encore lutter contre les forts coups de vent et les courants qui les déportent. À partir de la baie de Cross Sound, les sommets neigeux disparaissent et l'air leur paraît moins pur. Le 5 septembre, Lapérouse relève un cap qu'il nomme cap Cross. Il s'engage dans un labyrinthe de petites îles très boisées, qui correspondent à la baie des îles de Cook. Hommage soit rendu aux horloges marines de M. Berthoud ! Hommage à « la précision étonnante des nouvelles méthodes » qui permettent l'avancée de la géographie ! Hommage à l'« œil infatigable[2] » du capitaine Cook, habile façon de souligner le progrès des méthodes de mesure depuis la disparition de l'idole.

Escortés d'innombrables *macareux du Kamtchatka* (« Nous en tuâmes deux qui furent empaillés[3] »), Lapérouse progresse en direction du Mexique et reconnaît successivement le cap Enganno, que surplombe le mont Saint-Hyacinthe et l'entrée de Norfolk, imposant des noms aux divers sites de ce qu'il pressent être un vaste archipel. Cap Hector, cap Buache, cap Fleurieu, îles La Croyère, îles Sartine, les grands noms de la marine et de la géographie française descendent sur les terres du Pacifique comme les langues de feu de la Pentecôte. Il fait aussi preuve d'ironie en longeant « neuf petites îles ou rochers nus, d'un aspect hideux[4] », qu'il nomme îles Necker.

Les vents capricieux, les brumes presque continuelles, la contrainte impérative des saisons qui décident de la route à suivre « dans les deux hémisphères », autant d'obstacles qui tourmentent Lapérouse : « Je voyais avec douleur que, depuis vingt-trois jours que nous étions partis de la baie des Français, nous avions fait bien peu de chemin et je n'avais pas un instant à perdre jusqu'à Monterey. » Et d'avouer joliment que, durant toute la campagne, son imagination « a toujours été contrainte de se porter à deux ou trois mille lieues[5] » de son vaisseau.

Le 12 septembre, par une brume très épaisse, la *Boussole* et l'*Astrolabe* approchent de la vaste rade de Monterey, où, prévenues de leur arrivée par le vice-roi du Mexique, les autorités portuaires espagnoles leur envoient un bateau pilote. À l'époque, la baie est fréquentée par une multitude de baleines, de loutres de mer, d'otaries et de pélicans. Sujet d'étonnement, les baleines occasionnent une très grande puanteur en soufflant à jet continu le long des navires, « ce qui n'eût pas été une surprise pour les pêcheurs du Groenland ou de Nantucket[6] ». Après une approche rendue difficile par les courants, les frégates mouillent le 14 septembre devant le *presidio* (siège du gouvernement espagnol), saluées par sept coups de canon. Pedro Fages, « gouverneur des deux Californie », leur offre sur-le-champ des bœufs, des légumes et du lait. Il dispose d'une garnison de deux cent quatre-vingt-deux soldats de cavalerie qui fournissent des escouades aux vingt-cinq missions ou paroisses qui jalonnent la côte. Réparties dans cinq petits forts, ces forces suffisent à contenir une population nomade de cinquante mille Indiens, dont environ dix mille ont embrassé le christianisme. Le dimanche 17, Lapérouse est reçu à la mission des frères franciscains de San Carlos Borromeo, où une messe de *Te Deum* est célébrée pour le succès de l'expédition. Une gravure représente l'arrivée des Français, premiers étrangers à visiter la Californie. Après avoir traversé une haie d'honneur composée d'indigènes des deux sexes, ils sont accueillis à la porte de l'église par le président des missions, en grande chape, le goupillon à la main. L'édifice couvert de chaume est orné à l'intérieur de copies de tableaux : « on y voit un tableau de l'enfer, où le peintre paraît avoir un peu emprunté l'imagination de Callot[7] ». Mais c'est la représentation du paradis qui intrigue Lapérouse. Il doute que le tableau produise un bon effet sur les Indiens : « la douce satisfaction des élus qui environnent le trône » est une idée trop « sublime » pour des hommes « aussi grossiers[8] ». Quand on sait que les missionnaires ne parlent pas leur langue et se servent d'interprètes pour les catéchiser, on ne s'étonnera guère que la religion ait si peu d'emprise sur eux.

Que retient Lapérouse de l'aspect des Indiens ? Ils sont petits, faibles et « n'annoncent pas cet amour de l'indépendance et de la liberté qui caractérise les nations du Nord, dont ils n'ont ni les arts ni l'industrie[9]… ». Leur trouve-t-il quelque savoir-faire ? Certes, ils sont d'habiles chasseurs, experts en tir à l'arc. Ils tuent les oiseaux les plus petits mais « leur industrie contre la grosse bête est encore plus admirable. Nous vîmes un Indien ayant une tête de cerf attachée sur la sienne marcher à quatre pattes, avoir l'air de brouter l'herbe et jouer cette pantomime avec une telle vérité que tous nos chasseurs l'auraient tiré à trente pas, s'ils n'eussent été prévenus[10] ». Reconnaissons qu'on est assez loin de l'apparat des chasses de Louis XVI !

Quant aux missionnaires, ses avis sont partagés. D'un côté, leur organisation et la législation qu'ils ont établie, les progrès qu'ils ont fait faire à l'agriculture sont impressionnants : « C'est avec la plus douce satisfaction que je vais faire connaître la conduite sage et pieuse de ces religieux. » De l'autre, il leur adresse de sévères reproches et blâme leur attitude envers les indigènes : « Le régime des missions est très propre à les entretenir dans l'état d'ignorance où ils languissent […]. On aura toujours à reprocher à leur ambition et à leurs préjugés le système de communauté si contraire au progrès de la civilisation[11]… » Pourquoi donc les sauvages refusent-ils de reconstruire en dur leurs misérables cabanes à toit de paille, selon les conseils des moines ? « Les Indiens disent qu'ils aiment le grand air, qu'il est commode de mettre le feu à sa maison lorsque l'on y est dévoré par une trop grande quantité d'insectes et d'en pouvoir reconstruire une en moins de deux heures. »

Il est admis de nos jours que le progrès est fondé sur le mérite personnel, qui distingue l'individu capable de se détacher du lot. Nourris des produits des labours et de l'élevage distribués par les moines, les Indiens n'ont plus d'autres besoins que « celui de donner la vie à des êtres qui seront aussi stupides qu'eux[12] ». Il est à noter que Lapérouse modère son jugement dans une lettre adressée à Castries le 19 septembre 1786, où il s'élève contre les atrocités du passé :

> Vous savez, Monseigneur, que Monterey n'est pas une colonie, c'est un simple poste d'une vingtaine d'Espagnols que la piété du roi d'Espagne entretient pour protéger les missions qui travaillent avec le plus grand succès à la conversion des sauvages. Et on n'aura jamais à reprocher à ce nouveau système

aucune des cruautés qui ont souillé le siècle de Christophe Colomb et le règne d'Isabelle et de Ferdinand[13].

Ses compagnons sont loin de partager sa vision : « En réalité, les Indiens sont maintenus dans un état de semi-esclavage et, une fois pensionnaires de ce couvent [San Carlos], ils n'appartiennent plus à leurs familles et sont punis du fouet ou du port du carcan s'ils tentent de s'évader[14]. » Lamanon se montre scandalisé. De Langle s'émeut, comme le souligne son descendant Ivan Fleuriot de Langle : « Les visiteurs se penchent sur de grands chaudrons où mijote l'atole, une bouillie de farine d'orge moulue et grillée par les femmes. » À la vue de ces malheureuses penchées tout le jour sur leurs mortiers, M. de Langle propose aux pères de faire venir du bord un des moulins de son invention, ce qui permettra « à quatre femmes de produire le travail de cent, et il restera du temps pour filer la laine des troupeaux et fabriquer quelques étoffes grossières[15] ». À leur tour, les chirurgiens du bord se montrent sensibles aux problèmes de la communauté : « Les arts les plus usuels, celui même de la chirurgie de nos villages, n'y sont pas exercés. Plusieurs enfants périssent de la suite de hernies que la moindre adresse pourrait guérir. Nos chirurgiens ont été assez heureux pour soulager un petit nombre de ces enfants et leur apprendre (aux moines) à se servir de bandages[16]. »

Par bonheur, les Indiens ne sont point cannibales. Ils ne mangent ni leurs prisonniers ni leurs ennemis tués à la guerre, mis à part quelques morceaux, lorsqu'il s'agit d'hommes de valeur,

« moins en signe de haine et de vengeance que comme un hommage ». Lesseps ajoute que leur usage est de les scalper et de leur arracher les yeux, qu'ils « conservent précieusement comme des marques de leur victoire[17] ».

Les travaux scientifiques vont bon train. Lapérouse insiste sur la précision obtenue et les progrès de la cartographie des côtes d'Amérique. Pour Lamanon, lancé dans l'inextricable jungle des idiomes de chacune des peuplades californiennes, celle des « Achastiliens » « est proportionnée au faible développement de leur intelligence[18] ». Il engrange des informations sur la grammaire, la syntaxe, le vocabulaire et la prononciation locale. Les botanistes sont déçus, mais pas les conchyliologistes, heureux de découvrir des perles d'une rare beauté. Lepaute Dagelet fixe la latitude de Monterey avec son quart de cercle ; les résultats en longitude donnés par l'horloge sont comparés aux calculs des distances de la Lune au Soleil, effectués à bord de chacune des frégates. Lui aussi aurait découvert une perle, la femme du gouverneur, doña Eulalia Callis, tout émoustillée à la vue des marins français. « Un peu de galanterie ne messied pas au milieu de l'ardeur des savants travaux, cela procure une détente... », conclut Ivan Fleuriot de Langle, qui, deux siècles plus tard, donne son absolution aux « Californicateurs[19] ».

Le pays accueillerait-il un commerce de fourrures établi sur la côte nord ? Il faudrait alors s'opposer au pouvoir des franciscains, jaloux des activités susceptibles d'affaiblir leur influence. Le projet est reporté *sine die*.

Cap à l'est vers la Chine

Dans l'ensemble, l'escale est un succès. La santé des équipages continue de se maintenir depuis seize mois, ce dont Langle se félicite le 22 septembre 1786 : « Je pars d'ici sans avoir un malade. Les soins de M. Lavaux, mon chirurgien-major, n'ont pu sauver le domestique de M. de Vaujuas, attaqué, en partant de Brest, d'une maladie de langueur qui l'a fait mourir le 11 août 1786[1]. » Ils appareillent le 24 septembre pour la traversée du Pacifique, dans une solitude qui durera plus de trois mois, sur une mer peu connue. Les marins ne l'appelaient pas l'océan Pacifique, mais la grande mer du Sud, depuis qu'en 1513 Vasco Núñez de Balboa s'était aventuré dans l'isthme de Panama et lui avait donné ce nom. Sept ans plus tard, Magellan avait attribué l'adjectif « Pacifique » au Grand Océan.

Lapérouse s'écarte des routes tracées par ses prédécesseurs et choisit des voies moins fréquentées, propices aux découvertes dont dépend sa mission. Ses navires peinent et se fatiguent plus vite que les hommes :

> Si le vaste plan de notre navigation n'effrayait personne, nos voiles et nos agrès nous avertissaient chaque jour que nous tenions constamment la mer depuis seize mois. À chaque instant, nos manœuvres se rompaient et nos voiliers ne pouvaient suffire à réparer les toiles qui étaient presque entièrement usées ; nous avions, à la vérité, des rechanges à bord, mais la longueur projetée de notre voyage exigeait la plus sévère économie[2]...

De surcroît, il redoute l'apparition du scorbut, à cause de l'humidité qui règne dans les entreponts. C'est ainsi qu'il décide de passer au nord des îles Hawaï pour retrouver l'île de Nostra Senōra de la Gorta, lieu semi-légendaire situé par les géographes au 28e degré de latitude, « moins dans l'espoir de la rencontrer que de l'effacer des cartes[3] ». Malgré ses efforts, il échoue à trouver le nom de son inventeur ou des marins qui en avaient signalé l'existence (« J'ai en vain feuilleté mes notes et tous les voyages imprimés qui étaient à bord des deux frégates[4] »). Pressé d'atteindre Macao, il supprime des terres de quelques coups de crayon, les renvoie au néant ; corriger leur position ou marquer leur véritable emplacement est tout aussi important que la mise au jour d'une nouvelle île. Les côtes se dérobent, disparaissent ou se laissent aborder par les navigateurs dans un gigantesque jeu de colin-maillard. La mer elle-même, avec ses écueils, ses grains, ses pluies et ses orages, les dissimule derrière autant d'écrans trompeurs. Mais quand surviennent des volées d'oiseaux — fous, frégates et hirondelles de mer —, on sait que l'on approche du but. À cinq heures du matin, le 5 novembre, ils reconnaissent une île au nord-ouest d'Hawaï, un rocher rébarbatif, « sans un seul arbre, mais beaucoup d'herbe sur le sommet[5] », avec des murs à pic contre lesquels les navires manquent se fracasser. Comme on l'a vu plus haut, ce lieu funeste est baptisé île Necker, du nom de l'ancien directeur général des Finances qui s'était mis à dos tous les contribuables du royaume. La nuit suivante, ils aperçoivent, à la lumière de la lune, un long récif, « comme un anneau de diamants autour d'un médaillon », et font demi-tour le lendemain pour préciser sa position. En raison des fonds remontés à 15 mètres, et « parce qu'il s'en est fallu de très peu qu'il n'ait été le terme de notre dernier voyage[6] », le lieu reçoit l'appellation de Basse des frégates françaises. Quant à l'île de l'Assomption (archipel des Mariannes), l'une des îles des Larrons dont il ajuste la position sur les cartes, sa découverte est loin de déchaîner l'enthousiasme des marins. Ils s'y arrêtent quelques heures, le 14 décembre : « L'imagination la plus sombre se peindrait difficilement un lieu si horrible : l'aspect le plus ordinaire, après une aussi longue traversée, nous eût paru ravissant ; mais un cône parfait, dont le pourtour, jusques à quarante toises au-dessus du niveau de la mer, était aussi noir que du charbon, ne pouvait qu'affliger notre vue en trompant nos espérances ; car, depuis plusieurs semaines, nous nous entretenions des tortues et des cocos que nous nous flattions de trouver sur une des îles Mariannes[7]. » Deux canots montés par Langle et Boutin (obligés de se jeter à l'eau jusqu'au cou pour prendre pied sur le rivage) réussissent à aborder, en compagnie de Lamartinière, Prévost et le père Receveur. La troupe ruisselante observe les ravins et les précipices tapissés de lave, sans trop s'étonner à la vue des cocotiers rabougris qui s'accrochent aux parois ; ils respirent une forte odeur de soufre, preuve que le volcan n'est pas entièrement éteint ; ils constatent une quasi-absence d'eau, heureusement compensée par la cueillette des noix de coco : « Tout annonçait qu'aucune créature humaine, aucun quadrupède n'avait été assez malheureux pour être forcé d'y faire sa demeure[8]... »

Cependant, la traversée du Pacifique s'éternise et les retards s'accumulent. Il faut absolument arriver à temps pour confier aux vaisseaux européens en rade à Macao une partie de la relation du voyage et un lot de fourrures destinées à la reine Marie-Antoinette. Depuis près de trois mois qu'ils naviguent, il ne s'est pas passé grand-chose. Les marins ont le blues, les savants pestent contre la rareté des escales (il y en aura treize en tout), Lamanon joue au rebelle et provoque Lapérouse : « Il affectait des opinions très libres, n'assistait jamais à la messe du dimanche, jour où il restait couché de huit heures du soir à neuf ou dix heures du matin, et se glorifiait de cette sorte de défi aux usages[9]. » Langle est taraudé par la nostalgie de sa terre bretonne et du manoir familial :

> Si je pouvais au retour y trouver des chambres à l'abri du vent et de la pluie... Beaucoup de gens font des châteaux en Espagne, moi j'en fais dans les montagnes d'Arrée[10].

Il lui en coûte d'être séparé de sa femme et de son fils. Dans une lettre du 18 janvier 1787, il demande à sa sœur :

> Je ne vois pas un enfant sans penser à mon fils. Je te recommande ma femme et mon fils plus que jamais, l'absence ne fait qu'augmenter l'attachement que je leur ai voué[11].

Enfin la Chine ! Le 1er janvier, conduites par des pilotes chinois engagés dans l'île de Lama, les frégates ont jeté l'ancre en baie de Macao, aux côtés d'une quarantaine de navires étrangers et de deux bâtiments français sur rade, dont le *Marquis de Castries*, commandé par le Provençal Joseph de Richery, qui avait participé à la glorieuse campagne de l'Inde aux côtés de Suffren. Plusieurs officiers de cette flûte furent autorisés à s'embarquer avec Lapérouse pour combler les vides creusés par la catastrophe de Port-des-Français. Le plaisir d'échanger des nouvelles du pays avec leurs compatriotes, chargés d'une mission de protection pour le commerce français en mer de Chine, ragaillardit les esprits. La baie d'un bleu intense, les élégantes maisons à colonnades, le feston des collines qui les entourent, les fortifications, les murailles, les débarcadères emplis d'une multitude de bateaux leur paraissent autrement pittoresques et vivants que les îles affreuses où ils se sont posés. Voilà une escale qui promet monts et merveilles. Cependant, à peine avaient-ils jeté l'ancre que les pilotes s'étaient empressés de repartir, à la vive surprise de Lapérouse :

> Nous avons appris depuis que s'ils avaient été aperçus, le mandarin de Macao aurait exigé de chacun d'eux la moitié de la somme qu'il avait reçue. Ces sortes de contributions sont assez ordinairement précédées de plusieurs volées de coups de bâton[12].

Avec son pragmatisme habituel, Lapérouse se forge une opinion sur l'administration de la colonie, qui est moins un comptoir commercial qu'une possession chinoise prêtée aux Portugais en échange de leurs bons et loyaux services.

Macao n'est plus en quelque sorte qu'une ville chinoise, où les Portugais sont soufferts, quoiqu'ils aient le droit incontestable d'y commander et les moyens de s'y faire craindre. Pour remplir cet objectif, il suffirait d'« entretenir une garnison de 2 000 Européens avec deux frégates, quelques corvettes et une galiote à bombes[13] », notera-t-il dans son Journal.

Conduits par un pilote more venu à leur rencontre sur ordre du gouverneur, Bernardo Alexis de Lemos, ils jettent l'ancre au mouillage de Typa, dans la rade qui fait face au quai de la Praia Grande. La ville est composée d'une population bigarrée : indigènes désœuvrés qui s'attirent les moqueries de l'administrateur Zhang Zhentao (« Il aurait suffi de fermer les portes pour que les quelque deux mille Macaïstes, semblables à des vermisseaux se tortillant à l'intérieur d'une fleur de lotus, dépérissent sans possibilité de défense[14] ») ; négociants portugais de naissance ou métissés, se disputant le peu d'affaires à traiter ; esclaves cafres leur tenant lieu de domestiques ; nombreux Chinois qui « s'occupaient du commerce et de différents métiers qui rendent ces mêmes Portugais tributaires de leur industrie[15] ». Rien n'échappe à Lapérouse des rapports de pouvoir complexes qui régissent la société de Macao. *Odi et amo* : tour à tour, l'approbation et la contestation des réalités qu'il observe jouent le rôle de modèles ou de repoussoirs. Il observe les activités du port, le commerce en déclin qui brasse encore 50 millions de livres sterling dont les deux cinquièmes sont soldés en argent et le reste en marchandises de toute sorte, du drap anglais au coton du Bengale, de l'opium de Patna au poivre de la côte de Malabar, des perles et du corail rouge aux montres de Genève. La façon de traiter les étrangers est impitoyable et sans limites les vexations qu'on leur inflige : « Il ne se boit pas une tasse de thé en Europe qui n'ait coûté une humiliation à ceux qui l'ont acheté à Canton, qui l'ont embarqué et ont sillonné la moitié du globe pour apporter cette feuille dans nos marchés[16]. » Lapérouse fait peu de cas des porcelaines : « On ne rapporte en échange de toutes ces richesses que du thé vert ou noir, avec quelques caisses de soie écrue pour les manufactures européennes. Je ne compte pour rien les porcelaines qui lestent les vaisseaux et les étoffes de soie qui ne procurent aucun bénéfice[17]. » Ces porcelaines d'exportation, dites « Compagnie des Indes », figuraient en grand nombre à l'exposition du musée de la Marine à Paris, en 2008, grâce aux résultats des fouilles de Vanikoro. « Appelées yang-ki — "vases de mer" selon les Chinois —, elles partent, nous dit François Bellec, de Jingdezhen par le Yang-Tsé-kiang, Nankin et le relais de caboteurs maritimes pour

Canton où elles sont embarquées à bord des navires européens [...]. Elles sont soit de style chinois traditionnel, dit "nankin", soit conformes au goût européen, livrées blanches par les potiers de Jangxi et décorées d'après des modèles dans les ateliers des faubourgs de Canton[18]. » C'est ainsi que les membres de l'expédition acquièrent à bas prix de la vaisselle de table, dont l'exemple le plus admirable est le service aux armoiries de la congrégation religieuse des chanoines de l'ordre de Saint-Augustin, à laquelle appartenait l'abbé Mongès. Fleuriot de Langle commande un service à ses armes, qui lui sera livré directement en France : il ne le verra jamais.

À peine descendu à terre, Lapérouse court remercier de son accueil M. de Lemos en compagnie de Langle. À l'inverse des Chinois, « injustes, oppresseurs et lâches[19] », ce dernier lui fait la meilleure impression, ainsi que sa jeune épouse portugaise dont il dresse un portrait enchanteur. Nommé par le vice-roi de Goa, le gouverneur est également président du Sénat pour un délai trop bref de trois ans. « Les collègues du gouverneur, homme plein de mérite, sont des Portugais de Macao, très vains, très orgueilleux, et plus ignorants que les magisters de nos campagnes[20]. » Le chef d'expédition se soucie des siens, comme Rollin et Lepaute Dagelet, si éprouvés par la traversée qu'il leur faudra plus d'un mois de repos. Enfin, il obtient du gouverneur l'autorisation d'établir un observatoire à terre pour vérifier les instruments de mesure. Comme toujours, le Journal et les cartes seront expédiés en France dès que possible. Il tient

Fleurieu au courant : « Je vous écris à la hâte sans aucun ordre ; je jette mes idées sur le papier[21]... »

On les imagine actifs, vaquant à leurs occupations en ville, par une chaleur insoutenable, qui les rend vulnérables et leur vaut de gros rhumes et de la fièvre. L'entrevue de Lapérouse avec un acheteur portugais de mauvaise foi, qui lui fait manquer la vente de ses mille peaux de loutres, le confirme dans sa triste opinion des usages commerciaux de la place. Par bonheur, le gouverneur, « informé que c'était une propriété de nos matelots, employés à une expédition qui pouvait devenir utile à tous les peuples maritimes d'Europe[22] », le tire d'embarras en acceptant de les entreposer, le temps qu'elles trouvent un honnête acquéreur (« Le profit de la campagne, déclare Lapérouse dans l'une de ses lettres, doit appartenir aux seuls matelots, et la gloire, s'il y en a, sera le lot des officiers[23] »). Seuls ces derniers seront servis, car les matelots ne toucheront jamais le montant espéré. Six Chinois sont enrôlés pour remplacer les hommes disparus dans le naufrage des canots. Les frégates appareillent le 5 février, chargées de vivres, mais manquent de peu la *Subtile*, qui transportait le courrier en provenance de la France. Ce n'est que partie remise : tout le monde se retrouvera à Manille, dans l'île de Luçon, en terre espagnole.

Le vêtu et le nu

La mer change, tour à tour perle et nacre, griffée par la traînée laiteuse du sillage des navires. Les courants, la mousson du nord-est, particulièrement violente dans les parages des Philippines, retardent la traversée. Après avoir doublé le cap Bolinao, ils reconnaissent les bancs de Pratas, puis relâchent dans le port de Marivelle, où ils s'arrêtent vingt-quatre heures pour refaire les provisions de bois. Ravagé par les Mores des îles méridionales, qui l'avaient incendié en 1780, le village est composé de masures couvertes de feuilles : « Ces maisons sont composées de petits bambous qui ne se rejoignent pas et qui font assez ressembler ces cabanes à des cages d'oiseaux[1]. » Une douzaine de poules, un porcelet et un jeune bœuf vendu par le pasteur sont les seules marchandises disponibles. Trois gazelles promises au gouverneur de Manille leur échappent : « Nous n'avions d'ailleurs aucun espoir de les conserver ; ce petit animal est très délicat, il n'excède pas la grosseur d'un fort lapin[2]. »

Le 25 février, ils entrent en baie de Manille. De

même qu'il avait renoncé à Tahiti, Lapérouse ne cède pas à la tentation de mouiller là où il aurait trouvé « toutes les ressources et tous les plaisirs qu'il est possible de se procurer aux Philippines ». Il jette l'ancre à une « portée de fusil » de l'arsenal de Cavite, à une lieue de Marivelle. Moins charmeuse que Manille, Cavite comporte aussi moins de tavernes et de maisons propres à débaucher les marins. Les conseils d'un pilote indien ont failli faire échouer les navires sur un banc de sable, ce qui incite Lapérouse à suivre ses « propres lumières ». Leur arrivée ne passe pas inaperçue. Informé par des lettres du ministre d'Espagne, le commandant de la place dépêche un officier qui s'enquiert des motifs de leur relâche : ils ne désirent que des vivres et la permission de réparer pour continuer leur campagne « le plus promptement possible », comme si, après dix-huit mois de mer, ils ne ressentaient ni fatigue ni usure. Cependant, il leur faut attendre les ordres du gouverneur général avant de mettre pied à terre. Sur ces entrefaites, arrive le commandant de la baie, deus ex machina qui emmène Boutin chez le gouverneur. L'accueil de ce dernier est des plus amical : « Il eut même la bonté d'écrire au commandant de Cavite et le pria de nous laisser communiquer avec la place, et de nous y procurer les secours et les gréements qui dépendaient de lui[3]. » En dépit d'une chaleur extrême, plus pénible qu'à Macao, les marins construisent des canots, réparent les voiles et les gréements et procèdent à un nouveau calfatage de la coque. Ils font des provisions d'eau et de viande salée « suivant la méthode du capitaine Cook » (garantie de bonne conduite en toutes circonstances !). Les vaisseaux sont ancrés si près de terre qu'il ne faut pas plus d'une minute pour rejoindre l'observatoire et les différentes maisons où sont logés naturalistes et ingénieurs géographes.

Admirons ces explorateurs qui lancent sur son erre l'anthropologie moderne et se conforment aux instructions de Louis XVI à l'égard des peuples qu'ils visitent. « Dans cet effort pour examiner, pour comprendre l'homme (et qui dit comprendre devrait toujours dire aimer), ce sont les modalités de l'observation qui sont assez remarquables et dont on a relevé la nouveauté, notamment en ce qui concerne la vie quotidienne. Ce n'est pas encore la préoccupation de discerner « le cuit et le cru », (quoique…) mais davantage le vêtu et le nu, l'homme tel qu'il est, tel qu'il vit… « et leur regard s'étend bien au-delà des bordages des navires », concluait Michel Mollat du Jourdin au colloque Lapérouse à Albi. Espagnols du Chili et de la Californie, Indiens de ces deux régions, habitants de l'Alaska ont déjà été l'objet de leur étude avant Cavite, seconde île des Philippines, capitale d'une province de son nom, qui n'est plus qu'un « monceau de ruines » et un « méchant village[4] ».

Quelle que soit l'ambiguïté de leur attitude, il est juste d'admirer leur ardeur et leur persévérance. En dépit du danger, les diagnostics scientifiques, politiques et économiques vont bon train. La baie de Manille est infestée de Mores, et Lapérouse et Langle circulent tous deux à bord de canots armés de soldats. À terre, ils marchent à pied « dans une ville où tous les citoyens ne sortent

1 Portrait de Jean-François de Galaup, comte de Lapérouse, 1830.

2 Portrait d'Éléonore Broudou, comtesse de Lapérouse.

3 *Louis XVI donnant ses instructions à Lapérouse pour son voyage, en présence du maréchal de Castries et du capitaine de vaisseau Fleurieu, le 29 juin 1785*, par Nicolas-André Monsiau, 1817. Châteaux de Versailles et du Trianon, Versailles.

4 *Portrait du navigateur britannique James Cook*, par Nathaniel Dance, 1776. Cook est le grand inspirateur du voyage de Lapérouse.

5 *Le port de Brest*, par Jean-Francois Hue, 1793, d'où partirent l'*Astrolabe* et la *Boussole*. Musée de la Marine, Paris.

« Un grade de plus, quelque célébrité même, tout cela n'est rien pour le bonheur. »

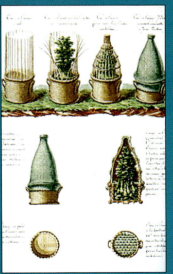

6 *Vue de l'intérieur du Port-des-Français*. Au premier plan, l'*Astrolabe* et la *Boussole*, dessin par François Blandela.

7 Dessin des paniers destinés à contenir des spécimens d'arbres et d'arbustes vivants collectés durant le périple.
Archives nationales, Paris.
Manuscrit du Roy.

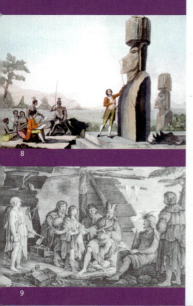

8 Scientifiques de l'expédition Lapérouse devant les moai de l'île de Pâques, le 9 avril 1786. Au second plan, un petit groupe d'insulaires. D'après un dessin de Duché de Vancy.

9 Costumes des habitants du Port-des-Français (Lituya Bay), d'après un dessin de Duché de Vancy. Bibliothèque nationale de France, Paris.

10 *Naufrage des canots de Lapeyrouse au Port-des-Français*, juillet 1786, par Louis-Philippe Crépin, 1806.

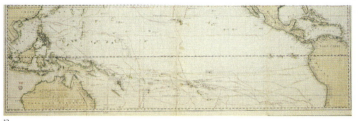

11 Vue de Macao, enclave portugaise en Chine du Sud, d'après un dessin de Duché de Vancy. *Atlas du Voyage de La Pérouse autour du monde pendant les années 1785-1788*, Paris, 1797. Bibliothèque nationale de France, Paris.

12 Carte préparatoire au voyage de Lapérouse de Jean-Nicolas Buache, 1785 (exemplaire de Louis XVI). Bibliothèque nationale de France, Paris.

« De tels points de conformité entre eux ne peuvent-ils pas faire conjecturer que les hommes, dans le même degré de civilisation et sous les mêmes latitudes, adoptent presque les mêmes usages, et que, s'ils étaient exactement dans les mêmes circonstances, ils ne différeraient pas plus entre eux que les loups du Canada de ceux de l'Europe ? »

13

14

13 Costumes des habitants de la baie de Castries sur la côte de la Tartarie orientale, 1787. Dessin de Duché de Vancy. Service historique de la Marine, Vincennes.

14 Caravane kamtschadale arrivant dans un village, in *Journal historique du voyage de M. de Lesseps*, 1790. Musée Lapérouse, Albi.

15 La mort de Fleuriot de Langle, à Maouna, îles Samoa, le 11 décembre 1787. Planche en couleurs d'après une aquarelle d'Alfred Paris, 1895.

16 Vue générale du massacre. Le physicien Lamanon et de dix autres membres des équipages de la *Boussole* et de l'*Astrolabe* sont également massacrés. D'après Nicolas Ozanne.

« Je suis mille fois plus en colère contre les philosophes qui exaltent tous les sauvages que contre les sauvages eux-mêmes. »

17 Inauguration du cénotaphe de Vanikoro élevé par Dumont d'Urville le 14 mars 1828 à la mémoire de Lapérouse. Gravure, XIXe siècle.

18 Frontispice de l'*Atlas du voyage de La Pérouse autour du Monde*, édité à Paris en 1798. Archives de la Marine, Vincennes.

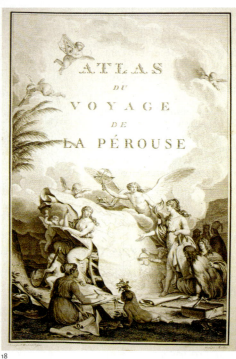

« Les philosophes font leurs livres au coin du feu et je voyage depuis trente ans : je suis témoin de l'injustice et de la fourberie de ces peuples. »

qu'en voiture ». Visites chez le gouverneur, l'archevêque, l'intendant et les différents « oïdors » (auditeurs, fonctionnaires de la justice) : « Ce ne fut pas pour nous une des journées les moins fatigantes de la campagne[5]. » Les Philippines, si pauvres en apparence, ne demanderaient qu'à être placées en de bonnes mains pour devenir rentables si la politique d'exclusivité de l'Espagne n'interdisait pas tout commerce direct avec elles et ne les étranglait : « Elles sont encore comme ces terres des grands seigneurs qui restent en friche, et feraient cependant la fortune de plusieurs familles[6]. » Rien à redire au constat : les prix des marchandises en provenance de l'Europe, de l'Inde et de la Chine sont excessifs ; seuls les produits locaux sont bon marché et cette situation est malsaine. Juste retour des choses ? Lapérouse charge les Espagnols et les Portugais des siècles précédents, auxquels il reproche leur avidité et leur esprit de conquête. Et de dénoncer le succès de ses vieux ennemis, les missionnaires attachés à prêcher le christianisme dans les différentes îles : « Mais, objecte-t-il, on ne songea qu'à faire des chrétiens, jamais des citoyens[7]. » Ce qui l'indigne par-dessus tout est le manque de liberté. Inquisiteurs, moines, oïdors ne relâchent jamais leur surveillance, toujours prêts à sévir : « Le plus charmant pays de l'univers est certainement le dernier qu'un homme libre voulût habiter. » Le bilan est d'autant plus regrettable qu'à défaut de liberté les paysans paraissent heureux et prospères, si ce n'est qu'à leur manque d'initiative s'ajoute l'incapacité de vendre la production d'un territoire fertile : « Le coton, l'indigo, les cannes à sucre, le café naissent sans culture sous les pas de l'habitant qui les dédaigne[8]. » Lapérouse n'attend pas nos croisades actuelles pour dénoncer à cor et à cri l'impôt sur le tabac, ce fléau « qui menace de détruire un reste de bonheur ». Les Indiens en sont fous, hommes, femmes et enfants « à peine sortis du berceau » mâchouillent des cigares à longueur de journée. Cependant, grâce au gouverneur, qui avait toujours lutté contre les mesures commerciales de Madrid, la toute nouvelle Compagnie des Philippines est en passe d'assainir l'économie de Manille et d'exploiter sa situation géographique privilégiée.

La chaleur étouffante pèse gravement sur la santé des équipages. Quelques jours avant l'escale de Macao, Dagelet pense être au seuil de la mort : « Je suis abîmé par le scorbut ; je me sens près de ma fin ; j'étais trop faible pour une campagne aussi terrible que celle-ci[9]. » Un officier souffrant, le jeune Mel de Saint-Céran, doit être rapatrié ; d'Aigremont meurt sur l'*Astrolabe*, victime de la dysenterie. Déposition plutôt sévère de son commandant, embarrassé par un décès à bord : « Malgré ses médecins et à l'insu de ses camarades et de ses amis, il voulut guérir sa maladie avec de l'eau-de-vie brûlée, des piments et d'autres remèdes auxquels l'homme le plus robuste n'aurait pas résisté, et il périt de la trop bonne opinion qu'il avait de son tempérament[10]. » Il est toutefois des compensations à la morosité. Les deux bâtiments français qu'ils avaient manqués de peu à Macao, la *Résolution* et la *Subtile*, les rejoignent à Manille. Grâce à ce dernier navire, suffisamment armé, Lapérouse complète son équipage et engage quatre hommes et l'enseigne de vaisseau Guyot pour la *Boussole*, quatre hommes et un garde de la Marine pour l'*Astrolabe*. La distribution du courrier arrivé de Macao les réconforte, même si les nouvelles sont vieilles de dix mois, et que leur intérêt est « un peu faible dans l'état de tranquillité où se trouvait l'Europe[11] ». Outre les lettres personnelles, une série de dépêches du ministère de la Marine annonce primes et promotions. Lapérouse et Langle sont nommés chefs d'escadre, les deux seconds, Clonard et Monti, capitaines de vaisseau, et ainsi de suite pour l'ensemble des officiers et des matelots. En raison du sang-froid dont il a fait preuve en Alaska, l'enseigne Boutin est désormais lieutenant de vaisseau. Ils doivent laisser passer la semaine sainte, qui suspend toutes les affaires à Manille, et le lundi de Pâques 9 avril, les frégates font voile vers le nord-ouest du Pacifique, au mépris du conseil des autorités locales qui redoutent que la mousson du nord-est ne les retarde. Plus que jamais le temps compte car, à la mi-septembre, les glaces risquent de se refermer sur les navires. Lapérouse s'entête et prend la décision d'appareiller à ses risques et périls pour la mer du Japon et la traversée de la zone intertropicale du Pacifique, avant de mettre le cap sur la Sibérie orientale. Il s'agit d'un trajet sur des mers peu sûres, où les navigateurs se sont rarement aventurés, et des « mois les plus difficiles à soutenir[12] », de l'aveu même de Lapérouse.

À peine ont-ils atteint le cap Bojador, pointe septentrionale de la côte de Luçon, que la mousson se fixe au nord-ouest. Le gros temps annoncé par les Espagnols entrave la marche des frégates. Dans l'espoir de trouver un vent moins virulent, Lapérouse s'engage dans le canal étroit qui sépare Formose de la Chine. Ils mouillent à l'ouest de la baie de l'ancien fort de Zélande, où se trouve la ville de Taïwan, capitale de l'île. La zone est dangereuse en raison de la présence de nombreux navires chinois et d'une armée de vingt mille hommes venus mater une révolte en cours à Formose. Que faire, sinon tenter d'attirer ceux qui passent à portée, sans paraître effrayés le moins du monde par les canons de la *Boussole* et de l'*Astrolabe* ? Mais tous refusent d'aborder, sauf un audacieux qui leur vend du poisson en usant d'un « langage pantomime ». Le lendemain, continuant d'avancer, ils aperçoivent l'armée chinoise à 10 lieues vers le nord. « Il ne nous fut pas possible de compter tous les bâtiments : plusieurs étaient à la voile, d'autres mouillés en pleine côte, et l'on en voyait une très grande quantité dans la rivière[13]. » La nuit, à la clarté de la lune, ceux qui étaient encore au vent refusent tout contact avec les Français et rallient leur navire amiral en passant à distance raisonnable des Français. À l'aube, les frégates lèvent l'ancre quand les sondages opérés démontrent que des bancs de sable obstruent le passage, danger qui les oblige à faire demi-tour par une mer « des plus fougueuses ». Il n'est d'autre solution que de repartir en direction du sud, puis de remonter la côte orientale de Formose. Ce parcours implique un nouvel affrontement avec les colères imprévisibles de l'océan Pacifique.

Ils reconnaissent les îles méridionales des Pescadores, dont l'une « ressemble parfaitement à la tour de Cordouan[14] », rectifient leur position sur les cartes, et continuent vaille que vaille, malgré le ciel en feu, les bourrasques et les pluies diluviennes. Le lendemain, ils approchent à deux tiers de lieue de l'île Botol Tabaco Xima, sur laquelle aucun explorateur connu n'a encore posé le pied. Faute d'un mouillage accessible, ils ne font qu'apercevoir de loin trois villages « considérables » en bordure de la côte et se contentent d'une description sommaire des arbres qui couronnent les hauteurs de l'île. Si les brumes épaisses et les courants nuisent trop souvent à l'exactitude des relevés, Lapérouse donne une nouvelle preuve de son réalisme en soulignant « le grand avantage de savoir qu'il existe des îles et des écueils dans le parage où l'on se trouve[15] ». Au clair de lune, ils distinguent les îles de l'archipel de Likeu, royaume décrit par le père jésuite Antoine Gaubil, auteur d'un *Traité de l'astronomie chinoise*. Sans augurer des services rendus par l'auguste missionnaire, on peut douter a priori qu'ils suffisent à éclairer la lanterne de nos amis lorsqu'ils abordent sur l'une des trente-six îles de l'archipel, l'île Kumi. Erreur ! Comme tous les vaisseaux européens qui n'ont jamais parcouru ces mers inconnues, ils naviguent à l'aide de cartes japonaises ou coréennes publiées par les jésuites, cartes « qui approchent beaucoup la vérité » et se raccordent assez exactement avec les relevés qu'ils ont à bord sur cette partie de l'Asie. Pour sa part, Jules Verne, reprenant (plagiant ?) les propres termes de Lapérouse, parle des habitants de Kumi, qui ne sont « ni chinois ni japonais, mais paraissent tenir des deux peuples[16] ». Il arrive qu'il y ait une certaine grandeur d'âme dans l'éloge de l'imprécision. Du moins oblige-t-elle à rester modeste et, plus encore, à redoubler de vigilance. Tout d'abord terrorisés, les insulaires approchent en pirogues et finissent par manifester les meilleures intentions à l'égard des étrangers tout en conservant « une défiance que leur physionomie n'a jamais cessé d'exprimer[17] ». Les frégates disposant de vivres en abondance, le débarquement n'est pas jugé nécessaire. Elles poursuivent leur route vers le détroit de Corée. Les montagnes défilent, coiffées de fortifications, des villages se devinent à l'arrière des baies. Le pays est interdit aux étrangers et deux petits bateaux les prennent en filature : « Il est probable que nous avons jeté l'alarme sur les côtes de la Corée, d'autant plus que dans l'après-midi nous avons vu des feux allumés sur toutes les pointes[18]. » Ils continuent leur marche, retardés par la faiblesse des vents et l'épaisseur des brumes, « aussi constantes que sur les côtes du Labrador » (« Nous étions souvent, dans un calme plat, obligés de mouiller et de faire des signaux pour nous conserver à l'ancre, parce que nous n'apercevions point l'*Astrolabe*, quoique nous fussions à portée de la voix[19] »).

Sept à huit lieues par jour seront-elles suffisantes pour atteindre avant le 20 mai le canal du Japon ? Le contre-amiral François Bellec souligne que s'il n'avait pas changé d'itinéraire après l'escale de l'île de Pâques, et que les premières années du voyage se fussent déroulées dans le Nord comme il était prévu et non dans le Sud, Lapérouse eût évité la tragique tempête de Vanikoro, où il aurait débarqué par mer calme, sans subir le cataclysme final. Le 21, ils ont connaissance de l'île Quelpaert (ou Tsé-tsiou). Moment de bonheur, temps rétabli après une mer « extrêmement grosse », charme du site, en dépit d'un peuple cruel qui « retient dans l'esclavage ceux qui ont le malheur de faire naufrage sur ces côtes[20] ». Tel fut, en 1635, le sort du vaisseau hollandais *Sparrow Hawk*, dont les survivants, après une captivité de dix-huit ans et force coups de bâton, réussirent à passer au Japon, puis à rentrer à Amsterdam. Lapérouse, qui narre cette histoire dans le *Voyage*, n'est guère tenté d'envoyer un canot au rivage... Il se contente d'admirer l'île à distance à l'aide de sa lunette.

Le 25, ils passent la nuit dans le détroit de Corée, pays dont ils suivront la côte. « Cette journée du 26 fut une des plus belles de notre campagne et des plus intéressantes par les relèvements que nous avons faits[21]. » Le trajet offre en prime la découverte d'une île inconnue des cartes, qu'ils nomment île Dagelet, l'astronome l'ayant aperçue le premier. Au grand dam de Lapérouse, qui désire remplir sa mission civilisatrice et les combler de ses bienfaits, la vue des deux vaisseaux met en fuite quelques autochtones qui abandonnent leurs occupations pour se réfugier dans les forêts.

Féerie japonaise ! Un bâtiment passe à portée de voix, avec ses hommes d'équipage, vêtus de soutanes bleues, son petit pavillon blanc, son immense voile, son gouvernail attaché par des cordes. Il suffit d'une page du Journal pour le décrire, une page miraculeuse, dans laquelle Lapérouse se fait peintre et chantre de la marine éternelle. L'*Astrolabe* le hèle : « Nous ne comprîmes pas plus sa réponse qu'il n'avait compris notre question ; et il continua sa route au sud, bien empressé sans doute d'aller annoncer la rencontre de deux vaisseaux étrangers dans des mers où aucun navire européen n'avait pénétré jusqu'à nous[22]. » D'autres bâtiments chinois sont semblables à ceux que Cook aperçut lors de son dernier voyage. Même précision dans la description, envol de termes techniques dont Lapérouse craint qu'ils ne soient « arides », mais qui sont à eux seuls une invitation au voyage...

De la Tartarie au Kamtchatka

E la nave va, doublant des îles, effectuant des relèvements le long de la côte de Tartarie, seule partie du globe qui eût échappé à l'infatigable activité du capitaine Cook : « Nos déterminations rendront encore un service plus essentiel à la géographie, car elles feront connaître la largeur de la mer de Tartarie[1]. » Il n'y a que le brouillard qui ait le pouvoir de les arrêter et de les forcer au repos.

Le 18 juin 1787, survient ce que Lapérouse nomme « l'illusion la plus complète[2] » dont il ait été le témoin depuis qu'il navigue, un mirage pur et simple, comme il en est apparu à tant de marins qui croient voir surgir devant eux des montagnes, des falaises, des prairies ou des îles. Le paysage qui danse soudain sous ses yeux, il l'identifie comme étant le détroit de Tessoy, à la recherche duquel il avait renoncé :

> Mais bientôt ces mornes, ces ravins disparurent. Le banc de brume le plus extraordinaire que j'eusse jamais vu avait occasionné notre erreur : nous le vîmes se dissiper ; ses formes, ses

teintes s'élevèrent, se perdirent dans la région des nuages, et nous eûmes encore assez de jour pour qu'il ne nous restât aucune incertitude sur l'inexistence de cette terre fantastique[3].

Voilà qui plairait à Gilles Lapouge, maître de la célébration du flou, « un jeu du furet entre la carte et le territoire, entre la terre réelle et son image[4] », et qui, à la façon des explorateurs d'autrefois, n'aime rien tant qu'une mappemonde « embrumée, bourrée d'erreurs, de blancheurs, de dragons, de zéphyrs, de tigres et d'îles fantômes[5] », où l'on pourrait encore ressentir le plaisir de s'égarer. Voilà qui plairait aussi à l'auteur du *Voyage d'Urien* — attention, jeu de mots ! —, livre-rêve, livre-mensonge d'André Gide qui promène Urien et ses compagnons sur une mer dont il avoue *in fine* qu'elle est un leurre. De même Lapérouse, abusé, croit se faufiler une nuit entière entre des terres qui s'évanouissent une fois le jour levé. Il n'en est que plus curieux de découvrir un pays confirmé, cette Tartarie bien réelle qui enflamme son imagination depuis qu'il a quitté la France, et où le capitaine Cook ne s'est jamais aventuré, si bien que l'*Astrolabe* et la *Boussole* doivent peut-être « au funeste événement qui a terminé ses jours le petit avantage d'y avoir abordé les premiers ». L'occasion est trop belle : il ne s'agit plus de corriger les erreurs des devanciers qui ont « défiguré la géographie de cette partie de l'Asie », mais d'inaugurer une zone inconnue, une terre vierge.

Le 25 juin, la chance est avec eux. À mesure qu'ils glissent le long de la côte tartare, le paysage prend l'allure d'un paradis fertile, couvert de verdure. Ils laissent tomber l'ancre dans un golfe, que Lapérouse baptise baie de Ternay, en l'honneur de son tuteur et ami, dont la mort l'avait laissé inconsolable. Ni habitants visibles ni pirogues, mais des cerfs et des ours qui broutent au bord de la mer, des morues à foison que l'on pêche par dizaines, de l'eau fraîche pour remplir les futailles, des herbes potagères et des légumes qui ne demandent qu'à être cueillis, « des roses, des lis, des muguets et généralement toutes nos fleurs des prés ». D'où proviennent ces merveilles ? « Nous trouvions, à la vérité, à chaque pas des traces d'hommes marquées par des destructions, plusieurs arbres coupés avec des instruments tranchants ; les vestiges des ravages du feu paraissaient en vingt endroits[6]... » Lapérouse espérait un meilleur accueil sur les côtes habitées par les Tartares « Mantcheoux » qu'il aurait aimé rencontrer, mais il constate qu'ils vivent à l'intérieur du pays pour nourrir leurs troupeaux et ne s'approchent guère de la côte que pour la pêche et la chasse. De plus, alors qu'une vaste population encombre l'empire de la Chine, il condamne la politique aberrante qui s'oppose à l'établissement de « brillantes colonies », créées pour pratiquer des échanges avec les étrangers.

Que ne donnerait-on pour se mêler à l'équipage le jour où, au bord d'un ruisseau, les hommes découvrent un tombeau tartare, à moitié enfoui dans l'herbe... Le style du Journal bannit tout pittoresque, et pourtant, quelle n'a pas dû être l'émotion des marins devant les deux personnages entrevus qui reposent côte à côte, aussi bien conservés que s'ils sortaient de la glace ! « Leurs têtes étaient couvertes d'une calotte de taffetas ; leurs corps enveloppés dans une peau d'ours, avaient une ceinture de cette même peau, à laquelle pendaient de petites monnaies chinoises et différents bijoux de cuivre[7]. » Avec leur hache et leur couteau, avec leur riz enfermé dans un petit sac de nankin bleu, ils sont parés pour l'éternité, « tels les Indiens de l'Amérique[8] ». Car les savants ne sont pas là pour s'étonner, mais pour établir des comparaisons : « De tels points de conformité entre eux ne peuvent-ils pas faire conjecturer que les hommes, dans le même degré de civilisation et sous les mêmes latitudes, adoptent presque les mêmes usages, et que, s'ils étaient exactement dans les mêmes circonstances, ils ne différeraient pas plus entre eux que les loups du Canada de ceux de l'Europe[9] ? » Du 27 juin au 4 juillet, les navires longent la côte. Les marins remontent une quantité de morues, dont plus de la moitié est salée et mise en barriques de façon à conjurer le scorbut. L'aspect du pays n'est pas plus avenant que celui de la baie de Ternay. Résolu à ne pas s'éterniser, le chef d'expédition ordonne une brève escale dans une baie, nommée de manière éphémère baie de Suffren. Ne trouvant pas de passage au fond de la Manche de Tartarie, obstruée par des bancs de sable, il redescend vers le Japon et découvre un détroit entre Sakhaline et Hokkaido. Tout se met en place : l'insularité de l'île légendaire de Yeso, séparée de l'île de Sakhaline, l'une et l'autre distinctes des îles Kouriles, plus à l'est, l'ensemble constituant une seconde mer qui rejoint la mer d'Okhotsk. La

Boussole et l'*Astrolabe* relâchent sur la côte de Sakhaline, dans une baie à laquelle Lapérouse donne le nom de Langle. Les deux commandants repèrent quelques cabanes et « deux insulaires qui paraissaient s'enfuir vers les bois ». La découverte d'un détroit qu'aucun navire occidental n'avait encore jamais emprunté, ce fameux détroit auquel il a été fait allusion plus haut sous le nom de détroit de Lapérouse (débaptisé en Soya Strait par nos amis anglais), marque la fin d'une semaine de navigation éprouvante, compensée par les études les plus neuves jamais effectuées dans des eaux inconnues. Après avoir doublé le cap Crillon (Krilon), l'*Astrolabe* et la *Boussole* se trouvent au nord du village d'Acqueis, devant lequel avait mouillé, en 1634, un vaisseau hollandais, le *Kastricum*. Lapérouse rend hommage à « la précision étonnante » de son prédécesseur : « La navigation du capitaine Uriès [De Vries] est la plus exacte qui ait pu être faite dans un temps où les méthodes d'observation étaient très grossières[10]. » Aussi s'impose-t-il de conserver les noms d'origine, chaque fois qu'il peut les identifier avec les lieux qu'il découvre. C'est le cas du golfe d'Aniva, ainsi baptisé par les Hollandais, qui commirent cependant l'erreur de passer devant le détroit sans soupçonner son existence, ni se rendre compte qu'une fois rendus à Aniva ils étaient sur une autre île.

Le débarquement a lieu le 12 juillet au soir et donne lieu à une petite incursion, suivie, le lendemain, d'une rencontre avec une poignée d'indigènes arrivés en pirogue. La scène est immortalisée par une superbe planche de Duché de Vancy. Le commentaire de John Dunmore n'en est pas moins sévère, qui reproche à l'artiste « une trop nette tendance au romantisme exotique et un inévitable apport personnel dans les perspectives et le cadrage[11] ». Il note que trois des boutons du costume de Lapérouse sont ouverts « alors que ceux du bas tentent de contenir un ventre que les longs mois d'une navigation pourtant éprouvante n'ont pas réussi à entamer ». Sous un ciel virgilien, les Français, coiffés de bicornes et droits dans leurs bottes, s'entretiennent avec des habitants affables, dont « l'air de sécurité prévient beaucoup en leur faveur ». Le scrupuleux Duché campe ces derniers dans la variété des habillements dus à leur rang, les dignitaires locaux en pelisses bouffantes contrastant avec les naturels accoutrés de peaux de bêtes. Leurs chefs, deux vénérables vieillards à barbe blanche et vêtus d'une étoffe d'écorce d'arbres, sont assis sur des nattes parmi des matelots, d'autres encore portent des costumes de nankin bleu ouaté, à la chinoise : « Tous avaient des bottes de peau de loup marin, avec un pied à la chinoise très artistement travaillé[12]. » Les Français parlementent par signes avec les habitants, dont la physionomie reflète l'honnêteté. Ils jugent leurs manières « graves, nobles et très affectueuses ». Langle s'est muni de cadeaux de toute espèce. À l'inverse des vols et des agressions subies dans les mois précédents, c'est tout juste s'il ne faut pas contraindre les Sakhaliens à accepter ces présents. Et encore paraissent-ils n'apprécier que les objets utiles, avec une préférence marquée pour le fer et les étoffes.

Leurs parures sont modestes et semblables à celles du tombeau de Ternay :

> En désignant de la main le couchant, ils nous firent entendre que le nankin bleu dont ils étaient couverts, les rassades et les briquets venaient du pays des Mantcheoux, et ils prononçaient ce nom exactement comme nous-mêmes[13].

La délégation tire le plus grand profit de ces bons échanges qui eussent ravi Louis XVI, pour peu qu'il se fût trouvé sur la plage. À la demande de Lapérouse, un vieillard dessine de sa pique la côte de Tartarie. « À l'est [...] il figura son île ; et en portant la main sur sa poitrine, il nous fit entendre qu'il venait de tracer son propre pays[14]. » Mieux encore, l'obligeant personnage indique les détroits par où peuvent passer les vaisseaux, quand l'un de ses jeunes comparses s'avise que le vent efface cette géographie sablonneuse et emprunte un crayon et du papier pour compléter avec force détails l'ébauche de son aîné. Lapérouse en conclut que Sakhaline est une île et qu'il existe un chenal au nord sur la mer d'Okhotsk.

Il fait un dernier tour qui rehausse encore son estime pour les insulaires : « Ce n'était plus cet étonnement stupide de la baie des Français : nos arts, nos étoffes attiraient l'attention de la baie de Langle ; ils retournaient en tous sens nos étoffes, ils en causaient entre eux[15]... » Le panégyrique des habitants ne souffre qu'un bémol, la puanteur du poisson et de l'huile qui empeste leurs cabanes.

Tout en déplorant que les Japonais connaissent très peu Lapérouse, le professeur Tadao Kobayashi, de Tokyo, relève quelques erreurs commises dans le Journal aux abords de cette région qu'il connaît bien : « Lapérouse eut connaissance d'un pic dont l'élévation était au moins de mille ou douze cents toises au-dessus de la mer près du cap de Crillon à Sakhaline. Il l'a nommé pic de Langle et l'a dessiné sur la carte géographique de Hokkaido, mais, en réalité, il s'agit de l'île de Rishiri, à l'ouest de Hokkaido[16]. » Où l'on voit qu'il a fallu plus de deux siècles pour corriger les corrections de Lapérouse ! Quant au détroit qui porte aujourd'hui le nom de ce dernier, le très perspicace professeur l'attribue à un ajout de l'éditeur du Journal de Lapérouse, publié par le général Millet-Mureau sur l'ordre du gouvernement en 1798, à preuve cette déclaration de l'intéressé, qui ne souhaite pas entrer dans l'histoire de la cartographie : « Je crois que lorsque les noms du pays sont connus, ils doivent être religieusement conservés, ou, à leur défaut, ceux qui ont été donnés par les plus anciens navigateurs : ce plan dont je me suis fait une loi a été fidèlement suivi dans les cartes qui ont été dressées pendant ce voyage ; et si l'on s'en est écarté, ce n'est que par ignorance, et jamais pour vaine et ridicule gloire d'imposer un nom nouveau[17]. »

Fort des instructions qu'il a recueillies, Lapérouse décide de continuer en direction du nord. Il donne le signal d'appareiller le 14 juillet au point du jour, lendemain de l'anniversaire du drame de la baie de Lutuya. Les deux navires s'enfoncent dans une brume épaisse jusqu'au 19, date à laquelle ils relâchent en baie d'Estaing, située sur la même côte. Les officiers cherchent à se faire confirmer les renseignements obtenus à l'étape précédente. Bien qu'exprimées « avec moins d'intelligence[18] » par le Chinois qui leur sert d'interprète, toutes les données des « Mantcheoux », venus des bords du fleuve Ségalien pour acheter du poisson sur place, concordent parfaitement avec les dires des « géographes » de la baie de Langle. Rien de bien différent entre les deux escales, si ce n'est que M. de Langle rencontre « une espèce de cirque » dans un coin de l'île. Il s'agit de quinze ou vingt piquets surmontés chacun d'une tête d'ours en décomposition, manière de mémorial à la gloire des chasseurs qui combattent au corps à corps ces grosses bêtes, n'ayant point d'armes à feu. Les Français préfèrent s'en prendre aux mille deux cents saumons qu'ils tuent à coups de bâton pour regarnir leur garde-manger.

Le 22 au soir, les vaisseaux mettent à la voile, laissant derrière eux la silhouette du pic de Lamartinière, haut lieu de la botanique en terre tartare. La Jonquière prête son nom à la baie dont ils ont connaissance le 23. Ils parviennent au fond du golfe et jettent l'ancre en baie de Castries (Tartarie), aujourd'hui « baie de Kastri » (la carte de la région est maintenant constellée de noms français). À mesure qu'ils progressent, Lapérouse remarque l'apparition de dunes noyées, presque à fleur d'eau, qui lui ont fait craindre de rester prisonnier du détroit, sans pouvoir trouver le moyen de s'extraire des mers du Japon. Contraint de s'approvisionner en eau et en bois, il s'immobilise pendant les cinq jours nécessaires à la manœuvre. Cinq jours dans la puanteur des sécheries de saumons, avec, sous les yeux, des scènes à vous soulever le cœur :

> Ces peuples se nourrissent de poisson [...]. Nous leur avons vu manger crus, avec une avidité dégoûtante, le museau, les ouïes, les osselets, et quelquefois la peau entière du saumon qu'ils dépouillaient avec beaucoup d'adresse ; ils suçaient le mucilage de ces parties comme nous avalons une huître[19]...

Tel est le peuple des Orotchys, dont les mauvaises manières à table et la malpropreté sont compensées par une telle probité qu'il ignore ce qu'est le vol. Lapérouse s'entend à merveille avec ces hommes « naturels », qui le lui rendent bien :

> Ils nous voyaient entrer dans leurs cases, descendre dans l'intérieur des tombeaux, sans témoigner la moindre crainte. Nos équipages et nos officiers furent sensibles à ces marques de confiance, et le mépris eût couvert l'homme qui eût été assez vil pour commettre le moindre vol[20].

Malgré un état de santé chancelant, Lamanon descend à terre pour accompagner le père Receveur et l'abbé Mongès dans leurs pérégrinations, Lamartinière cueille des plantes à tout-va, Collignon sème des graines d'Europe sans se soucier des règles de sécurité. Alors qu'il tente d'allumer un feu avec sa poire à poudre, l'engin explose dans sa main droite et lui arrache trois doigts. Le sympathique « jardinier-voyageur du Roi » évitera l'amputation grâce à l'habileté du chirurgien-major Rollin.

Il est grand temps de rebrousser chemin, d'autant qu'apparaît le spectre du scorbut, avec son sinistre cortège de symptômes, et que les navires doivent trouver sans tarder un passage qui les ramène vers le large... Le moût de bière, la sapinette et l'infusion de quinquina sont à la parade, en attendant mieux. Guidé par sa grande préoccupation, la santé des équipages, Lapérouse fixe le départ de la baie de Castries au 2 août. Chemin faisant, nouvelle rafale de baptêmes français : pas un pic, pas une île, pas un cap n'y échappent. En continuant ses recherches, il découvre l'île Monneron et relâche, faute de vent, au cap Crillon, pointe méridionale de l'île Ségalien. Cette île est « l'une des plus étendues du nord au sud sur le globe[21] », nous dit-il. En les questionnant sur la géographie, il s'aperçoit qu'il connaît mieux la côte orientale que les insulaires eux-mêmes, mais c'est pour conclure qu'il doit, lui aussi, se méfier des erreurs communes « lorsqu'on veut faire connaître un grand pays d'après des données aussi vagues, aussi sujettes à l'illusion que celles que nous avons pu nous procurer[22] ». Le voici entouré d'habitants qui ont la peau « aussi basanée que celle des Algériens » et se comportent avec l'équipage « comme s'ils eussent été chez leurs meilleurs amis ». Assis en rond sur le gaillard de la *Boussole*, ils tirent sur leur pipe et parlent simplement, « avec des gestes fort nobles », de leurs occupations quotidiennes, de leur économie, de leur culture et de leur religion : « Le patron d'une des pirogues de la baie Crillon, auquel j'avais donné une bouteille d'eau-de-vie, en jeta quelques gouttes dans la mer, nous faisant comprendre que cette libation était une offrande agréable à l'Être suprême. Il paraît que le ciel sert ici de voûte à son temple. » La conclusion qu'il tire de sa rencontre est nettement plus pragmatique : « Aucun motif de commerce ne peut faire fréquenter ces mers aux Européens ; un peu d'huile de baleine et du poisson séché ou fumé sont, avec quelques peaux d'ours ou d'élan, de bien petits articles d'exportation pour couvrir les dépenses d'un si long voyage. Je dois même ajouter, comme une maxime générale, qu'on ne peut se flatter de faire un commerce considérable qu'avec une grande nation[23]. »

Ses relevés reposent pour l'essentiel sur l'examen des rapports établis de siècle en siècle, et, plus près de lui, sur les relations de Koempfer, les lettres du père Gaubil et les travaux des jésuites, dont il redresse les erreurs et les approximations : « Bientôt, la géographie ne sera plus une science problématique, écrit-il avec enthousiasme, tous les peuples connaîtront également l'étendue des mers qui les environnent et les terres qu'ils habitent. » Jules Verne parle à sa façon de l'importance de sa mission : « C'était, on le voit, un véritable chaos, auquel mettaient fin les travaux de l'expédition française[24]. » Quelles que soient les fatigues de la campagne, il n'hésite pas à modifier son itinéraire pour vérifier les tracés dont il dispose, y compris ceux de Cook.

Jusqu'au 19 août, la marche des vaisseaux traîne en longueur. La route par l'île de Sakhaline et le chapelet des Kouriles, qu'ils filent grain à grain, est embrumée, fastidieuse. La navigation à l'aveuglette oscille entre l'immobilité forcée et la reprise du trajet qu'il faut modifier quand les vents s'installent aux commandes. Après avoir été déroutés vers le sud, ils découvrent le 30 août un canal qui leur permet de passer entre les îles. C'est le plus beau détroit des Kouriles, nous dit Lapérouse, si beau qu'il portera le nom de son navire, la *Boussole*. Puis les brumes s'épaississent, constantes, opiniâtres, avant de se déchirer et de laisser voir les montagnes du Kamtchatka : « Toute cette côte paraissait hideuse ; l'œil se reposait avec peine et presque avec effroi, sur ces masses énormes de rochers que la neige couvrait encore au commencement de septembre, et qui semblaient n'avoir jamais eu aucune végétation[25]. » Nous sommes bien au XVIIIe siècle, lorsque les montagnes étaient un spectacle d'horreur : « Quels rochers grossiers, quels habitants disgracieux[26] ! » s'exclamait Horace Walpole dans les Alpes...

Le 6 septembre 1787, après deux ans de navigation depuis le départ de Brest, Lapérouse fait mouiller les frégates dans la baie d'Avatcha devant Petropavlovsk (Pierre et Paul en français), pas plus d'une centaine d'âmes. Le climat, l'éloignement, l'immensité de l'Empire russe, la fureur de la mer et des vents, il les a dominés, aussi « infatigable » que James Cook. Situé à l'extrémité orientale de la Sibérie, le port de Petropavlovsk est isolé par les glaces une bonne partie de l'année. Le chef d'expédition se montre moins transporté que les Russes, soucieux de donner une bonne image de la péninsule :

> Comme l'hiver est généralement moins rigoureux au Kamtchatka qu'à Saint-Pétersbourg et dans plusieurs provinces de l'Empire de Russie, les Russes en parlent comme nous de la Provence, mais les neiges dont nous étions environnés dès le vingt septembre, la gelée blanche dont la terre était couverte tous les matins et la verdure qui était aussi fanée que celle des environs de Paris au mois de janvier, tout nous annonçait que l'hiver était d'une rigueur insupportable pour les peuples méridionaux de l'Europe[27].

L'accueil courtois du lieutenant Kaborof restaure l'humeur des marins, nerveux à l'idée que le courrier d'Europe est détenu à quelque 1 125 kilomètres de là par le gouverneur militaire d'Okhotsk, Kasloff-Ougrenin... Les navires à l'ancre sont pris d'assaut par « une partie des personnages dont il est question dans le dernier voyage de Cook[28] », le bon curé de Paratounka, femme et enfants, le chef du village et les autochtones, les bras chargés de saumons et de raies, tous rivalisent d'ingéniosité pour leur venir en assistance. Cherchez la barbarie dans tout cela ! Cinq jours plus tard, l'arrivée de M. Kasloff, savant distingué, ami de Cook, confirme cette bonne opinion, d'autant plus que Catherine II lui a donné l'ordre de prêter assistance aux navigateurs : « Nous étions surpris qu'on eût placé au bout du monde, dans un paysage si sauvage, un officier d'un mérite qui eût été distingué chez les peuples les plus civilisés[29]. »

Une maison (vidée de ses occupants), des Cosaques sont mis à leur disposition pour escorter les naturalistes impatients d'escalader la montagne et de se frotter aux tourbillons de fumée du volcan, passion du XVIIIe siècle, partagée à Naples par Vivant-Denon et sir William Hamilton, et, dans les Alpes, par William Beckford, adepte du sublime (« Lorsque je contemple les montagnes, je me sens empli de futurité[30] »). Les Cosaques se chargeront du gros des bagages, tentes, fourrures et vivres, tandis que « l'honneur de porter les instruments fragiles propres aux observations fut réservé aux naturalistes eux-mêmes ». Honneur ou pas, Bernizet, Mongès et Receveur s'écorcheront les mains en s'agrippant aux rochers pour ne pas choir au fond d'un précipice avec leur précieux matériel... Le Journal nous apprend aussi qu'à leur retour les guides avaient prié pour eux et « avalé une partie des liqueurs qu'ils ne croyaient plus nécessaires à des morts[31] ».

Une preuve supplémentaire de la civilité de M. Kasloff (« ses procédés étaient absolument les mêmes que ceux des habitants des autres parties de l'Europe : il parlait français[32]... ») se manifeste à l'occasion du bal qu'il donne en l'honneur des visiteurs. Lapérouse s'exerce au jeu des comparaisons : les danses russes ressemblent à la cosaque, si souvent dansée à Paris, et les danses kamtschadales évoquent les convulsionnaires des tombeaux de Saint-Médard ; mais voilà que le rythme s'emballe et que les choses se gâtent. À la surprise des Français, les deux femmes qui se produisent poussent des cris affreux, tombent à terre, « toutes dégoûtantes [*sic*] de sueur[33] » ; elles exhalent une odeur d'huile et de poisson. Jean-François s'enquiert du sens de la représentation. On lui répond que les danseuses imitent une chasse à l'ours. Où nous voyons qu'il ne manque pas d'humour : « Si les ours parlaient et voyaient une telle pantomime, ils auraient beaucoup à se plaindre d'être si grossièrement imités[34]. » Mais le bal doit s'interrompre car il arrive d'Okhotsk une grosse malle emplie de courrier. Des lettres annoncent la nomination du commandant français au grade de chef d'escadre, « par une faveur à laquelle [il] n'osait aspirer[35] ». Qui douterait encore des bonnes manières de M. Kasloff apprendra qu'il célèbre l'événement à grand renfort d'artillerie et de vodka. Grâce aux prévenances du gouverneur et à ses marques d'amitié, Lapérouse emportera du Kamtchatka le souvenir le plus doux et « la certitude que dans aucune contrée, dans aucun siècle, on n'a jamais porté plus loin les égards et les soins de l'hospitalité ». En effet, les cadeaux les plus fastueux sont offerts au roi : un traîneau pour la collection des curiosités, deux aigles royaux pour la ménagerie et « beaucoup de zibelines[36] ». Le nouveau chef d'escadre admire les facultés de cet homme généreux, qui rêve d'urbanisme sur une grande échelle. À ceci près que, pour créer de toutes pièces une capitale digne de ses ambitions, Kasloff sait qu'il lui faut du pain et des bras et qu'il en a bien peu.

Avant de quitter les lieux, Lapérouse offre au gouverneur le volume du troisième voyage de Cook. Au comble de l'émotion, ce dernier en traduit quelques passages devant ceux qui ont eu l'honneur de rencontrer le grand homme. Tous s'émerveillent de l'exactitude du récit. Lapérouse ira s'incliner sur la tombe de Charles Clerke, commandant de la *Resolution* lors du dernier voyage de Cook, décédé le 22 août 1779, avant que les Britanniques n'aient atteint Petropavlovsk, et appose une plaque sur celle de Louis de La Croyère, qui avait participé à l'expédition de Vitus Bering en 1741. Les exploits du commodore russe Billings, qui avait exploré les routes entre l'Asie et l'Amérique, retiennent également son attention. Une dernière tâche lui incombe : organiser l'envoi de ses journaux et relations à Versailles, comme il l'avait déjà fait de Manille et de Macao. Ici, le cas était différent. Petropavlosk serait bientôt bloqué par les glaces et aucun navire ne pourrait quitter le port de tout l'hiver. En dépit des distances, Lapérouse envoie en Europe le jeune Barthélemy de Lesseps, qui présente l'avantage de parler la langue de Catherine II. Promis à un voyage terrestre épuisant, mais qui le sauve du sort tragique de la fin de l'expédition, il louera des traîneaux attelés de chiens ou de rennes qui l'amèneront à Irkoutsk l'été suivant. Tomsk, Tobolsk, Kazan et Nijni-Novgorod par la route des caravanes et, le 17 octobre, il sera à Versailles dans l'antichambre du ministre de la Marine, La Luzerne[37]. Au moment du départ, tous ont le cœur serré : « Nous ne pûmes quitter sans attendrissement M. de Lesseps, que ses qualités précieuses nous avaient rendu cher, et que nous laissions sur une terre étrangère au moment d'entreprendre un voyage aussi long que pénible », note Lapérouse dans son Journal.

En route pour l'Australie

Parmi les lettres en provenance de Versailles, une grande missive de Fleurieu, datée du 15 décembre 1786, préconisait un changement d'itinéraire : « L'Angleterre s'est déterminée à former un établissement à la baie de Botanique [Botany Bay, sur la côte ouest de l'Australie, alors Nouvelle-Galles-du-Sud]... Elle y a destiné des criminels, et elle y entretiendra un commandement militaire et quelques hommes de troupe, tant pour contenir cette nouvelle colonie que pour la protéger des entreprises des naturels du pays[1]... » Fleurieu est bien informé. Lancée par la Couronne britannique, l'expédition de la *First Fleet* doit faire voile vers l'Australie au départ de Portsmouth avec cinq cent quatre-vingt-deux repris de justice, accompagnés de cent quatre-vingt-neuf femmes et de onze enfants, qui finiront par faire d'honnêtes colons. Avec Lapérouse sur place, le roi compte obtenir un compte rendu de première main, sans entraver pour autant sa mission scientifique.

Le 28 septembre 1787, il avise Castries qu'il appareille dès le lendemain en direction de Botany

Bay. La tâche que le roi venait de confier à Lapérouse, il suffit d'ouvrir un atlas pour mesurer à quel point elle était démesurée, surtout avec « une bien petite provision de vivres ». Fini le temps où, en baie d'Avatcha, « les poissons n'avaient qu'un saut à faire des bords de la mer dans nos marmites[2] », si bien qu'ils ne pouvaient suffire à les consommer ! Ils avaient devant eux une traversée interminable, du Kamtchatka à l'Australie, la plus grande partie des 150 000 kilomètres que couvrirait au total l'expédition depuis le départ de Brest. La configuration de l'océan Pacifique est encore si imprécise qu'ils ne voient, pendant près de deux mois, qu'une étendue déserte, malgré les quelque huit mille îles, îlots et atolls qu'il dénombre. Une étendue bornée par l'horizon qui semblait immobile, et qui changeait pourtant sans qu'ils s'en aperçoivent, à mesure qu'ils descendaient vers le sud, et cherchaient des îles introuvables. « On sait, écrit Lapérouse, que dans cette vaste partie de l'océan équatorial, il existe une zone de 12 à 15° environ du nord au sud et de 140° de l'est à l'ouest, parsemée d'îles qui sont, sur le globe terrestre, ce qu'est la Voie lactée dans le ciel[3]. » Et puis, autant les navires avaient fière allure dans les débuts du voyage, autant il devenait inquiétant d'observer leurs voiles déchirées sous les assauts du vent, leurs cordages rongés par l'humidité, qui se rompaient brutalement et leur mettaient les mains en sang. L'épuisement les gagnait à force de monter en haut des mâts — même que l'un des matelots était tombé des vergues et s'était noyé — pour scruter à en perdre la vue l'apparition d'une terre accueillante et réparatrice, pas un mirage, une vraie terre, nourricière et chtonienne, où ils pourraient enfouir dignement leurs morts, au lieu de les jeter en pâture aux requins, car les cimetières marins, ils en avaient leur claque, pour tout dire. Lapérouse avait même promis un louis d'or au premier qui crierait terre et aussi de baptiser de son nom la zone où il espérait voir surgir une côte, des rochers, un délicieux fouillis de collines et de verdure. Depuis le départ d'Avatcha, par un froid matin de septembre, ils avaient parcouru 300 lieues, ballottés par les vents, sous les grains et les orages qui entretenaient une pénible humidité à bord. Parmi les différentes recherches qui lui sont « plutôt indiquées qu'ordonnées », il choisit une terre découverte par les Espagnols en 1620. Mais pas la moindre trace de côte d'aucune sorte, malgré un petit oiseau venu se percher sur le bras du grand hunier et une grosse tortue qui dérive le long du bord, rien que pour les mystifier et leur faire perdre un temps précieux.

Et d'abord, se demandait l'équipage, obéissait-il vraiment aux instructions du roi, le commandant qui imposait d'aussi longues périodes en mer, au lieu de privilégier les escales où les savants étaient censés se fixer pour mener leurs recherches ? Les insectologistes, les minéralogistes, les botanistes se plaisaient beaucoup dans les îles ! Parlons-en, des savants. Et si leurs mouvements d'humeur, que Lapérouse tenait pour de l'orgueil, provenaient justement des séjours écourtés et des éternels changements de cap dont il décidait ? « On est surpris de constater, écrit Pierre Bérard, qu'entre

Brest et l'Australie, les navires n'ont des échanges avec la terre que pour 28 % de la durée du voyage, bien que sur les deux cent soixante-six escales certaines aient duré presque un mois. D'Avatcha, Jean-François avait adressé une lettre à Castries, assortie d'une plainte concernant les spécialistes qui ne trouvent des échantillons qu'à terre[4]. » Qui avait raison, des savants ou du chef de l'expédition, dans l'histoire ? Bien malin, celui qui aurait pu trancher.

Comme Louis XVI l'y a incité, Lapérouse relit Cook pour apprivoiser cette mer de toutes les angoisses :

> Les rochers et les bancs sont toujours dangereux pour les navigateurs, même lorsque leur position est déterminée ; ils le sont encore bien davantage dans des mers qu'on n'a pas encore parcourues, et ils sont plus périlleux dans la partie du globe où nous étions que dans toute autre, car il s'y trouve des rochers de corail [...] d'une profondeur qu'on ne peut mesurer, et qui sont toujours couverts à marée haute [...]. D'ailleurs les lames énormes du vaste Océan Méridional rencontrant un si grand obstacle [...] forment une houle que les rochers et les tempêtes de l'hémisphère opposé ne peuvent pas produire [...]. Je ne croyais pas qu'il fût sûr de naviguer parmi les bas-fonds avant de les avoir examinés à marée basse pour savoir de quel côté je devais gouverner[5].

Au froid du Kamtchatka succède la chaleur poisseuse des Tropiques, qui accable les marins et affecte leur santé. Lapérouse s'inquiète du retour du scorbut : « Pendant cette crise produite par un passage trop subit du froid au chaud et à l'humide, je fis distribuer chaque jour du café à déjeuner, j'ordonnai de sécher et d'aérer le dessous des ponts, et je fis laver avec de l'eau de pluie les chemises de nos matelots. » À vrai dire, le café ne peut suppléer à la carence de vivres frais, le bon M. Kasloff ayant eu toutes les peines du monde à rassembler sept bœufs pour les leur procurer avant le départ. Et cela faisait belle lurette que les rares ours, rennes et algalis chassés pendant le séjour à Petropavlosk avaient été engloutis, sans parler des malheurs essuyés par le bâtiment qui devait livrer des farines à la population. Les équipages et les officiers en sont réduits à manger du lard salé et des biscuits, tant la pêche donne peu. Le 5 novembre, ils coupent la ligne de la route qu'ils avaient suivie de Monterey à Macao. Le 6, ils capturent huit bonites qui procurent un bon repas à tout l'équipage et aux officiers et, quinze jours plus tard, deux requins dont ils se régalent, à l'occasion d'une petite fête...

Les semaines passent, monotones, qui les aspirent vers leur destin fatal, sans autres signes prémonitoires que la fureur des orages, des mers grosses et le soleil qui chauffe les ponts à blanc. Le 9 novembre, le Journal exprime leur détresse :

La chaleur fut étouffante et l'hygrométrie n'avait jamais marqué plus d'humidité depuis notre départ d'Europe ; nous respirions un air sans ressort qui, joint aux mauvais aliments, diminuait nos forces et nous auraient rendus presque incapables de travaux pénibles si les circonstances l'eussent exigé[6].

Le 21 du même mois, ils franchissent l'Équateur dans le sens inverse de l'année précédente, qui les avait vus aller de l'île de Pâques aux îles Sandwich. Lapérouse soupçonne qu'il ne retrouvera l'hémisphère Nord qu'à son retour en Europe, dans l'été 1789. Il pense aux îles, aux archipels qu'il aurait dû visiter selon le plan original, la Nouvelle-Calédonie dont Cook avait découvert la côte orientale, les îles des Arsacides, reconnues par Surville, et le nord de la Louisiade, que Bougainville n'avait pu explorer, tous points de géographie qui avaient fixé l'attention du roi. Mais il doit s'incliner, pour arriver au plus vite à Botany Bay et espionner les Anglais, qui ont la manie de planter l'*Union Jack* dès qu'ils posent le pied sur un sol étranger. Et de vieux relents de guerre lui reviennent à l'esprit, attisant sa rancune de devoir renoncer aux escales entrevues, sans compter les observations scientifiques qu'il lui faudra mettre plus ou moins en veilleuse.

Pour autant qu'il le sache, la flotte britannique en partance pour Botany Bay n'était pas une armée militaire, mais un transport massif de prisonniers obligés de quitter le royaume pour vider le trop-plein des cachots londoniens. Depuis la perte de ses colonies d'Amérique, le gouvernement anglais avait tenté d'implanter les convicts en Afrique. Il s'était produit un si grand nombre de décès que l'opinion publique avait manifesté sa réprobation. Le climat de la Nouvelle-Galles du Sud, dont James Cook avait pris possession au nom de George III, paraissant plus approprié aux Européens, sir Joseph Banks, président de la Royal Society, s'était montré favorable à la transplantation des criminels dans la baie de Sydney, sa chère

Botany Bay. Très au fait des méthodes du colonialisme anglais, la France avait toute raison de craindre la conquête du pays, au son des tambours et toutes bannières au vent, incident regrettable qui ne pouvait que fâcher Louis XVI.

Alors que l'*Astrolabe* et la *Boussole* mettent le cap sur l'archipel de Samoa, la *First Fleet*, ou Première Flotte, placée sous les ordres du capitaine Arthur Philip, dérive dans l'immensité des mers du Sud, aux prises avec d'abominables tempêtes. La route des Français n'est pas plus aisée : « Une vaste solitude régnait autour de nous ; l'air et les eaux de cette partie du globe étaient sans habitants[7]. » Gilles Lapouge nous dit que, lors de leur progression vers le Grand Sud, l'effroi s'était emparé des marins d'Henri le Navigateur qui craignaient que la mer ne se mît à bouillir, et plus angoissant encore, qu'ils n'arrivent au bord du vide et ne tombent dedans. Curieusement, les lignes de Lapérouse évoquent les derniers vers du *Paradis perdu* : « La main dans la main, à pas incertains et lents, / Ils prirent à travers l'Éden leur chemin solitaire[8]. » Même résonance d'un monde à l'écart du reste des vivants, même solitude, même lenteur sous la plume de Lapérouse : « Nous murmurions de la fatalité qui nous avait fait parcourir, depuis notre départ du Kamtchatka, une longue ligne sans faire la plus petite découverte. » « Murmures », le mot en dit long sur l'appréhension relative à ces géographies effacées, « vaste et fastueuse terra incognita[9] » qui frôle l'idée de la mort.

Les déconvenues s'accumulent à mesure qu'ils s'éloignent du Nord. D'innombrables oiseaux, des fous, des frégates, des hirondelles de mer, des goélettes noires escortent les bâtiments avec des cris assourdissants qui leur laissent espérer l'approche d'une côte. Mais la terre se dérobe et ces cris sont des leurres : « Quoique l'horizon fût de la plus vaste étendue, aucune terre ne s'offrait à notre vue : nous faisions à la vérité peu de chemin[10]. » Reste à tuer les oiseaux, soit pour se venger de leurs « criailleries », soit pour se les mettre sous la dent. « Le connu est lui-même un danger, car il inspire confiance et nous cache l'inconnu[11] », dit joliment John Dunmore. Les approximations, les erreurs d'estime dues aux « méthodes fautives[12] » de ses devanciers, ajoutent aux cruelles déceptions du voyage. Portée sur les cartes par le commodore Byron, la position des îles du Danger fait partie de cette « tragédie de la confiance[13] » qui estompe les îles à la surface des eaux et maintient les marins dans un no man's land perpétuel. Combien de voyageurs, victimes des mêmes illusions, avaient-ils vu les terres se fondre dans le blanc d'une mer qui ne valait guère mieux reposée que déchaînée ? Autant que les géographes, les théories des philosophes trompaient leur monde : « Nature, liberté, joie et simplicité, tout semblait fait pour prouver que l'on avait enfin trouvé ce Bon Sauvage que la civilisation européenne n'avait pas corrompu[14] », nous dit encore Dunmore. Mais, loin de l'Europe des Lumières, les « académies flottantes[15] » se trouvent en butte aux massacres. Lapérouse, lui, n'a pas oublié la duplicité des naturels de l'île de Pâques ; il se méfie des populations pittoresques dont s'enchante l'Europe des salons. Quand, le 6 décembre, il arrive en vue des premières îles de l'archipel maori des Samoa (les îles des Navigateurs de Bougainville), il lâche une pincée de poivre dans les pages du Journal : « Les philosophes font leurs livres au coin du feu et je voyage depuis trente ans : je suis témoin de l'injustice et de la fourberie de ces peuples[16]. » Malgré tout, après vingt-six mois de mer, le bon accueil des indigènes fait tomber les défenses des deux commandants, qui oublient un peu vite leur propre expérience, sinon la toponymie calamiteuse de la région (îles du Malheur, îles du Danger, île des Traîtres, baie des Assassins...).

Pendant qu'ils cherchent un ancrage, des pirogues vont et viennent, emplies d'Indiens qui proposent leurs victuailles. Ils sont au cœur d'un pays sans frontières précises, sans culture uniforme, cette Polynésie aux « nombreuses îles », terme forgé par Charles de Brosses dans son *Histoire des navigations aux terres australes*. Îles des mers du Sud, fantasmées, prospectées par tant de navigateurs, marchands, baleiniers, colons, aventuriers, évangélisateurs, Espagnols, Hollandais, Anglais et Français. « Paradis et palmiers, hommes à l'état de nature ou au stade de la barbarie païenne, amour libre et terre bon marché : les rêves et les illusions des Européens se transformèrent souvent en d'amères expériences[17]. » Et maintenant, c'est leur tour d'affronter les grandes pirogues emplies de chefs en parures d'étoffe rouge, qu'ils rencontrent sur les plages et les ponts des navires, et dont les divers langages sont traduits à la serpe par des interprètes de fortune.

Le 9 décembre, les navires mouillent devant Maouna, la plus grande des îles Samoa que Lapérouse nomme du nom de son chef, Tutuila. Suite à la disette des vivres frais, les progrès du scorbut commencent à se manifester et Langle s'empresse de faire détacher trois canots pour le ravitaillement. Entouré d'une centaine de pirogues, Lapérouse achète plus de cinq cents cochons, des pigeons ramiers, des poules et une immense quantité de fruits et de légumes. Descendu à terre, il se repose sous une tonnelle en treillage qui lui rappelle les vide-bouteilles des environs de Paris. La foule se presse pour vendre ou échanger des volailles, des tourterelles, des perruches : « Les femmes, dont quelques-unes étaient très jolies, offraient, avec leurs fruits et leurs poules, leurs faveurs à tous ceux qui avaient des rassades à leur donner ; leurs manières étaient douces, gaies, engageantes... Elles parvinrent sans beaucoup de peine à subjuguer nos équipages[18]. » Sa confiance endormie par la douceur des Indiens, Langle revient, lui aussi, « enchanté, transporté par la beauté d'un village qu'il avait visité », bien que caché à la vue des deux frégates, erreur formellement interdite par le roi. Pourquoi ne pas faire le lendemain une chaloupée d'eau supplémentaire dans cette baie, dont le port était plus accessible que celui de la veille ? Une discussion très vive s'engage entre les deux commandants. Peu importent les réserves d'eau corrompue, Lapérouse juge l'opération à la fois dangereuse et superflue. Sa modération envers les insulaires n'a fait qu'accroître leur turbulence... En fin de compte, il vainc son appréhension et cède à la très forte insistance de son compagnon, qui plaide pour les méthodes d'hygiène du capitaine Cook : « Rien ne put ébranler la résolution de M. de Langle ; il me dit que ma résistance me rendrait responsable du scorbut qui commençait à se manifester avec assez de violence [...]. M. de Langle était un homme d'un jugement si solide et d'une telle capacité que ces considérations, plus que tout autre motif, déterminèrent mon consentement, ou plutôt firent céder ma volonté à la sienne[19]. » Nul ne sait ce qui l'a emporté dans l'esprit de Lapérouse : une certaine faiblesse dans le commandement ou le respect des consignes anglaises prônant les vertus de l'eau renouvelée. Toujours est-il qu'il vient de déclencher ce qu'il nommera « une fatalité inconcevable ».

Le 10 au matin, une centaine de pirogues chargées de vivres entourent les deux frégates. Les insulaires qui commercent avec une partie de l'équipage ne s'intéressent qu'aux rassades et aux perles de verre (« c'étaient pour eux des diamants du plus grand prix[20] »), et n'éprouvent qu'indifférence pour le reste des articles de traite. À l'aube la chaloupe de l'*Astrolabe*, sous les ordres de Langle, accompagné de trente-trois personnes, et celle de la *Boussole*, qui en contient vingt-huit, dont le physicien naturaliste Lamanon, se mettent en route ainsi que deux grands canots armés. Rassuré par l'air de tranquillité qu'il observe dans la foule amassée sur le rivage, Langle débarque les vingt barriques d'armement, ses hommes et des soldats qui forment une double haie de fusiliers pour laisser passer les matelots chargés de récolter de l'eau. Quand soudain le piège se referme :

> Ce calme ne fut pas de longue durée. Plusieurs des pirogues qui avaient vendu leurs provisions à nos vaisseaux étaient retournées à terre, et toutes avaient abordé dans la baie de l'Aiguade en sorte que peu à peu elle se remplit : au lieu de deux cents habitants, y compris les femmes et les enfants, que M. le vicomte de Langle y avait rencontrés à une heure et demie, il s'en trouva mille ou douze cents à trois heures... La baie était presque à sec et il n'y avait aucun espoir, avant quatre heures du soir, de pouvoir déséchouer ses chaloupes[21].

De l'eau jusqu'aux genoux, six à sept cents Indiens entourent les embarcations et une grêle de pierres s'abat sur les Français : « M. de Langle n'eut le temps que de tirer ses deux coups de fusil. Il fut renversé sur le bâbord de la chaloupe où il y avait plus de deux cents Indiens qui le massacrèrent à coups de massue et de pierres, et lorsqu'il fut mort, attachèrent un de ses bras à un tolet de la chaloupe, afin, sans doute, de profiter de ses dépouilles[22]. » Langle, le chef intrépide, capable de saper le moral des Anglais, l'humaniste, le jeune père à tout jamais privé des siens, tombe, n'ayant pas voulu faire tirer, par humanité. Lamanon subit le même sort. En moins de cinq minutes, il ne reste plus personne à bord des chaloupes. Ceux qui partent à la nage sont blessés, presque tous à la tête ; ceux qui versent du côté des Indiens, tués avec des rugissements sauvages. Le lieutenant de vaisseau Boutin glisse entre les deux chaloupes, gravement atteint à la tête. « L'ardeur du pillage fut telle que tous les insulaires, après s'être emparés des chaloupes et y être montés au nombre de plus de 3 ou 400, avaient brisé les bancs et généralement tout pour y chercher nos prétendues richesses, ne s'occupèrent presque plus de nos canots [...]. M. Collinet, sans connaissance, fut trouvé en travers du cablot du canot, un bras fracassé, un doigt cassé, avec deux blessures à la tête. M. Lavaux, chirurgien-major de l'*Astrolabe*, blessé si gravement qu'il a fallu le trépaner, nagea lui-même jusqu'aux canots ainsi que M. de La Martinière et le père Receveur qui reçut une forte contusion dans l'œil[23]. » Le malheureux aumônier mourra en arrivant à Botany Bay.

Sur la soixantaine de personnes des deux équipages, quarante-neuf ont survécu, grâce à « la sagesse de M. de Vaujuas, au bon ordre qu'il établit, à la ponctualité avec laquelle M. Mouton, qui commandait le canot de la *Boussole*, sut le maintenir[24] ». Quand les canots sortent de « cet antre », il est déjà plus de cinq heures de l'après-midi. L'une des douze victimes de cette scène d'horreur, Lamanon, avait écrit à Castries depuis l'escale de Macao : « Ce qui distinguera toujours ce voyage, ce qui fera la gloire de la nation française aux yeux des philosophes, de nos contemporains et de la postérité, ce sera d'avoir fréquenté des peuples réputés barbares sans avoir versé une goutte de sang. La campagne, à la vérité, n'est pas finie, mais les sentiments de notre chef nous sont connus, et je vois comme il est secondé... Au mérite d'habile navigateur, de guerrier et de bon écrivain, M. de La Pérouse en joint un autre bien plus cher à son cœur, celui d'être aux extrémités du monde le digne représentant de son prince et des vertus de sa nation. Notre voyage prouvera à l'univers que le Français est bon et que l'homme naturel n'est pas méchant[25]. » Pauvre Lamanon, accusé d'être « aussi ignorant qu'un capucin[26] » par celui à qui il tressait des couronnes !

Non, la campagne n'est pas achevée, mais où en sont-ils de cette paix qu'ils voulaient répandre jusqu'aux confins du monde, après que l'expédition est gravement endeuillée pour la deuxième fois ? À cinq heures donc, les chaloupes s'en retournent aux navires, chargées de blessés, un mouchoir rouge à la tête du mât. Lapérouse les a vues approcher du bord avec leur fardeau de corps ensanglantés en si grande quantité qu'ils gênent les mouvements des rameurs ; il apprend la perte de douze de ses hommes et surtout celle de Langle, massacré sauvagement, comme Cook. Du navigateur britannique, Langle avait dit, en contemplant son portrait : « Voici la mort que doivent envier les gens de notre métier. » Et la rage submerge Jean-François, amère, dévastatrice : se venger de ces atrocités, massacrer ces barbares (« J'étais à chaque instant obligé de retenir ma colère pour ne pas ordonner de les couler bas »). Boutin, « que ses blessures retenaient au lit mais qui avait gardé toute sa tête[27] », et Vaujuas le dissuadent de riposter, d'autant plus que l'anse de l'Aiguade, très enfoncée dans la côte, empêche de mouiller à portée de canon et qu'il ne dispose plus du nombre de chaloupes nécessaires à une expédition punitive.

Autour de la *Boussole*, une centaine de pirogues continuent à proposer des échanges dans le miroitement des vagues, sans vergogne. Lapérouse donne l'ordre de ne tirer qu'un seul coup de canon chargé à mitraille, afin de ne pas prendre le risque de tuer des innocents. Les pirogues s'éloignent. Ce sera tout.

Compte tenu de la brièveté de son séjour dans l'île, Lapérouse renonce ainsi à punir sévèrement les fauteurs de troubles. Même erreur que durant son passage éclair à l'île de Pâques ? Les châtiments doivent être proportionnés à la longueur des séjours, sinon trop de douceur entraîne infailliblement « des suites fâcheuses », estime-t-il. Curieuse attitude à ce stade du voyage, où, le premier, Langle eût pu éviter le massacre en dispersant la foule par la force des armes. Malgré l'aspect féroce des indigènes mâles, « grands, forts et musculeux[28] », qui arborent sur des corps entièrement nus les vilaines cicatrices des combats qu'ils se livrent, les deux commandants ont fermé les yeux sur un risque majeur, séduits par le charme envoûtant des femmes, le raffinement des cases, la fertilité de la nature (« Quelle imagination ne se peindrait le bonheur dans un séjour aussi délicieux[29] ! »). Les insulaires vivent heureux, entourés de leurs femmes, « n'ayant d'autre soin que celui de se parer, d'élever des oiseaux, et comme le premier homme, de cueillir des fruits qui croissent sur leurs têtes sans aucun travail[30] », lit-on dans le Journal. Et Lapérouse de s'attendrir sur une tourterelle dont le plumage la rend « digne d'être présentée à la Reine ». « Le premier homme », « la tourterelle[31] » ! Comme il est difficile de concilier humanité et prudence, et quelle ambivalence entre l'état de nature des sociétés primitives et l'accusation de « sauvagerie » ! Appliquer des solutions à géométrie variable, selon les circonstances et les individus, c'est risquer de sacrifier des vies. Et gare au concept romantique qui resurgit « de telle façon que le péché de violence soit effacé et que tout rentre dans l'état d'innocence primitive[32] », comme l'écrit Michèle Duchet, en parfaite équité.

Ils ont observé les populations de rencontre, leur ont prodigué des soins, et souvent leurs liens avec les indigènes ont dépassé les simples échanges commerciaux. Ils s'en sont tenus aux instructions du mémoire du roi, accomplissant leur devoir, quel que soit le danger. Après la tragédie de Maouna, le Journal de Lapérouse ne souligne pas l'imprudence de Langle ; il prend la défense de l'ami qui a payé de sa vie l'obéissance aux consignes de Versailles : « Si la crainte de commencer les hostilités, et peut-être d'être accusé en Europe de barbarie, n'avait arrêté M. le vicomte de Langle, en tuant 20 ou 30 Indiens à coups de fusil ou de pierrier, il eût entièrement éloigné cette multitude ; mais il se flattait de les contenir sans effusion de sang et il fut victime de son humanité[33]. » L'humanité et la modération, depuis qu'il a procuré des armes, des vivres et des munitions aux fugitifs de la baie d'Hudson, il les traîne avec soi comme des mules rétives. Que d'amertume et de chagrin dans ces lignes du Journal : « Nous les avons comblés de présents ; nous avons accablé de caresses tous les êtres faibles, particulièrement les enfants à la mamelle ; nous avons semé dans leurs champs toute sorte de graines utiles ; nous avons laissé dans leurs habitations, des cochons, des chèvres et des brebis qui y multiplieront vraisemblablement ; nous ne leur avons rien demandé en échange : néanmoins, ils nous ont jeté des pierres, et ils nous ont volé tout ce qui leur a été possible d'enlever[34]. » Le voilà qui parle sur le ton des Évangiles.

« Les résultats de l'expédition se jugent aux vies économisées à bord et à terre et aux renseignements parvenus en France[35] », écrit Pierre Bérard. Comment endure-t-il la perte de ses hommes, dont l'un des meilleurs officiers de la marine du roi ? Même si monte en lui la colère, les lignes du Journal s'efforcent d'être pondérées. Elles recouvrent une détresse aiguë et un état physique entièrement délabré, comme en témoignera bientôt la dernière de ses lettres. Il n'a peut-être pas été un bon chef d'escadre, à force d'improviser des itinéraires et de zigzaguer sur les océans, et puis cette brusque façon de lever le camp quelques heures après l'atterrissage sur les îles, au grand dam des naturalistes ! Mais, dans les pires situations, il s'est toujours souvenu des leçons de l'École des gardes et que les marins étaient une race à part, à qui l'on apprenait à garder la tête haute. Heureux temps où les canons étaient les instruments de la victoire ! De par le roi, ils ne sont plus que ceux de la défaite, dès lors qu'il s'agit d'un voyage d'exploration. Rien n'autorise à juger le chef d'escadre à la manière des Girault de Coursac : « Lapérouse va d'un extrême à l'autre, passant de la plus excessive permissivité à la violence et à la brutalité, et devenant féroce quand il a peur[36]. » « Féroce » ? On a vu ce qu'il en était quand il donne l'ordre de tirer à blanc pour disperser les pirogues des indigènes : « J'avais eu l'occasion de détruire, de briser et de couler bas cent pirogues armées de plus de cinq cents personnes, mais je craignis de me tromper au choix des victimes, et le cri de ma conscience leur sauva la vie. »

Tout au plus révise-t-il ses préjugés sur la bonté naturelle des sauvages. Le dilemme est qu'il fallait à tout prix éviter de répandre tant le sang français que le sang indien : nul ne pouvait se tromper sur les consignes de Louis XVI : elles étaient d'une clarté aveuglante. En revanche, Lapérouse se retourne contre les philosophes :

> Je suis mille fois plus en colère contre les philosophes qui exaltent tous les sauvages que contre les sauvages eux-mêmes. Le malheureux Lamanon qu'ils ont massacré me disait, la veille de sa mort, que ces hommes valaient mieux que nous[37].

Les événements mettent au désespoir l'ensemble de l'équipage, et ravivent le souvenir des atrocités de Port-des-Français qui ne cesse de les obséder. Une chape de deuil retombe sur les deux frégates, plus lourde encore pour ceux de l'*Astrolabe*, privés de leur commandant, qui sera remplacé par son second, Anne-Georges-Augustin de Monti (jusqu'à l'escale australienne où Clonard prendra la relève). Lapérouse souffre mille morts à l'idée d'abandonner aux Indiens les cadavres de ses compagnons massacrés, sans connaître le sort qui leur sera réservé. S'accuse-t-il d'avoir manqué d'autorité envers son état-major et son chagrin est-il d'autant plus fort qu'il est mêlé de remords ? Ce ne sont pas les comptes rendus qu'il doit remettre au ministre, textes étudiés de près par Louis XVI, qui nous éclairent sur son état d'esprit. On apprendra un siècle plus tard seulement que les malheureux n'avaient pas été mangés, mais enterrés sur les lieux mêmes de la tuerie. Les reliques de Fleuriot de Langle furent d'abord transportées dans un coffret à Nouméa, ou elles restèrent un an avant d'être ramenées à Brest en 1889, sans que Lapérouse eût pu lui prodiguer les honneurs en vigueur dans la marine[38].

Après s'être assuré qu'aucune des victimes n'était demeurée aux mains des Indiens, Lapérouse quitte Tuitila, la « baie du Massacre », le 14 décembre. Au poids de la responsabilité s'ajoutent les soins à prodiguer à une cinquantaine d'officiers, savants et marins en état de commotion. Il faut aussi contenir le scorbut qui menace de sévir. Chaque jour, les matelots doivent absorber une ration de *sprucebeer*. Même agrémenté d'une demi-pinte de vin et d'un petit coup d'eau-de-vie, qui en chassent l'amertume, le breuvage, composé avec du malt d'orge et de la mélasse, selon une recette approuvée par la Royal Society de Londres, ne fait pas que des heureux, mais il semble efficace. Les Coursac ont beau ironiser sur cette mixture que Lapérouse préfère « aux plantes conseillées par les botanistes de l'expédition[39] », en trois ans il ne comptera qu'un seul mort « d'hydropisie scorbutique[40] », David, le cuisinier des officiers, qui s'est volontairement abstenu d'en boire une seule goutte.

Ils longent l'archipel de Samoa et passent quelques jours à commercer (à distance suffisante de la côte !) près de l'île d'Oyolava, reconnue « du haut des mâts seulement » par Bougainville, rapporte le Journal. Désormais, ils se méfient des panoramas couverts de verdure, qui peuvent dissimuler un malandrin derrière chaque cocotier, d'autant que les habitants présentent une ressemblance frappante avec les assassins de l'île Maouna et que Lapérouse doit retenir ses matelots de tirer sur les pirogues qui accostent les navires. Constatant qu'il règne beaucoup plus de tranquillité qu'à Maouna « parce que les plus petites injustices étaient punies par des coups ou réprimées par des paroles et des gestes menaçants », les voyageurs goûtent le paysage, « une très grande plaine couverte de maisons depuis la cime des montagnes jusqu'au bord de la mer », et ne restent pas insensibles à l'aspect de deux ou trois belles autochtones, avec leur bandeau tressé d'herbe et de mousse, leur taille élégante et leurs gestes qui « annonçaient de la douceur, tandis que ceux des hommes peignaient la surprise et la férocité[41] ». Malgré les positions erratiques de certaines autres îles de l'archipel, il ne doute plus qu'il s'agisse des îles des Navigateurs, découvertes par Bougainville. Le 17, les frégates longent l'île Pola. La « fermentation » est encore trop grande chez les hommes pour que

Lapérouse ne redoute pas leur comportement à terre. Lui-même remet en question les principes de modération qu'il a tenus au cours du voyage : « Chaque île que nous apercevions nous rappelait un trait de perfidie de la part des insulaires : les équipages de Roggewein avaient été attaqués et lapidés aux îles de la Récréation, dans l'est de celles des Navigateurs ; ceux de Schouten à l'île des Traîtres, qui était à notre vue, et au sud de l'île Maouna, où nous avions été nous-mêmes assassinés d'une manière si atroce. Ces réflexions avaient changé nos manières d'agir à l'égard des Indiens ; nous réprimions par la force les plus petits vols et les plus petites injustices ; nous leur montrions par l'effet de nos armes, que la fuite ne les sauverait pas de notre ressentiment ; nous leur refusions la permission de monter à bord et nous menacions de punir de mort ceux qui oseraient y venir malgré nous. Cette conduite était cent fois préférable à notre modération passée ; et si nous avons quelque regret à former, c'est d'être arrivés chez ces peuples avec des principes de douceur et de patience : la raison et le bon sens disent qu'on a le droit d'employer la force contre l'homme dont l'intention bien connue serait d'être votre assassin s'il n'était retenu par la crainte[42]. » Difficile de trouver réquisitoire plus violent contre le mythe du bon sauvage, démenti plus formel aux belles idées des philosophes.

Ne voyant aucune pirogue se porter à sa rencontre, Lapérouse donne une suite logique à ses réflexions : « Je jugeai alors que ces peuples n'avaient pas encore fait assez de progrès dans la morale pour savoir que la peine ne devait retomber que sur les coupables, et que la punition des seuls assassins eût suffi à notre vengeance[43]. » L'étude des insulaires, qu'il fait mesurer « très souvent », varie des spécimens « les plus grands et les mieux faits qu'il ait rencontrés » aux « nains du pays », dont « on peut assurer qu'ils sont aux Européens ce que les chevaux danois sont à ceux des différentes provinces de France ». Quelques réflexions pittoresques suivent à propos du flétrissement des femmes et de l'extinction de leur grâce « avant la fin de leur printemps ». Où l'on voit qu'en dépit des épreuves, Lapérouse garde, ma foi, un œil assez vert sur les beautés insulaires. Il n'est pas le seul, d'où ces lignes qu'on livrera au jugement de chacun : « Comme l'histoire de notre voyage peut ajouter quelques feuillets à celle de *l'homme*, je n'en écarterai pas des tableaux qui pourraient sembler indécents dans tout autre ouvrage, et je rapporterai que le très petit nombre de jeunes et jolies insulaires dont j'ai parlé eut bientôt fixé l'attention de quelques Français, qui, malgré ma défense, avaient cherché à former des liaisons avec elles. Les regards de nos Français exprimaient des désirs qui furent bientôt devinés[44]... » S'ensuit une scène de viol, la jeune fille étant tenue par un vieillard qui sert « d'autel et de prêtre » pendant l'accomplissement de l'acte, en exhortant la victime « à modérer l'expression de sa douleur », sans que personne s'en indigne outre mesure.

La pluie, les vents « souvent aussi forts que les vents d'ouest qu'on rencontre l'hiver sur les côtes de Bretagne » pénètrent les navires et les hommes jusqu'à l'os. C'est la saison de l'hivernage, des orages et des ouragans, de l'humidité que Lapérouse tient pour responsable du scorbut. L'odeur qui règne dans la cale est infecte. Biscuits et légumes secs, farine et grains sont desséchés, rongés par les insectes. Les petits cochons de Maouna ont été vivement consommés, faute de vivres pour les nourrir. Jean-François sait qu'à raison de deux repas par jour, les enflures des jambes et autres symptômes disparaissent, preuve supplémentaire du besoin des marins en « aliments salubres », mais les « collations » des indigènes se révèlent un peu courtes et les réserves, dont beaucoup sont souillées par les déjections des rats, ne sont plus consommables.

Le 27 décembre, ils découvrent l'île de Vavao, « la plus considérable de l'archipel des Amis », que Cook n'avait jamais visitée. Lepaute Dagelet détermine sa position exacte et en dresse le plan, corrigeant ainsi une erreur des géographes reproduite de siècle en siècle, si bien que l'archipel « n'avait eu de réalité que sur les cartes ». Déterminé à se rendre en droiture à Botany Bay, Lapérouse, retardé par les calmes « plus ennuyeux cent fois pour les marins que les vents contraires », est retenu pendant trois jours devant l'île Plistard, découverte par Tasman. Le dernier jour de l'année, à six heures du matin, ils aperçoivent Tongatabou (Tongatapu) du haut des mâts. Sept à huit pirogues se portent à leur rencontre : « Nous ne reçûmes d'eux que les mêmes rafraîchissements qu'on offre à la campagne, en collation, à des voisins[45]. » En plus couleur locale, peut-être ? Dès que tombe le vent qui les a poussés malgré eux jusqu'à l'archipel des Tonga, ils mettent le cap ouest-sud-ouest en direction de la Nouvelle-Hollande, la future Australie.

Le 13 janvier 1788, ils approchent par mer grosse de l'île de Norfolk, et doivent renoncer à aborder, au grand dam des botanistes et des naturalistes qui, depuis le Kamtchatka, « avaient eu bien peu d'occasions d'ajouter de nouvelles observations à leurs journaux[46] ». Le temps d'apercevoir quelques pailles-en-queue reconnaissables à leur longue plume rouge et, à huit heures du soir, ils sont de nouveau sous voiles : l'île sur laquelle Cook avait débarqué le plus aisément du monde n'offre aucun accès par mauvais temps. Ils se contentent de prendre quelques poissons rouges dont ils se régalent avant de repartir. Environnés d'oiseaux, déportés par des courants qui les portent au sud, obligés à sonder tous les soirs, ils continuent leur éprouvant voyage.

Botany Bay

Quelles que soient les difficultés qui surgissent, il ne faut ni désespérer ni faillir à la tâche, continuer l'établissement des rapports pour le ministre, enregistrer le résultat des observations, même si le Journal laisse transparaître l'épuisement de tous : « Si nous n'avions fait qu'un voyage ordinaire autour du monde, nous aurions pu être de retour en Europe sans avoir perdu un seul homme. Les derniers mois d'une campagne sont, à la vérité, les plus difficiles à soutenir ; les corps s'affaiblissent avec le temps, les vivres s'altèrent ; mais si, dans la longueur des voyages de découvertes, il est des bornes qu'on ne peut passer, il importe de connaître celles qu'il est possible d'atteindre ; et je crois qu'à notre arrivée en Europe l'expérience à cet égard sera complète[1]. » Le désespoir est là, redressé, corrigé par le désir pathétique de prouver qu'on a triomphé des limites humaines. Et, une fois encore, grande est sa fierté d'avoir su maintenir les précautions d'hygiène qui ont sauvé des vies : « Depuis notre départ de Brest, personne sur la *Boussole* n'avait succombé à une mort naturelle. »

Le 23 janvier, ils aperçoivent une terre qui émerge à peine des eaux : la Nouvelle-Hollande ! Le lendemain, la *Boussole* et l'*Astrolabe* louvoient en vue de Botany Bay, sans pouvoir doubler le cap Solander. « Nous eûmes ce jour un spectacle bien nouveau pour nous depuis notre départ de Manille, ce fut celui d'une flotte anglaise mouillée dans la baie de Botanique, dont nous distinguâmes les flammes et les pavillons[2]. » Après deux cent cinquante-deux jours de périple et sur une distance de plus de 20 000 kilomètres depuis Portsmouth, le commandant Arthur Phillip avait réussi l'exploit de regrouper à Botany Bay deux vaisseaux de guerre, le *Sirius* et le *Supply*, un convoi de neuf bâtiments transportant huit cents convicts et le ravitaillement nécessaire à une colonie pénitentiaire... Étant donné que Lapérouse était averti par Louis XVI des mouvements de la *First Fleet*, dont il lui avait demandé de vérifier la présence *in situ*, on peine à croire à son étonnement ! La baie, très ouverte et dangereuse, se révèle difficile d'accès :

> Des Européens sont tous compatriotes à une aussi prodigieuse distance et nous avions la plus vive impatience de gagner le mouillage, mais le temps fut si brumeux le lendemain qu'il nous fut impossible de reconnaître la terre, et nous n'atteignîmes de mouillage que le 26 à neuf heures du matin[3].

L'arrivée inattendue des deux frégates dans la célèbre baie que Joseph Banks, émerveillé par le foisonnement de la flore, avait baptisée Botany Bay, jette l'alarme dans la flotte anglaise. Une lettre de Law de Lauriston, datée du 6 février 1788, dépeint la scène :

> Nous venons d'arriver ici depuis quelques jours. Les Anglais que nous comptions trouver établis appareillaient lorsque nous entrions pour aller former leur établissement au Port Jackson, situé quelques lieues plus au nord que cette baie. D'après le rapport des déserteurs anglais qui nous viennent journellement et que nous renvoyons, ce port était fièrement commode[4].

En effet, les Britanniques sont sur le point de se rendre dans Cove Bay, à Port Jackson (aujourd'hui Sydney), site mieux adapté à l'installation des centaines de *convicts* avec femmes et enfants qu'ils ont convoyés jusque-là.

Dans la soirée, le drapeau français enfin identifié au télescope, Son Excellence Arthur Phillip, gouverneur et commandant en chef du territoire de la Nouvelle-Galles du Sud, est vivement soulagé : il n'a pas affaire, comme il le craignait, à des Hollandais venus disputer leur droit au territoire, ni même aux navires de ravitaillement dépêchés par Londres, ou encore à l'arrivée d'un supplément de bagnards, mais sans doute aux bâtiments de Lapérouse, dont il sait parfaitement qui il est pour s'être trouvé à Brest le jour même de son départ. Averti qu'un navire français se présente dans la passe, le jeune officier britannique Watkin Tench, qui tient l'un des journaux de la *First Fleet*, croit à un canular :

> Je me contentai d'éclater de rire, mais connaissant la grande rectitude de l'homme qui me répétait l'information, je grimpai sur le pont, et, au moment même où j'y posais les pieds, un cri

parvint à mes oreilles incrédules : « Second navire en vue ! »... La cause de tout ce remue-ménage provenait de l'arrivée de deux navires français, qui, tout le monde s'en souvenait à présent, étaient partis à la découverte de l'hémisphère sud[5].

Contrarié, le gouverneur prend la décision de reporter son départ et donne l'ordre de hisser sur la côte la longue bannière rouge qui signale la prise de possession d'un territoire par ses compatriotes. Puis il envoie le lieutenant King au-devant de Lapérouse pour lui proposer, dans le meilleur français qui soit, les services du capitaine Hunter, chef d'escadre. Un peu réticent, le capitaine : alors qu'il s'apprête à jeter les fondements de la colonie de Port Jackson, il n'a guère le temps de pourvoir les Français, ni en vivres ni en munitions. Il a plus de mille bouches à nourrir, et trouve un peu saumâtre que les prairies entrevues par Banks, avec des yeux de naturaliste, ne soient que des marais. Avec une pointe d'ironie, Lapérouse envoie sur le *Sirius* le capitaine de vaisseau Clonard, qui vient d'être promu commandant de l'*Astrolabe* : « Je lui fis dire que mes besoins se bornaient à de l'eau et du bois [...] et que je savais que des bâtiments destinés à former une colonie à une si grande distance de l'Europe ne pouvaient être d'aucun secours à des navigateurs[6]... »

On peut juger ces contacts un peu sommaires de la part de l'émissaire de Louis XVI. Quoi qu'il en soit, Lapérouse n'avance d'autre prétexte à sa présence que l'approvisionnement et la reconstruction de ses chaloupes, sans toucher un seul mot du message royal. Alors qu'il avait rédigé de longs rapports sur l'organisation coloniale espagnole, il se contente ici de simples remarques à propos des manœuvres britanniques. Les instructions qu'il avait reçues au Kamtchatka étaient pourtant de l'ordre du renseignement, pour ne pas dire de l'espionnage. Les Anglais établissaient-ils, oui ou non, une colonie en Australie ? Oui, puisque pour la *First Fleet* il ne s'agit plus de science, contrairement aux expéditions antérieures, mais de colonisation. Pour sa part, nous dit le contre-amiral Bellec, auquel nous devons de précieuses informations sur les journées australiennes, le gouverneur Phillip sait que Lapérouse n'a aucun mandat l'autorisant à s'emparer du site. Le fait que les deux chefs d'expédition respectifs ne se soient pas rencontrés tient sans doute à ce qu'ils sont trop occupés l'un et l'autre pour parcourir la quinzaine de kilomètres qui séparent Botany Bay du havre de Port Jackson, suppose François Bellec, qui ajoute « qu'aucun des deux n'a consenti à faire la première visite protocolaire, Lapérouse, parce qu'il est d'un grade plus élevé, Phillip [malgré son excellent français], parce qu'il a le souci d'affirmer qu'il est en terre britannique[7] ». Dernière éventualité proposée par le contre-amiral : mauvais cavalier, Lapérouse craint de se donner en spectacle tout au long d'un trajet difficile ! Aussi ne songe-t-il pas une seconde à monter l'un des deux chevaux qui lui ont été envoyés pour se rendre plus aisément jusqu'à l'anse de Sydney.

Occupé, on peut dire que Jean-François l'était. Des barricades sont édifiées pour protéger le campement des Français. Le 7 février, il écrit au chevalier de Fleurieu pour lui rendre compte du travail accompli, notamment en matière de sûreté : « Cette précaution [le retranchement palissadé] était nécessaire contre les Indiens de la Nouvelle-Hollande, qui, quoique très faibles et peu nombreux sont, comme tous les sauvages, très méchants, et qui brûleraient nos embarcations s'ils trouvaient le moyen de le faire et en trouvaient une occasion favorable : ils nous ont lancé des sagaies après nos présents et nos caresses. » Peut-être bien que les caresses en question avaient été précédées de quelques coups de fusil...

Cependant, qui, même un Anglais, ne se serait incliné devant l'impulsion que Louis XVI avait donnée à la « Royale » et le spectacle fabuleux des deux navires à l'ancre dans cette baie du bout du monde ? Il ne faut pas oublier que Lapérouse, dont la mansuétude envers leurs compatriotes, à Hudson Bay, leur avait laissé un souvenir impérissable, était quasiment en odeur de sainteté. La baie où Cook avait relâché lors de son premier voyage rappelait que le chef victorieux, qui disposait à bord de la carte du célèbre navigateur, continuait l'œuvre de ce dernier. À Port Jackson, à Botany Bay, Anglais et Français échangent des politesses, tout en observant une réserve diplomatique de bon aloi. Tench n'a pas à révéler les secrets du départ imminent des siens pour Port Jackson, départ qui n'est pourtant pas un mystère. Lapérouse s'abstient de mentionner les ordres qui lui sont parvenus au Kamtchatka, et ne souffle mot du compte rendu dont le roi l'a chargé. Demeurent le respect mutuel et la solidarité. Ce sont précisément les navires de la *First Fleet* qui rapporteront les dernières dépêches de Lapérouse à la cour de Versailles, ainsi que son Journal, arrêté à la date du 26 janvier, *via* l'ambassade de France à Londres. « Courrier, rapports, plans, dessins arrivèrent à bon port grâce aux bons soins des Anglais[8]. » Il est regrettable, pour la postérité, que les savants aient obéi aux ordres de Lapérouse qui tenait (sur instruction de Louis XVI) à ce que leurs travaux demeurent confidentiels jusqu'au retour, et qu'ils se soient abstenus de les transmettre à la marine anglaise avec le reste des documents.

Dans son communiqué au colloque d'Albi, sir James Watt dépeint de façon délectable les échanges entre ex-ennemis : « White, chirurgien-général de la colonie, visita Botany Bay [...] Worgan, chirurgien du *Sirius* était un excellent musicien et jouait du piano pour ses collègues, et il y eut des parties de chasse anglo-françaises dans les bois de Sydney. L'abbé Mongès étudia la collection de papillons du lieutenant Clark et prit une de ses sauterelles, tandis que le lieutenant de marine Tench, philosophe, cartographe et anthropologue, se plaisait en compagnie des navigateurs et savants français ; il dit à Lapérouse que les indigènes appréciaient grandement l'air de Malbrough, qu'ils imitaient avec autant de plaisir que de bonne volonté et qu'à son avis, Lapérouse avait fait bon usage de ce "petit air plaintif et fait pour émouvoir"[9] », souvent chanté au dauphin par sa nourrice, Madame Poitrine. La suite se trouve dans le Journal de Tench : « Je ne peux, à ce propos, que rapporter ce que m'a dit un peu plus tard monsieur de Lapérouse, selon lequel les indigènes de Californie et ceux qui vivent dans toutes les îles du Pacifique, bref, partout où il s'était rendu, semblent à la fois charmés et ravis en entendant cette petite complainte[10]. » La logistique des Français éblouit le lieutenant King, qui en donne une description enthousiaste dans son Journal, énumérant par le menu les moyens consentis par le roi de France à l'équipement des deux frégates, tant en savants qu'en instruments de grand prix. Il admire l'installation de la base et le chantier de construction des nouvelles biscayennes, dont les pièces, détachées en bottes, ont fait le voyage depuis l'Europe. Et confie avoir été informé par « Monsieur Peyrouse[11] » que ce dernier avait repoussé des *convicts* évadés en quête de refuge. Un ou deux d'entre eux semblent avoir été recueillis à bord par des marins compatissants, dont une femme, Anne Smith.

Malgré des pluies exécrables et les aborigènes qui rôdent, les Français doivent dissimuler et faire bonne figure. Lorsqu'il écrit à Fleurieu, alors directeur des Ports et Arsenaux à Versailles, pour lui annoncer l'arrivée de Lesseps, muni de la suite du Journal de voyage, Lapérouse, épuisé, donne le change :

> Monseigneur, lorsque cette lettre vous parviendra, je me flatte que vous aurez reçu le journal de ma navigation depuis Manille jusqu'au Kamtchatka, que j'ai eu l'honneur de vous adresser par M. de Lesseps, parti pour Paris du havre de Saint Pierre et Saint Paul le 1er octobre 1787. Cette partie de la campagne, la plus difficile sans doute, dans des parages absolument nouveaux aux navigateurs, a été cependant la seule où nous

n'ayons éprouvé aucun malheur, et le désastre le plus affreux nous attendait dans l'hémisphère sud[12]...

Il fait également allusion au prompt rétablissement des blessés, dont M. Lavaux, chirurgien-major sur l'*Astrolabe*, qui avait été trépané par Rollin (alors que les blessures reçues à Samoa avaient été longues à guérir). Le même Lavaux a donné au chirurgien anglais Morgan une version objective du massacre, sans cacher que les matelots français avaient offensé les autochtones :

> Cette version de la bagarre fut corroborée par le missionnaire anglais George Turner qui avait passé 19 ans à Samoa et en avait entendu parler par les indigènes. Ceux-ci lui avaient raconté que l'un des habitants, qui était soupçonné de vol, avait été blessé d'un coup de feu sur l'un des bateaux et que la bagarre commença lorsque son corps ensanglanté fut ramené à terre[13].

En réalité, même s'il joue son rôle de chef d'escadre, entreprenant et scrupuleux, Lapérouse est usé par trente mois de campagne en mer. La lassitude, le désenchantement se font jour dans la douloureuse lettre, la dernière, qu'il enverra de Botany Bay le 7 février à son ami Le Couteulx de La Noraye, qui l'avait accueilli à Paris lorsqu'il préparait l'expédition : « Quelques avantages militaires que cette campagne m'a procurés, tu peux être certain que peu de personnes en voudraient à pareil prix et les fatigues d'un tel voyage ne peuvent être exprimées. Tu me prendras à mon retour pour un vieillard de cent ans. Je n'ai plus ni dents ni cheveux et je crois que je ne tarderai pas à radoter... » Et plus loin, dans la même lettre :

« Mme de Molay sait très bien que je préfère un petit coin de la rue de Montorgueil à ce vaste globe que je sillonne depuis trois ans et où je n'ai éprouvé que des malheurs... Adieu jusqu'au mois de juin 1789, dis à ma femme qu'elle me prendra à mon retour pour mon grand-père[14]. » Par malheur, les lettres qu'il écrivit à Éléonore ont disparu pendant la tourmente politique que son épouse aura à traverser.

Que le père Receveur ait été emporté pendant l'escale des suites de sa contusion à l'œil, c'est la thèse reprise par de nombreux auteurs, à l'exception du professeur Jean Royer, qui cite une lettre de l'insectologiste, dix jours avant sa mort : « Mes blessures qui étaient fort peu de choses ont été guéries au bout de sept à huit jours[15]. » Jean Royer passe en revue les complications susceptibles d'avoir entraîné le décès, dont un accident survenu juste avant l'arrivée des navires, lorsqu'une caisse d'acide avait pris feu à bord de l'*Astrolabe*, à l'endroit précis où travaillait le savant. La fumée répandue sous les ponts était telle qu'il avait été difficile de découvrir le foyer de l'incendie, jusqu'à ce que la caisse finisse à la mer. « Bien plus vraisemblable est, à notre avis, la possibilité d'une nouvelle blessure infligée à notre héros par les aborigènes de Botany Bay, au moment du départ de la flotte française vers Vanikoro[16]. » Grâce au premier compte rendu du commodore Phillip à lord Sydney, on sait que l'arrivée des Français à Botany Bay fut marquée par un certain nombre d'incidents : échaudés par le drame de Tuitila, les hommes de Lapérouse avaient tiré sur les indigènes. Le père Receveur serait-il mort d'une flèche vengeresse ? Un capitaine anglais découvrira, à l'emplacement de l'observatoire, la tombe du premier mort européen inhumé en terre australienne. Deux planches clouées sur le tronc d'un eucalyptus, détruites pas les aborigènes, signalaient en latin le nom de l'aumônier et la date de sa mort, le 17 février (un fragment de l'arbre se trouve actuellement au musée de la Marine, à Paris). Quand Phillip eut vent de cet acte de vandalisme, il fit remplacer l'humble épitaphe par une plaque de cuivre gravée, aujourd'hui disparue : « Lapérouse, note François Bellec, a rendu les mêmes devoirs au capitaine Charles Clerke, commandant du *Discovery*, décédé de phtisie en mer et inhumé en 1779 à Petropavlovsk[17]. » La mort du père Receveur est encore commémorée tous les ans par une cérémonie.

Il faut tout de même se garder de porter aux nues l'entente cordiale entre les deux peuples : les nationalismes persistaient, assortis de méfiance et parfois de médisance... À ce que laissent entendre Phillip et Tench, la variole aurait été transmise aux autochtones par les marins de Lapérouse, alors que l'éruption de la maladie n'apparut dans la région qu'un an après le départ des Français. Des registres anglais vont jusqu'à mettre en doute les rapports sanitaires présentés par Lapérouse. De même, il fut blâmé pour sa dureté envers les indigènes. Le massacre de Samoa était encore tout proche (« Mon opinion sur les êtres incivilisés était fixée depuis longtemps ; mon voyage n'a pu que m'y affirmer[18] »). Phillip était arrivé en Nouvelle-Galles du Sud, tout plein des préceptes du protestantisme évangélique, désireux de s'entendre avec les natifs et déterminé « à ne jamais tirer, sauf en cas d'absolue nécessité[19] ». Les consignes de Lapérouse exigeaient de lui le même respect. À Botany Bay, selon le témoignage du lieutenant Tench, seul Anglais à prendre sa défense, Jean-François se serait abstenu de provoquer des accidents et de faire feu sur les indigènes : « Autant pour obéir aux ordres de sa cour que par égard pour notre sécurité, le commandant français montra une modération et une patience qui lui font véritablement honneur[20]. » Mais un autre Journal de la *First Fleet*, celui du lieutenant William Bradley, du *Sirius*, s'inscrit en faux : Lapérouse aurait fait tirer sur quelques aborigènes qui gênaient la construction des bateaux. Quant aux *convicts*, il semble qu'ils aient eu la gâchette facile, notamment quand ils partaient chasser dans les bois. En définitive, personne n'est à l'abri des coups : « Le 21 mars 1788, un convict qui était allé cueillir des légumes verts rentra au camp en chancelant, percé par une lance dans la hanche, et annonçant qu'un compagnon venait d'être assassiné[21]. »

Les rapports des officiers britanniques avec les sauvages peuvent aussi prendre un tour facétieux. Un jour que ces derniers, dévorés de curiosité, se posaient des questions sur le sexe de ces êtres à perruque, attifés d'étranges vêtements, « Phillip Gidley King mit fin au doute général en demandant à un des marins de montrer ses parties. Alors les aborigènes offrirent obligeamment quelques-unes de leurs femmes. Comme il seyait à un officier de Sa Majesté, King appliqua un mouchoir bienséant à une femme, là où "Ève portait la feuille de figuier", sur quoi un aborigène "entra dans les bois et en revint un instant plus tard, bondissant et riant, avec un bouquet de feuilles larges liées devant lui"[22] ».

Le 7 février 1788, Lapérouse, proche du départ, confie aux Anglais une lettre pour Fleurieu. Il lui avoue que, s'il devait faire une nouvelle campagne de ce genre, il préférerait recevoir d'autres ordres. Concernant les sauvages, il ne lui cache pas que sa mentalité a changé : « Il me reste encore des choses bien intéressantes à faire, des peuples bien méchants à visiter. Je ne réponds pas de ne pas leur tirer quelques coups de canon ; car je suis bien convaincu que la crainte seule peut arrêter l'effet de leurs mauvaises intentions[23]. » Il espère rentrer en France sans perdre de temps, après avoir rempli un programme pour le moins ambitieux, comme il l'en informe :

Je remonterai aux îles des Amis, et je ferai absolument tout ce qui m'est enjoint par mes instructions, relativement à la partie méridionale de la Nouvelle-Calédonie, à l'île de Santa Cruz de Mandana, à la côte du sud de la terre des Arsacides de Surville et à la terre de la Louisiade de Bougainville, en cherchant à connaître si cette dernière fait partie de la Nouvelle-Guinée ou si elle en est séparée. Je passerai à la fin de juillet 1788 entre la Nouvelle-Guinée et la Nouvelle-Hollande, par un autre canal que celui de l'*Endeavour*, si toutefois il en existe un. Je visiterai pendant le mois de septembre et une partie d'octobre le golfe de Carpentarie et toute la côte occidentale de la Nouvelle-Hollande jusqu'à la terre de Diemen ; mais de manière cependant qu'il me soit possible de remonter au nord assez tôt pour arriver au commencement de décembre 1788 à l'île de France[24].

King témoigne de l'excellente condition matérielle et morale de l'équipage à quelques jours de l'appareillage, mais il passe sous silence la mauvaise santé de Dagelet, qui préférerait se trouver dans son observatoire parisien plutôt que d'exercer un métier aussi rude : « C'est avec bien du regret, Monsieur, écrit-il à William Dawes, son correspondant de Port Jackson, que je me vois à la veille de vous quitter sans espoir d'aller visiter votre observatoire. Mr de la Perouse prétend que je n'ai pas assez de force pour tenter une course aussi grande, et le zèle qu'il témoigne pour ma santé, me fait un devoir de me ranger de son parti[25]. » Lapérouse retourna ses offres d'aide au commodore Phillip, car devant atteindre la France quinze mois plus tard, il lui restait des vivres et des rechanges en abondance. Le 15 mars, après six semaines d'escale à Botany Bay, les frégates, usées par les longues navigations dans les mers tropicales, mettent à la voile. Les derniers témoins à les avoir vues les regardent suivre la côte en direction du nord.

Ils ont atteint la limite où le monde se renverse, où le piège se referme. Écoutons François Bellec :

Le destin hypothétique des frégates de Lapérouse entre Botany Bay et Vanikoro sinue le long d'un itinéraire reliant les traces incertaines et tragiques laissées depuis le XVIe siècle, au temps des découvertes, par quelques précurseurs. Elles font route vers l'une des dernières routes mythiques du globe, aux antipodes de l'Europe, que géographes, navigateurs et conquérants espagnols ont fait ce qu'ils pouvaient pour comprendre[26].

De la liberté qu'ils croyaient recouvrer au retour, ils se livrent pieds et poings liés au destin qui leur sera fatal. En 1537, le pilote portugais Pedro Núñez écrivait : « Nous avons vu d'autres îles, d'autres terres, d'autres mers, d'autres peuples et plus encore que tout cela un autre ciel et d'autres étoiles[27]. » Et c'est bien un autre ciel qu'ils verront, plus éthéré, d'une nature étrangère à celui d'ici-bas. Quant à la gloire promise au succès de l'expédition, elle cédera la place à quarante ans d'oubli.

Premières recherches

Des nouvelles de Lapérouse auraient dû parvenir en France vers le milieu de l'année 1789, aube de la Révolution française. On connaissait à peu près l'itinéraire des frégates, mais un silence mortel se prolongeait depuis qu'elles eussent dû arriver à l'île de France, en décembre 1788. Sans aucun signe de vie, la Société d'histoire naturelle prend les devants et envoie une adresse officielle à l'Assemblée nationale :

> Depuis deux ans, la France attend inutilement le retour de M. de Lapérouse [...]. Peut-être a-t-il échoué sur quelques-unes des îles de la mer du Sud, d'où il tend les bras à sa patrie et attend vainement un libérateur[1].

Le 21 avril 1790, un mémoire est lu à l'Académie des sciences par M. de La Borde, le malheureux fermier général qui avait perdu ses deux jeunes fils dans le naufrage des chaloupes au Port-des-Français :

> Si nos infortunés frères sont dans la situation où je soupçonne qu'ils sont, que deviendront-ils si leur patrie les abandonne ?

> [...] Mais ce que le gouvernement ne peut entreprendre dans les circonstances où nous nous trouvons, serait-il impossible à vingt-quatre millions de citoyens dont la passion présente est celle du patriotisme[2] ?

La souscription demandée ne rencontre pas la faveur du public, l'idée étant encore toute nouvelle. Nommé ministre de la Marine en février 1790, Fleurieu, qui avait déclaré l'expédition perdue corps et biens dès le 31 décembre 1788, établit un rapport. Il appelle à l'aide ses amis savants, tel le mathématicien Condorcet, éminent membre du Parlement auquel Lapérouse avait écrit de Botany Bay, mais désormais, ce n'est plus le roi qui décide pleinement, c'est la Nation, avec un grand N.

De son côté, Éléonore quitte Albi et se rend à Paris pour inciter le gouvernement à agir. Dans une lettre au « citoyen ministre », elle fait état de son dénuement : « La fortune du chef d'escadre Lapérouse infiniment médiocre à son départ de France, s'étant trouvée depuis presque entièrement absorbée tant par les dettes que je me suis empressée d'acquitter que par les événements de la Révolution, je me trouvais forcée de réclamer une partie de son traitement d'officier général[3]. » Dans ces conditions, il lui est difficile de contribuer personnellement aux efforts consentis pour retrouver son mari, mais aussi son frère, Frédéric Broudou, dont on sait que Lapérouse l'avait engagé sur la *Boussole* de préférence à un certain Napoléon Bonaparte...

Diverses initiatives voient le jour. L'Angleterre, qui n'a jamais relâché son intérêt pour Lapérouse, fait chorus, comme le souligne, en 1790, cet extrait de la *Gazette de France* :

> Depuis longtemps on était inquiet du sort de l'escadre de Monsieur de La Peyrouse, et sans nouvelles de ce Circum Navigateur depuis son départ de l'île Botanique. On vient d'être tiré de cette pénible incertitude par une lettre du chevalier Bancks [*sic*]. Ce président de la Société royale de Londres a mandé le 9 février, à M. Broussonet, que le capitaine Berkley, l'un des armateurs qui a suivi le commerce des Pelleteries sur la côte nord ouest de l'Amérique, et revenu dernièrement de son expédition, avait appris, pendant sa relâche à l'île de France, d'un vaisseau venant de Batavia, qu'au mois de mai dernier, M. de La Peyrouse s'y trouvait avec ses deux vaisseaux fort délabrés, qu'il faisait mettre en carène[4].

Relayés par la presse, les témoignages de cet acabit vont pulluler. Un certain Thomas Muis localisera l'expédition en Nouvelle-Zélande, tandis qu'en décembre 1791 le capitaine anglais Bowen, dont l'*Abermale* en route pour Londres a été saisi par un corsaire français, affirme dur comme fer avoir vu les restes d'un navire naufragé sur les côtes de la Géorgie australe (îles Salomon).

Deux ans sont nécessaires avant que n'intervienne une décision. Le 9 février 1791, M. Delattre, député d'Abbeville, monte à la tribune : « L'humanité vous commande ; le sentiment vous entraîne ; il faut voler au secours de nos frères. Voler à leur secours[5] ! » Il révèle que le roi a donné ordre à ses ministres d'inviter l'Angleterre à découvrir les lieux où « il se pourrait que Lapérouse et ses compagnons attendissent les secours de l'Europe[6] ». Sous la houlette de Mirabeau, les députés se prononcent à l'unanimité pour lancer des recherches dans les mers du Sud. Le 15, l'Assemblée vote un premier décret accordant un montant de 10 000 francs et une pension à vie à quiconque retrouverait la trace des frégates, ou rapporterait des nouvelles, « ou ne ferait même qu'opérer la restitution, en France, des papiers et effets qui pourraient appartenir ou avoir appartenu à l'expédition[7] ». Le roi est prié de faire armer un ou deux bâtiments dont les commandants assumeront une double mission : rapporter des informations — il était possible que la plus grande partie de l'équipage eût survécu — et opérer des recherches « relatives aux sciences et au commerce[8] ». Savants, naturalistes et dessinateurs seront associés au voyage de prospection. Les parlementaires votent un budget de 400 000 francs pour financer la première année des recherches, et de 300 000 francs pour les années suivantes. Le roi signe...

Un second décret porte sur l'impression et la gravure des relations et des cartes envoyées par M. de La Pérouse, aux frais de la nation. Une partie des exemplaires serait mise à la disposition du roi, et le surplus adressé à Mme de La Pérouse, « en témoignage de satisfaction du dévouement de M. de La Pérouse à la chose publique et à l'accroissement des connaissances humaines et des découvertes utiles[9] ». Malgré la clôture des comptes de l'expédition, l'assemblée décrète que « M. de La Pérouse restera porté sur l'état de la Marine jusqu'aux retours des bâtiments envoyés à sa recherche, et que les appointements continueront à être payés à sa femme, suivant la disposition qu'il en avait faite avant son départ[10] ». De là à rembourser les 40 000 livres promises, de l'eau passera sous les ponts... Mais Éléonore croit au retour de son mari (« J'aime à me flatter que tout espoir ne m'est point ravi[11] »). Quant aux femmes des matelots qui ignorent tout des disparus, elles crient à l'injustice et adressent la pétition suivante à la Convention :

> Législateurs [...] nos maris sont à faire le tour du monde avec La Pérouse depuis le 1er août 1785 sans nous avoir envoyé aucun secours. Il nous en a été accordé et délivré par l'État jusqu'au 31 décembre 1788. Par quelle fatalité, Législateurs, la patrie nous abandonne-t-elle à notre malheureux sort, sans aucun moyen d'existence ? Et pourquoi Mme de La Pérouse, par un décret du 22 avril 1791, est-elle de préférence autorisée à recevoir les appointements de son mari, et qu'aucune loi ne prononce en notre faveur ?... Les femmes des marins qui font le tour du monde : La Vincent. La fur. La Pogan. La dans. La Lasnière. La paule. Marie-Louise la Mard. La grossette. La léon[12].

Unanimes en février sur le principe de l'expédition, les députés s'écharpent dans le courant du mois de juin. L'abbé Maury, turbulent chef du parti aristocrate, doute qu'elle soit couronnée de succès et donne une leçon à ses confrères dans *Le Moniteur* :

> Vous avez suivi un mouvement très généreux, très digne de la nation française [...] mais depuis le voyage de Télémaque qui allait chercher son père au milieu des mers, je n'en connais aucun de plus manifestement et de plus malheureusement inutile. Vous allez encore vous exposer à perdre de très braves gens qui iront à la recherche des premiers et ne les trouveront pas, parce que, dans quelque port du globe que M. La Pérouse ait

abordé, il est évident que vous auriez de ses nouvelles s'il existait encore[13].

Et de proposer qu'on se contente d'ériger un monument à Sainte-Geneviève (le Panthéon) en l'honneur du malheureux disparu. Un contradicteur de taille, Milet de Mureau, futur éditeur du *Voyage autour du monde*, s'étonne de la légèreté de l'abbé Maury, qui n'a pas saisi toute l'importance de l'expédition, et le lui fait comprendre par voie de presse. La justification de la dépense prévue figure dans l'article, assortie de toute sorte de conseils pour le bien-être des équipages : vin et farine de première qualité, élixirs et drogues antiscorbutiques, triple rechanges de mâts et de voiles, etc. Une mouche vole. Le million demandé est octroyé sur-le-champ par l'Assemblée.

Il fallait un navigateur de renom pour prendre la tête de l'escadre. Après mûre réflexion, les bâtiments la *Recherche* et l'*Espérance*, gabarres d'environ 400 tonneaux, plus mauvaises marcheuses encore que les frégates de Lapérouse, sont confiées à un cousin de Suffren, Joseph-Antoine Bruny d'Entrecasteaux, alors âgé de cinquante-quatre ans, qui présentait l'avantage de n'être ni aristocrate ni « patriote » à l'excès. Élevé au rang de contre-amiral pour l'occasion, ce brillant marin est issu d'une famille de notables d'Aix et de Marseille. Engagé à quinze ans comme garde de la Marine, il avait participé à un grand nombre de campagnes, dont la guerre d'Indépendance américaine. Promu chef de la force navale française dans l'océan Indien, célèbre pour sa campagne dans l'Inde à contre-mousson, qui lui permit de découvrir une route pour atteindre la Chine, ses états de service lui avaient valu d'être nommé gouverneur général des Mascareignes de 1787 à 1789. Il lui appartenait donc d'accueillir Lapérouse à l'île de France si ce dernier était arrivé à bon port. La seconde frégate fut placée sous les ordres du capitaine Jean-Michel Huon de Kermadec, « major de vaisseau ».

Alors que d'Entrecasteaux se préparait à partir, surgit un personnage chevaleresque, Aristide Aubert Dupetit-Thouars, futur héros de la bataille d'Aboukir, où il mourut les bras et une jambe déchiquetés, en continuant à lancer des ordres attaché sur une chaise. C'est la lecture de Robinson Crusoé qui aurait déterminé la vocation maritime de cet homme attachant, désireux de sauver des vies. Après s'être illustré à la bataille d'Ouessant, au combat de la Grenade et à la bataille des Saintes, il rêve de voyages de découvertes et se flatte de pouvoir retrouver Lapérouse sans y consacrer une fortune. Le ministre à qui Bougainville avait transmis sa requête ne lui ayant pas répondu, il fait appel au public « pour l'achat d'un bâtiment qui partirait en juin ou juillet, visiterait la Nouvelle-Guinée et finirait par Nootka où, par les bénéfices qu'il comptait faire dans le commerce des fourrures, il subviendrait à la paie des matelots et dédommagerait les souscripteurs de leurs avances[14] ». Déçu par le résultat et malgré le soutien de Louis XVI, il hypothèque sa propriété et laisse sa famille avec 15 000 francs de dettes. Son obstination décide l'Assemblée nationale à lui verser 10 000 livres pour concourir aux frais de son armement, dont il donne quittance à Beaumarchais. À Rouen, il achète un brick de douze canons, le *Diligent*, le fait armer à Brest et se retrouve de nouveau sur la paille. Avec l'agrément du roi, qui lui accorda deux audiences, l'Assemblée alloue à ses officiers deux années d'appointements. Il semble que Louis XVI lui ait dit : « Tout ce que je vous demande, c'est que votre frère qui, je le sais, s'occupe de botanique, me rapporte un herbier pour moi[15]. » Phrase apocryphe, à inscrire dans les innombrables caricatures de la famille royale. Dupetit-Thouars appareillera le 22 août 1792, huit mois après les frégates de D'Entrecasteaux. Nous le retrouverons par la suite.

La *Recherche* et l'*Espérance* partent de la rade de Brest le 28 septembre 1791, avec cent quatre-vingt-quatre hommes d'équipage, deux moulins à vent pour moudre le blé et dix-huit mois de provisions. L'état-major comprend des officiers, tels que Rossel, Willaumez, Trobriand, Laignel et Jurien de La Gravière. Au nombre des savants, on compte le botaniste Labillardière, les astronomes Bertrand et Pierson, les naturalistes Ventenat et Riche, et l'hydrographe Beautemps-Beaupré, qui effectuera des travaux d'une grande ampleur. Indissociable de ce genre d'entreprise, la mésentente entre les scientifiques, désireux de consacrer le temps nécessaire à l'enrichissement de leurs collections, et les officiers de la Royale, pressés de retrouver des survivants, ne tarde pas à sévir. John Dunmore fait état des clivages politiques inévitables qui envenimèrent les rapports des différentes factions :

> Certains officiers [...] appartenaient à la noblesse. D'autres, en revanche, volontaires issus des classes moyennes, approuvaient les idéaux égalitaires de la Révolution. En outre, certains scientifiques manifestaient ouvertement leur sympathie pour la cause républicaine [...]. Il était donc d'autant plus inévitable que les tensions habituelles opposent les officiers aux savants[16].

Les frégates suivront l'itinéraire défini par Lapérouse dans sa dernière lettre au ministre, au départ de Botany Bay. Les instructions sont une « simple copie » du mémoire du roi, estiment les Coursac, qui saluent la passion de Louis XVI pour la marine, passion jamais démentie en dépit de la « gabegie et des pillages qui ont vidé les arsenaux[17] ». Il est clair que le roi a porté une extrême attention aux comptes rendus de Lapérouse, dont il tient à corriger les faiblesses, tels le manque de discipline des équipages, les trop longues escales dans les endroits « civilisés », le médiocre respect des savants embarqués qu'il traitait de « passagers »... L'intérêt du souverain pour les exploits des navigateurs anglais reste intact, si l'on en juge par cette allusion à Bligh, ancien second de Cook et capitaine de la *Bounty* :

> Le sieur d'Entrecasteaux est prévenu qu'enfin en 1789 le capitaine Bligh, traversant de l'Est à l'Ouest le Grand Océan Équatorial dans la chaloupe que la trahison et la révolte de son équipage lui avait laissée pour unique ressource, découvrit dans le nord-ouest de l'archipel des Amis, un groupe d'îles qui lui

parut considérable, entre lesquelles il passa, mais où sa déplorable situation [...] ne lui permettait pas d'aborder[18].

La *Recherche* et l'*Espérance* relâchent d'abord à Ténériffe, le 13 octobre. « À cette époque, nous dit Jules Verne, une ascension au fameux pic était obligatoire[19] », ce qui fait le bonheur des naturalistes. Provisions refaites, ils sont le 17 janvier 1792 au cap de Bonne-Espérance, sans autres incidents que la rencontre de quantité de poissons et la démission de quelques savants qui décident de retourner en France. D'Entrecasteaux se montre surpris de l'accueil flatteur des colons hollandais :

> Les habitants du Cap n'avaient pas oublié les services importants qui leur avaient été rendus par les escadres françaises pendant la dernière guerre [...] reconnaissance qu'ils devaient à la France pour la conservation de leurs possessions [...]. Quoique la colonie fût menacée d'une disette, on nous a fourni sans restriction tous les genres d'approvisionnements[20].

Alors qu'il s'apprête à prendre la direction de l'archipel des Amis, il reçoit une dépêche de M. de Saint-Félix, commandant des forces françaises dans l'Inde, qui va gravement compromettre le succès de l'opération. La nouvelle provient des dires du capitaine Hunter, qui a perdu à l'île Norfolk la frégate britannique *Sirius*, de l'escadre du commodore Phillip. Convoqué devant la cour martiale, Hunter rejoint Londres à bord d'un navire hollandais, lorsqu'il rencontre à Batavia (Djakarta) deux capitaines français, auxquels il dit avoir vu, au large des îles de l'Amirauté, des indigènes portant des restes d'uniformes français :

> L'un d'eux faisait divers mouvements pour se raser en élevant quelque chose dans sa main, avec lequel il raclait souvent ses joues et son menton. Cela m'inclina à penser que quelque bateau européen avait été récemment parmi eux et je pense qu'il n'était pas impossible que ce fût M. de Lapérouse, en route vers le nord depuis Botany Bay[21].

Il n'en faut pas plus pour que d'Entrecasteaux se détermine à changer d'itinéraire afin d'en avoir le cœur net. Informé par une note en provenance de l'île de France, Louis XVI lui-même est ébranlé. La nouvelle sera démentie, mais trop tard, par l'Amirauté britannique auprès de Sa Majesté Très Chrétienne. Hunter prétend alors n'avoir eu aucune connaissance des faits exposés par Saint-Félix et les déclare dénués de fondement.

D'Entrecasteaux se rend en toute diligence aux îles de l'Amirauté en décidant de passer par le nord de la Nouvelle-Guinée, mais le renversement de la mousson l'oblige à contourner le sud de l'Australie, sans avoir aperçu la moindre silhouette en uniforme français. Le 6 mai, il fait une pause à l'île de Van Diemen (l'actuelle Tasmanie), où il mouille dans une baie qu'il baptise « baie de la Recherche ». À la grande satisfaction des savants, le « Jardin de l'Australie » leur fournit en abondance des espèces inconnues. Les chasses auxquelles prend part La Billardière fournissent des cygnes noirs et des kangourous, très peu connus à l'époque. D'Entrecasteaux fait cartographier la Tasmanie par l'ingénieur Beautemps-Beaupré, avec tant de soin que les Anglais le soupçonnent d'avoir de vilaines intentions, même si nul ne songe à rivaliser avec leur fièvre coloniale. Quand il apprend par la presse locale qu'un capitaine anglais, du nom de Dillon, avait retrouvé une poignée d'épée de facture française dans une île voisine des Fidji et que l'île où était survenu le naufrage était à peu près localisée... Le 16 juin, ils reconnaissent l'île des Pins, située au sud de la Nouvelle-Calédonie. Après avoir subi une tempête qui met en grand danger la *Recherche* précipitée sur les récifs situés entre l'île et la Grande-Terre néo-calédonienne, ils s'aventurent avec peine le long de la côte ouest, dont Beautemps-Beaupré relève la carte pour la première fois. Après une navigation périlleuse, sans trouver de mouillages, ils poursuivent vers le nord et se rendent en Nouvelle-Guinée.

En cours de route, l'incroyable se produit : les marins reconnaissent une terre située au sud-ouest de l'archipel des Santa Cruz (îles Salomon), située à une telle distance qu'ils ne peuvent la retrouver avec précision sur les cartes. Les vents contraires (les récifs meurtriers ?) leur interdisent de débarquer sur cette terre qu'ils nomment « île de la Recherche ». Curieusement, d'Entrecasteaux semble abandonner l'objet de sa mission, malgré les ordres du roi. Désireux d'exhiber leurs trésors, des indigènes se portent en pirogues à la rencontre des navires. On demeure incrédule devant l'aveuglement du chef de l'expédition :

> Dans le nombre des colliers, il y en avait plusieurs de grains de verre ; mais ces grains provenaient certainement de manufactures anglaises, et c'était le seul effet européen que nous

> eussions aperçu dans l'entrevue qui avait eu lieu avec les habitants de la côte méridionale de l'île [...]. On aperçut dans les pirogues de ceux-ci des haches [...] qui, au lieu de pierres, avaient pour tranchant un morceau de cercle de barrique [...]. D'ailleurs un objet d'aussi peu d'importance [...] ne pouvait en aucune manière faire présumer le passage de M. de La Pérouse[22]...

Ironie du sort, il ignore qu'il n'est pas à plus de 10 lieues de Malicolo (actuel Vanikoro), lieu de la tragédie. Or, nous savons qu'en 1791 vivaient encore à Vanikoro deux hommes de l'équipage de l'*Astrolabe* et que les indigènes avaient vu passer les navires de Lapérouse...

Le temps s'éternisait, une année entière, déjà, et les chances de retrouver des survivants s'amenuisaient. Ils doivent faire une escale d'un mois, à Amboine, capitale des Moluques, pour réparer les forces de l'équipage et calfater les vaisseaux. Le 23 octobre (23 vendémiaire de l'an I) ils repartent vers le sud avec le plein de provisions. De nouveau forcés de contourner l'Australie, ils s'arrêtent une deuxième fois en Tasmanie le 21 janvier 1793, jour de la mort de Louis XVI. Deux mois plus tard, le 25 mars, l'*Astrolabe* se dirige enfin sur les îles des Amis. Drossée à la côte par les courants dans la passe de Tonga-Tabou, la corvette se trouve en extrême péril. Enfin, les vaisseaux mouillent devant l'îlot Panghaimoidou, en face de cette île digne des délices de Capoue, dont « le nom seul ne pouvait être prononcé à bord sans faire battre tous les cœurs auxquels ne suffisaient pas les austères émotions de l'hydrographie », à en croire le futur vice-amiral Jurien de La Gravière. Panghaimoidou, ou les surprises de l'amour ! Écoutons Jules

Verne : « Deux jours après, une femme, d'un embonpoint extraordinaire, âgée d'au moins cinquante ans, et à laquelle les naturels donnaient des marques de respect extraordinaire, se fit conduire à bord. C'était la reine Tiné. Elle goûta à tous les mets qu'on lui offrit, mais donna la préférence aux bananes confites[23]. » Ce que le pudique Jules Verne omet de dire, c'est que la reine Tiné ne se déplace pas sans sa cour et qu'elle offre à qui mieux mieux ses suivantes aux officiers du bord qui succombent à leurs charmes. Tombé fou amoureux de Vea, « bien supérieure en beauté à ses compagnes[24] », Jurien de La Gravière aura toutes les peines du monde à s'en séparer au moment du départ. Il est bon de remarquer qu'au milieu des dangers qui les guettent, ces messieurs les marins profitaient parfois de petites fiestas bien plaisantes, quitte à rester sur leurs gardes. Lorsque la reine Tiné donne un grand bal en leur honneur, les choses tournent à l'émeute. Émoustillé par la scène, Jules Verne raconte :

[P]armi les naturels s'étaient glissés un grand nombre de voleurs, dont l'impudence finit par être telle, qu'ils se saisirent par force d'un couteau. Vivement poursuivis par le forgeron de la *Recherche*, ils se retournèrent, le chargèrent et lui fendirent la tête d'un coup de massue[25].

Plus paisibles et sûrement plus austères que les demoiselles d'honneur de la reine, quelques habitants, vieilles connaissances du capitaine Cook, se souviennent des différentes époques auxquelles ils l'avaient rencontré :

> Pendant le séjour, on se servit du vocabulaire de Cook pour adresser diverses questions aux insulaires concernant les bâtiments de La Pérouse [...]. Soit que ces questions n'eussent pas été comprises, soit que les interrogateurs eux-mêmes n'eussent pu comprendre les réponses, on demeura persuadé que La Pérouse n'avait pas paru dans le voisinage de l'archipel des Amis[26].

Des années plus tard, il sera reproché à d'Entrecasteaux d'avoir négligé les bruits qui couraient, sans approfondir son enquête. Labillardière se prête au même blâme : au cours d'une excursion en montagne, arrivé sur un site d'où l'on apercevait la mer de part et d'autre, il note : « Nous n'étions plus suivis que par trois naturels, qui sans doute nous avaient vus un an auparavant longer la côte occidentale de leur île, car, avant de nous quitter, ils nous parlèrent de deux vaisseaux qu'ils avaient aperçus de ce côté[27]. »

Ce n'est que le 19 avril 1793, plus d'un an après leur départ de Brest, que les frégates atteignent la Nouvelle-Calédonie et mouillent dans le havre de Balade, sur la côte orientale de l'île. Elles se trouvent alors à l'opposé du site portuaire de Nouméa, commandé par de belles passes, qui ménagent des ouvertures exceptionnelles dans la barrière de corail. « Ces passes, nous dit François Bellec, se trouvaient sur la route obligée de Lapérouse, s'il avait reconnu l'île des Pins, et s'était mis en devoir d'explorer la côte occidentale, en suivant les instructions royales ». Ce qu'il fit, sans aucun doute, comme le prouve la découverte, aux abords de l'île, d'un graphomètre dans son étui de cuir frappé de fleurs de lis et daté de 1781. « Passé inaperçu pendant un siècle, le graphomètre de Lemel est la preuve matérielle d'une escale des navires de Lapérouse sur la côte occidentale de la Nouvelle-Calédonie, quelques jours avant leur naufrage à Vanikoro[28] », ajoute François Bellec, qui privilégie la piste asiatique prise par Lapérouse au départ de Botany Bay. À l'époque, d'Entrecasteaux n'avait bien sûr aucun moyen de prendre connaissance de ces éléments. L'expédition se contente de promenades à terre, sans éclaircir le mystère. Labillardière ignore si les planches vernissées, retrouvées sur la plage par un jeune officier, appartiennent au bateau de secours des rescapés français ou à un vaisseau anglais en route pour la Chine. Lorsqu'il tombe sur « un sauvage occupé à ronger le fémur d'un jeune garçon de douze à quatorze ans[29] », il achète l'os et le rapporte à bord, où le chirurgien-major confirme qu'il provient du bassin d'un enfant. Il faut dire que la famine règne et que les indigènes sont pressés par la faim, comme en témoigne leur ventre « extrêmement aplati[30] », nous dit Jules Verne. Près de l'aiguade, le botaniste trouve également un « chandelier » de fer rouillé, que l'on suppose être un vestige du navire de Cook. Mais les relations avec les naturels, trop enclins au vol, se dégradent et deviennent franchement agressives. Des vêtements, de menus objets, « ainsi qu'un sabre dont on devait retrouver le fourreau décorant un squelette grillé[31] » leur sont dérobés. Les épouses de ces anthropophages bon teint ne semblent pas en meilleure forme qu'eux : « À Balade, on était loin de trouver de la part de ces femmes la joyeuse liberté de mœurs dont avaient profité l'équipage [et certains officiers] aux Tonga[32] », écrit Georges Pisier, spécialiste des différentes cultures d'Océanie. L'historien n'aurait pas été démenti par Jurien de La Gravière, consterné à l'idée d'abandonner la belle Vea à un veuvage déchirant.

Pendant la relâche, Huon de Kermadec, commandant de l'*Espérance*, succombe d'une maladie de langueur qu'il traînait depuis plusieurs mois. L'état de santé de Bruny d'Entrecasteaux, très aimé de ses marins, soulève à son tour les plus vives inquiétudes. Alors que les frégates explorent la côte nord des Louisiades, il meurt du scorbut au large de Java, le 20 juillet 1793. Le cercueil disparaît dans les flots, salué par la prière des morts et treize coups de canon. D'Auribeau, à qui échoit le commandement, atteint, le 19 octobre, Surabaya, port de la partie orientale de Java, et tombe bientôt malade. De graves nouvelles attendent les explorateurs. Louis XVI exécuté, la République est en guerre contre les Provinces-Unies et les autorités refusent de laisser aborder les officiers. Alors que d'Auribeau se prépare à regagner l'île de France, il est arrêté. Les frégates sont désarmées, et leurs équipages jetés en prison. Seuls quelques scorbutiques, Rossel, qui a pris la relève de D'Auribeau, décédé le 21 août 1794, et Labillardière, obtiennent d'être libérés et réussissent à rentrer en Europe à bord d'un vaisseau néerlandais. En cours de route, ils font une heureuse rencontre :

Ce n'est pas la dernière fois que le souvenir de Louis XVI protégera les marins... Dans l'océan Atlantique, près des côtes de France, une frégate anglaise arrêtera le navire hollandais. Mais dès que les marins anglais auront appris qu'il s'agit des survivants d'une expédition ordonnée par Louis XVI, ils aideront les Hollandais à rapatrier les Français, non sans toutefois avoir recopié les cartes et les tables astronomiques que Rossel avait conservées[33].

Cette campagne malheureuse fut jugée sévèrement. Barthélemy de Lesseps écrit : « Ainsi la nouvelle expédition revint sans pouvoir obtenir le moindre renseignement, ni acquérir la moindre probabilité sur le sort de notre infortuné navigateur[34]. » Cependant, l'importante moisson de documents scientifiques et le nombre des découvertes cartographiques tempèrent en grande partie l'échec de l'opération, dans la mesure où ils arrivèrent à destination. Quant aux pertes humaines, ce n'était ni la première ni la dernière fois que, lancés à la recherche de naufragés, des hommes généreux trouvaient la mort pour prix de leurs services.

L'expédition de Dupetit-Thouars ne connaît pas plus de succès que celle de D'Entrecasteaux. Arrivé au Cap-Vert, il se ravitaille en eau à l'île du Sel. Victime de son grand cœur, il accueille à bord une quarantaine de Portugais « qui y avaient été débarqués pour y pêcher la tortue et qui, abandonnés ou oubliés par leur armateur, étaient sur le point de mourir de faim[35] ». La dysenterie, le scorbut fondent sur l'équipage du brick surpeuplé, et font périr le tiers de l'équipage. Peu de temps après, alors que la monarchie française était abolie et les souverains, emprisonnés pour trahison, Dupetit-Thouars et ses hommes sont arrêtés au large du Brésil, dans l'île Fernando de Noronha. Le navire est saisi, conduit à Pernambouc et s'échoue en entrant dans le port. Les prisonniers sont transportés à Lisbonne et maintenus en captivité. Informée de la situation, la toute nouvelle République française s'émeut et demande sa délivrance : « Revenez donc, brave Dupetit-Thouars, revenez dans votre patrie, la servir et la défendre. Déjà vous avez été élevé au grade de capitaine de vaisseau dans nos escadres, vous partagerez la gloire du pavillon tricolore, vos talents, votre droiture et votre civisme vous rendent digne d'une aussi brillante cause[36]. » Sa libération n'interviendra qu'en 1793.

Louis XVI guillotiné, la recherche des frégates de Lapérouse menaçait d'être interminable.

À Paris, l'élaboration du compte rendu officiel du *Voyage autour du monde*, décrétée le 1er mai 1791, mijotait à petit feu. Sollicité par Éléonore, Fleurieu, poussé à quitter son poste de ministre en raison de misérables intrigues, décline la proposition et préfère servir de tuteur au fils de Louis XVI. Il sera emprisonné sous la Terreur. Éléonore conseille de confier la publication à François-Étienne de Rosily, compagnon de Kerguelen. En fin de compte, alors que Choderlos de Laclos, ami de Lapérouse, se porte sur les rangs, le choix du gouvernement s'arrête en 1793 sur un officier du génie, député de Toulon, directeur du dépôt des

Colonies, Antoine Destouff, baron Milet de Mureau, nom prudemment reconverti par ses soins en Milet-Mureau. La tâche exigeait du doigté. En quels termes parler du roi, des aristocrates, de Lapérouse lui-même du vivant de Robespierre, alors que tout éloge du passé monarchique exigeait des formulations biscornues ? L'établissement du texte requiert quatre ans de réflexion et ne s'achève que sous le Directoire. Édités en 1798 par l'Imprimerie de la République, dix ans après le naufrage, les quatre volumes in-4° et l'atlas in-folio du *Voyage autour du monde* suscitèrent peu d'intérêt et furent même soldés. Symptôme du désintérêt public ? Toujours est-il qu'Éléonore ne vit pas venir la somme promise et dut rendre les cent exemplaires mis à sa disposition.

Appauvrie, sans famille, sans relations, cette femme discrète et généreuse fut recueillie par une amie, Mme Louis Pourrat, amour secret du poète André Chénier. Elle partagea son temps entre Paris et le château de Voisins, à Louveciennes, cachant en vain sa détresse, prélevant sur une maigre pension allouée par Napoléon les sommes destinées à son neveu Léon, fils de Marianne-Jacquette et ancêtre commun des Lapérouse actuels. Le château devint la propriété du comte Hocquart de Turtot, époux de l'une des filles de Mme Pourrat. Lorsqu'elle s'éteignit en 1807, à l'âge de cinquante-deux ans, Éléonore fut ensevelie dans le caveau de famille, « en présence d'un grand concours de monde[37] ». Puis on perdit sa trace. Il appartient à la fédération australienne du La Pérouse Boomerang-Club d'avoir retrouvé sa tombe au Père-Lachaise, où la dépouille avait été transférée dans l'une des sépultures de la famille Hocquart. Une plaque de marbre fut apposée sur la tombe en 1988, date du bicentenaire du naufrage.

Dumont d'Urville *versus* Dillon

La France bouleversée par les changements de régime et les guerres révolutionnaires, le souvenir de l'expédition de Lapérouse s'efface avec le temps. Castries était mort en 1800, le comte d'Hector en 1808 et Fleurieu en 1810. Les seuls à se préoccuper avec constance du sort des disparus étaient les gouvernements russe et espagnol. En Grande-Bretagne, sir Joseph Banks donne des instructions pour que nul n'oublie les deux navires perdus dans les eaux du Pacifique, telles des aiguilles dans une botte de foin... Bien que les premières expéditions fussent revenues plus ou moins bredouilles et sans avoir découvert le lieu du naufrage, d'autres bâtiments vont prendre le relais.

La moindre rumeur fait mouche et ranime les espoirs. En 1793, George Bowen, officier anglais, capitaine de l'*Albermale* capturé par les Français, déclare avec moult détails avoir découvert des débris de vaisseaux européens. D'autres marins rêvent de lever le voile sur le sort de Lapérouse et de ses compagnons. Vers 1825, un capitaine américain affirme avoir vu une croix de Saint-Louis dans les mains d'indigènes occupant une île entourée de récifs, sans donner plus de précision sur son nom ni même sa position géographique. On disait seulement que l'île était située entre la Nouvelle-Calédonie et la Nouvelle-Guinée. Malgré l'inconsistance de ces renseignements, un lieutenant de vaisseau français dresse l'oreille. Jules Dumont d'Urville, né cinq ans après l'appareillage de l'expédition de Lapérouse, revient d'un long périple à travers le Pacifique qui a duré trente-deux mois, de 1822 à 1825, à bord de la *Coquille*. Au retour, promu capitaine de frégate, il reçoit le commandement de cette même *Coquille*, rebaptisée l'*Astrolabe* en l'honneur de Lapérouse (sans doute par erreur, puisque ce dernier commandait la *Boussole*). Grand savant, spécialiste de sciences naturelles, il brûle de repartir pour une nouvelle campagne de découvertes, dont il souhaite consacrer un volet à la recherche des disparus. La Restauration voulait une marine savante : l'auteur de la *Flore provençale* (1818) finit par obtenir une mission dans les bureaux de la rue Royale : explorer la zone comprise entre la Nouvelle-Guinée et les îles Salomon.

Parti de Toulon le 22 avril 1826, il visite méthodiquement la Nouvelle-Zélande où Jacquinot, son second, et l'astronome Lottin établissent un observatoire. Prévenu par les missionnaires de l'animosité des indigènes, Dumont d'Urville fait l'expérience inverse et entretient d'excellentes relations avec eux :

> Nous eûmes des rapports journaliers avec les habitants et la bonne intelligence ne cessa de régner entre nous. Plus que jamais ils étaient possédés de la fureur de la guerre... Ce peuple extraordinaire et tout anthropophage qu'il est, je persiste à le regarder comme digne d'occuper un des premiers rangs dans l'échelle des nations sauvages, tant sous le rapport physique qu'à cause de sa bravoure, de sa confiance et de son intelligence[1].

Après avoir cartographié la côte nord de la Nouvelle-Guinée sur plus de 500 lieues, il reconnaît les îles Fidji. Le 20 avril 1827, il s'arrête à Tonga-Tabou, l'une des îles de l'archipel des Amis. Un chef Maori, Palou, le reçoit dans sa case, lui et ses officiers. Assis en tailleur sous une admirable voûte de bois et de palmes tressées, ils écoutent les natifs qui se souviennent des visites de Cook comme de celle de D'Entrecasteaux, mais surtout du passage de « deux vaisseaux semblables et portant aussi deux pavillons blancs[2] ».

Nos connaissances proviennent des écrits de Dumont d'Urville, et des manuscrits rédigés par trois de ses officiers, qui complètent et enrichissent son Journal. Le plus précis est celui de Pierre-Adolphe Lesson, second chirurgien, qui participe, aux côtés de Gaimard et du docteur Quoy, naturaliste de l'expédition, aux enquêtes effectuées auprès des populations. Obligés de réparer le bâtiment endommagé par un récif, les marins font un long détour par l'île de Van Diémen, d'où le docteur Quoy écrit à Cuvier :

> Hobart Town. Île de Van Diémen
> Le 21 décembre 1827.

> Monsieur le Baron,
> Le 3 janvier, nous quitterons Van Diémen pour aller à Ticopia et aux îles Mallicolo [...]. Une nouvelle campagne s'ouvre pour nous. Nous ne pensons plus qu'à reconnaître les lieux où s'est terminée, par une catastrophe, l'expédition de Lapérouse[3].

Le docteur Quoy n'omet point de « contempler ce qu'a pu faire aux extrémités du monde le génie des colonisations[4] ». Mû par l'enthousiasme, il ne s'arrête pas en si bonne voie :

> En effet, il y avait à peine vingt ans que d'immenses forêts habitées par de misérables peuplades de la race la plus dégradée de l'espèce humaine occupaient la place où s'élève maintenant la ville Hobart Town. De grandes cultures, des fermes élégantes, de superbes routes, indiquent, je ne dis pas la civilisation européenne, mais l'industrie la plus perfectionnée, ce goût de l'utile qui est propre à l'Angleterre[5].

M. Quoy ne nous dit pas si le « génie de la colonisation » et le « goût de l'utile » propres aux Britanniques consistaient également à entasser les aborigènes dans d'abominables réserves...

Dumont d'Urville se porte sur l'île de Ticopia. En raison de la difficulté de recrutement, il prend pour interprètes les indigènes proches de ses mouillages, après avoir essuyé le refus de traducteurs plus compétents, dont un matelot indien de la classe des parias, le lascar Joe, interprète du capitaine irlandais Peter Dillon, qui l'avaient tous deux devancé à Vanikoro : « Ce fut bien vainement que par de grandes promesses, par de forts présents, le Commandant essaya une dernière fois de le décider à l'accompagner jusqu'à Vanikoro. Joe refusa obstinément, tout en montrant la crainte qu'il avait d'être emmené de force[6]. » Dumont d'Urville se résigne à embarquer Hambilton, Anglais récemment arrivé, qui connaît peu le ticopien et aucunement la langue de Vanikoro. Nouvelle épreuve : trois jours sont nécessaires à l'*Astrolabe* pour traverser un étroit canal tellement hérissé de coraux qu'en certains endroits il n'offrait pas la longueur de la corvette. Au mouillage, sous un soleil de plomb, des relations prudentes sont entamées avec les naturels. Ont-ils été témoins d'un naufrage et en ce cas, à quelle époque ? Y avait-il eu des survivants et combien ? Les plus âgés rendent compte de la tradition. Oui, des navires européens avaient péri sur l'île : « Il y a longtemps, bien longtemps, qu'un matin, à la suite d'une tempête, on vit échouée sur les récifs une grandissime pirogue. Elle fut promptement engloutie et tout le monde fut noyé. Bientôt après, une seconde vint se jeter dans une de ces coupures que forment ces écueils. Il y eut un grand combat des hommes qui la montaient avec les naturels qui croyaient voir arriver de grands Esprits pour les détruire[7]. » Quant aux survivants, une partie des hommes blancs avaient été assommés dans la mer par les habitants, tandis que quelques-uns s'étaient installés dans l'île pour y construire un petit navire sur lequel ils avaient disparu. D'autres encore avaient choisi de rester sur place jusqu'à la fin de leurs jours.

Les défaillances de l'interprète épaississent le mystère Lapérouse. Lesson se plaint de ne pas comprendre la traduction de l'Anglais : « Ce récit ne nous arrivait qu'embrouillé et incompréhensible par la bouche d'Hambilton. Quelques-uns parmi nous comprirent même qu'il s'agissait d'un troisième navire[8]. » Pour comble de difficulté, les informateurs n'ont pas tous la même connaissance des faits et répètent ce qu'ils ont entendu de leurs aînés. Les témoignages varient donc en qualité et en précision selon les individus.

Après avoir obtenu de l'un des chefs de tribu qu'il les conduise sur le site du naufrage, à l'opposé de l'île, ils ne peuvent qu'être submergés par l'émotion, rendue par la plume du docteur Quoy :

> C'est là que, dans une coupure, nous vîmes dans une eau limpide, par environ 15 pieds, les restes en métaux de ce qui composait l'armement d'un grand navire. Tout ce qui était en bois avait disparu par la force de la mer. Le lest, entièrement formé de saumons de plomb, était à sa place et dessinait la quille. De chaque côté se trouvaient des canons en désordre. Les grosses ancres étaient encore, comme affourchées sur l'avant [...]. Il faut avoir navigué, il faut avoir connu la mer, son inconstance, ses dangers, pour se faire une idée de ce que nous éprouvâmes à la vue des nobles restes de cette grande catastrophe. Nous examinions religieusement ces débris submergés depuis 40 ans, non sans penser à tout ce que nous avions nous-mêmes éprouvé, et à ce qui pouvait encore nous arriver dans ce qui nous restait à faire. Nous retournâmes au lieu où l'on nous dit que les Français avaient construit un navire. Nous ne vîmes d'autres traces de leur séjour que de gros arbres abattus par la cognée. Une végétation vigoureuse avait complètement recouvert le sol où ils avaient travaillé[9].

Un manteau d'oubli recouvrira bientôt l'horreur qui les saisit. Il faudra attendre 2005 et les moyens techniques de l'expédition Salomon pour pénétrer au cœur du cataclysme.

Dumont d'Urville récupère aussitôt des vestiges :

> Tout le bois avait disparu et les objets les plus menus en cuivre et en fer étaient corrodés par la rouille et complètement défigurés. J'envoyai la chaloupe relever au moins une ancre et un canon, afin de les porter en France comme preuve irréfutable du naufrage de nos infortunés compatriotes... Mais j'avoue que les numéros de ces deux pièces en seront les seules preuves matérielles[10].

Ces témoignages et l'examen de l'épave lui inspirent une reconstitution du double naufrage :

> Sans doute, M. de La Pérouse, après avoir terminé la reconnaissance de la Nouvelle-Calédonie, avait remis le cap au nord [...] lorsqu'il tomba inopinément sur les terribles récifs de Vanikoro, dont l'existence était entièrement ignorée. Il est probable que la frégate qui marchait en avant, donna dessus sans pouvoir se relever, tandis que l'autre eut encore le temps de revenir au vent et de gagner le large. Mais l'affreuse idée de laisser leurs compagnons de voyage, et peut-être leur chef, à la merci d'un peuple barbare, et sans espoir de revoir leur patrie, ne dut pas permettre à ceux qui avaient échappé à ce premier péril, de s'écarter de cette île funeste, et ils durent tenter tout ce qui était en leur pouvoir, pour arracher leurs compatriotes au sort qui les menaçait. Ce fut, n'en doutons point, la cause de la perte du second navire[11]...

Le malheureux Dumont d'Urville songe à l'enthousiasme, presque au délire que ses découvertes ne manqueront pas de soulever à son retour. L'état de son équipage, terrassé par les mauvaises fièvres et la dysenterie, lui enlève bien des illusions. Les marins auront tout juste le temps d'édifier un monument en l'honneur de leurs malheureux compatriotes, certes modeste, mais suffisant pour attester leur passage à Vanikoro et « y laisser un témoignage de leurs regrets ». Bien que très mal en point, ils ovationnent le projet et se mettent au travail le 6 mars 1828 au matin. Le capitaine reconnaît leur courage :

> Malgré les progrès de la maladie, les travaux du cénotaphe étaient poursuivis avec vigueur, et le 14 au matin, il fut entièrement terminé. Consumé par la fièvre, j'étais parvenu au dernier degré d'affaiblissement et je pouvais à peine me tenir assis sur le pont[12].

Il ne peut donc assister à l'inauguration du mausolée et envoie un détachement d'une dizaine d'hommes qui tirent des charges de mousqueterie en faisant trois fois le tour du monument : « Les sauvages glacés d'épouvante s'enfuirent de toute part et, rassemblés près de leurs villages, épiaient avec inquiétude ce que nous allions faire[13]. » Une demi-heure plus tard, deux des principaux chefs se risquent à monter à bord. Par surcroît de précaution, nous disent les Girault de Coursac, il affirme à ceux-ci que le cénotaphe est une *Fare Atoua*, une demeure d'ancêtres mythiques, et leur fait promettre de la respecter. Non sans souligner qu'il compte peu sur la parole de ces « mortels grossiers et stupides ».

Le rapport médical du chirurgien Pierre-Adolphe Lesson détaille la catastrophe sanitaire et le martyre endurés par les marins après vingt-sept jours de relâche dans l'île. Dès le 14 mars, le nombre des malades est en constante augmentation et Dumont d'Urville craint de subir le sort de Lapérouse :

> Il y avait déjà près de vingt-cinq personnes de l'*Astrolabe* en proie à des frissons et hors d'état de faire aucun service. Quarante ans auparavant, les échos de ces mêmes montagnes avaient peut-être répété les cris de nos compagnons expirant sous les coups des sauvages, ou succombant sous les atteintes de la fièvre ! Et nous-mêmes, n'avions-nous pas à craindre une destinée pareille ? Le cénotaphe que, de nos mains défaillantes, nous venions d'ériger en l'honneur des compagnons de Lapérouse, ne pouvait-il pas devenir le dernier témoin des longues épreuves et du désastre de la nouvelle *Astrolabe*[14] ?

Les sauvages « glacés d'épouvante », la terreur des marins de Lapérouse, condamnés à une mort atroce, cette peur réciproque restitue la vraie nature des expéditions du passé, quels que soient leurs brillants exploits scientifiques. Par malheur pour lui, les recherches de Dumont d'Urville se sont trouvées imbriquées dans celles de Peter Dillon, bourlingueur haut en couleur, marchand de l'East Indian Company fixé à Calcutta, qui précéda de peu l'*Astrolabe* à Vanikoro. Le 20 décembre 1827, la nouvelle atteint Dumont d'Urville à Hobart, chef-lieu du gouvernement de Tasmanie, sans qu'il ait réussi à entrer en contact avec son rival. Il n'est d'autre issue que de reprendre la mer. Il trouve refuge à Guam, aux îles Mariannes, où lui et ses marins, « exténués de fatigue, malades et manquant de tout », sont accueillis par le gouverneur espagnol. « Les Français n'ont pas vu le même site que Peter Dillon... Il naîtra de cette confusion un long malentendu quant à la présence d'une ou de deux épaves sur le récif de Vanikoro », écrit François Bellec. « À eux deux, les enquêteurs ont pourtant rassemblé toutes les preuves du double naufrage, et c'est sur leurs indications que reposent encore aujourd'hui les recherches archéologiques[15]. » Malgré l'amertume d'avoir été devancé, le chassé-croisé des deux expéditions n'enlève rien à l'héroïsme du savant navigateur. On lui doit une immense contribution à la cartographie marine, dont les principes ne seront révisés qu'après la Seconde Guerre mondiale, et des découvertes qui comblèrent de joie l'austère Institut. Plus fort encore : si, tout jeune enseigne, il ne s'était pas arrêté dans la rade de Milo, s'il n'avait pas marchandé à un paysan grec une statue de marbre aux bras mutilés et ne l'avait embarquée de force sur sa gabare, la *Chevrette*, la Vénus de Milo n'aurait jamais été offerte au Louvre...

Peu de récits de voyage sont aussi fascinants que l'ouvrage de Peter Dillon. Publié en 1830 à Londres, le *Voyage aux îles de la mer du Sud en 1827 et 1828* mérite autant de lecteurs que Robinson Crusoé, roman dont on sait qu'il fut inspiré à Defoe par un personnage réel, le marin écossais Alexander Selkirk, abandonné par le pirate William Dampier dans l'île de Juan Fernández. Irlande-Écosse, même combat ! À plus de cent ans de distance, les deux hommes sillonnent les hautes mers avec une voracité géographique et une excentricité toutes britanniques, ne négligent aucun détail concret sur la vie de la Marine, et se gardent d'oublier que le sang qui coule dans leurs veines est d'abord au service de l'Empire.

Avant de quitter son poste à l'East Indian Company de Calcutta, Dillon négocie jour après jour avec le gouvernement de l'Inde anglaise pour obtenir les moyens d'aller « chercher les individus qu'on disait exister aux îles Malicolo[16] ». Persuadé qu'il s'agit des hommes d'équipage de Lapérouse, il s'en explique dans une lettre fleuve adressée le 19 septembre 1826 au premier secrétaire du gouvernement du Bengale. Au cours d'un voyage récent, allant de Valparaíso à Pondichéry sur son navire le *Saint-Patrick*, il s'était arrêté non loin de l'île de Santa Cruz, à Tucopia, pour s'assurer de la présence sur l'île d'un « compagnon de danger », le Prussien Martin Bushart, qu'il avait laissé sur place en 1813. À cette date, il était entré en possession d'une « vieille garde d'épée en argent » qu'un lascar avait remis à l'un de ses marins contre quelques hameçons. Interrogé sur la provenance de l'objet, Bushart avait répondu « qu'à son arrivée dans l'île, il avait vu entre les mains des naturels cette garde d'épée, plusieurs chaînes de haubans ainsi qu'un certain nombre de chevilles en fer, cinq haches, le manche d'une fourchette en argent, quelques couteaux, des tasses à thé, des grains de verroterie, des bouteilles, une cuiller en argent avec un chiffre couronné et une épée, tous objets de fabrique française[17] ». Les Tucopiens, avait-il expliqué, effectuaient de fréquentes traversées vers les îles Malicolo, dont les habitants détenaient une quantité de ces vestiges. Pour preuve supplémentaire, ils auraient vu, plusieurs années auparavant, deux grands vaisseaux qui avaient jeté l'ancre, l'un près du village de Whanou, l'autre près de celui de Paiou. À la suite d'une grande tempête, les vaisseaux au mouillage avaient été poussés à la côte et attaqués par une foule armée de massues, de lances et d'arcs. Pendant que les marins ripostaient et tuaient quelques-uns des assaillants, l'un des navires s'était fracassé contre les rochers. Les sauvages avaient massacré jusqu'au dernier les hommes qui s'efforçaient de gagner la côte, de sorte qu'aucun d'entre eux n'avait échappé à la mort. Ayant eu la prudence de ne pas répondre par les armes aux flèches des naturels, l'équipage du vaisseau échoué devant Paiou s'en était tiré à meilleur compte. Les hommes avaient débarqué avec leurs provisions et construit un petit bâtiment avec les débris du grand. Certains étaient partis à la voile et l'on n'avait plus jamais entendu parler d'eux. Les autres étaient restés sur l'île jusqu'à ce que mort s'ensuive. Cependant, il était fort possible que, disséminés dans les parages, il y eût encore des survivants âgés.

Suffisamment plausibles, ces révélations déterminent l'East Indian Company à fréter une corvette, la *Research*, dans le dessein de retrouver les marins de Lapérouse et d'enquêter sur le naufrage auprès des habitants de Manicolo. À l'inverse du célèbre comte de Lapérouse, Dillon souhaite la compagnie d'un interprète, qu'il espère retrouver à Tucopia, son ami Martin Bushart. Les instructions de l'Honorable Compagnie sont aussi précises que celles de Lapérouse, et lui permettent de faire face à toutes les situations en cours de navigation. De l'itinéraire prescrit aux observations scientifiques et à la prudence à observer à l'égard des sauvages, les vingt articles du Conseil de marine témoignent d'une longue expérience. Arrivé à Tucopia, Dillon aura toute liberté d'engager Martin Bushart, ainsi que les indigènes qui seraient utiles à sa mission. Il se gardera d'irriter les insulaires et n'aura recours aux armes à feu qu'en cas de légitime défense :

> Le conseil juge à propos de vous engager à prendre garde d'accorder trop de confiance aux naturels que vous emmenez avec vous. Par un emploi judicieux des articles qui vous ont été donnés pour faire des présents aux insulaires ; par un ton doux et conciliant dans toutes vos relations avec eux, et [...] par un bon accord et une bienveillance mutuelle entre toutes les personnes attachées à l'expédition, vous réunirez le plus de chances possible pour son succès final[18].

Habitué à visiter les tribus les plus féroces des îles de la mer du Sud, dont il savait se faire accueillir avec diplomatie, Dillon savoure la recommandation. Il écrira en arrivant dans les parages de Malicolo :

> J'ai souvent eu des entretiens avec les sauvages. Ils m'ont tous dit que la première fois qu'ils avaient vu des Européens, ils les avaient supposés descendus des nuages, et s'étaient figuré qu'ils ne pouvaient avoir d'autre dessein, en venant dans leur pays, que d'enlever leurs provisions et d'emmener leurs femmes et leurs enfants en esclavage [...] mais je n'ai jamais manqué de devenir leur ami[19].

Il est entendu que tous les journaux et documents, de quelque espèce que ce soit, seront scellés, remis au Conseil de marine, puis adressés aux autorités françaises sans avoir été décachetés.

Le 23 janvier 1827, la *Research* peut enfin quitter Calcutta, et Dillon s'atteler à la rédaction du journal de bord le plus rocambolesque de son siècle. Où l'on fait connaissance avec un équipage de bric et de broc, dont le docteur Tytler, traître qui s'acharne à fomenter des révoltes contre son capitaine et à le faire passer pour un aliéné. Au point que les « Nouveaux-Zélandais » embarqués sur le navire prennent vigoureusement sa défense :

> Nous avons vu le docteur vous injurier bien fort. Vous êtes notre ami et notre protecteur [...]. Vous nous avez amenés de notre pays sur une mer longue de trois mois [...]. Il nous est donc ordonné par notre Dieu de nous battre pour vous. Nous ne parlerons pas au docteur, nous le tuerons et le mangerons, s'il met le pied dans notre pays[20].

Pourtant, les insulaires en question sont moins rassurants (!) qu'il n'y paraît : affectés par la rougeole, ils devront se contenter d'un peu de sagou et d'arrow-root, denrées beaucoup moins attractives que la chair humaine. Bientôt sept d'entre eux périssent et sont jetés à la mer dans des hamacs lestés de boulets.

Il serait sot de prétendre que Dillon n'éprouvait aucune crainte des indigènes. Après un séjour mouvementé en Tasmanie, puis une escale à Port Jackson, il lève l'ancre le 4 juin 1827 pour la Nouvelle-Zélande :

> J'ignorais si je pourrais me procurer de l'eau à Tucopia ; d'un autre côté, je redoutais les dispositions des naturels de Manicolo, et je pensais que, si je réussissais à trouver un mouillage auprès de ces îles, je ne serais peut-être pas à même d'y faire de l'eau, attendu que ce serait exposer mes hommes à de trop grands dangers que de les débarquer parmi des centaines de sauvages armés de flèches empoisonnées [...] J'avais d'autant plus de raisons de me défier de ces sauvages que j'avais ouï dire qu'ils étaient très hostiles envers les Européens, depuis que les deux bâtiments français avaient fait naufrage sur leurs côtes[21].

En conséquence, il se dirige prudemment vers les îles des Amis. Le 17 juin, il évoque les surprises encourues par celui qui s'attarde près des rivages où vivent des « sauvages cruels et perfides, ou des cannibales qui, en outre de leurs dispositions féroces, seraient poussés à nous massacrer par l'horrible désir de nous dévorer ». On méditera sur le gouffre qui sépare les instructions lénifiantes des gouvernements de l'expérience vécue au contact des marins (ou des marchands, ou des missionnaires) avec certaines peuplades. En dépit de leurs carnets de route soigneusement aseptisés, Dillon et Lapérouse se tiennent au seuil d'un monde inconnu et qui les terrifie. Rares sont ceux qui défendent une vision idyllique de ces terres inconnues. Un article du *Mercure de France* stigmatisera Commerson pour avoir parlé de Tahiti comme de la Nouvelle Cythère : « C'est le seul coin de la terre où habitent des hommes sans vices, sans préjugés, sans besoins, sans dissensions[22]. » Et Rousseau avoue sa méfiance envers les habitants des terres exotiques :

> Depuis trois ou quatre cents ans que les habitants de l'Europe inondent les autres parties du monde et publient sans cesse de nouveaux recueils de voyages et de relations, je suis persuadé que nous ne connaissons d'hommes que les seuls Européens[23].

Détourné par des vents hostiles, Peter Dillon renonce aux îles des Amis et fait route vers la Nouvelle-Zélande, où il relâche le 1er juillet. Des rencontres pittoresques émaillent son séjour, dont celle d'un certain Moyanger, dont « la physionomie indique toute la ruse qui caractérise l'homme dans l'état de nature ». On s'en voudrait de priver le lecteur du portrait que ce dernier fait du roi George III, une fois rentré de son voyage à Londres : « Après mon arrivée à Londres, un ami de *Missi* Savage [le comte Fitz William] me mena à la maison du roi George. J'étais vêtu de mes nattes de la Nouvelle-Zélande. Nous entrâmes dans une grande chambre, et bientôt après le roi George et la reine Charlotte vinrent. Je fus bien trompé. Je m'attendais à voir un grand guerrier, et le roi était un vieil homme qui n'aurait pu lancer un javelot ni tirer un fusil. La reine Charlotte était aussi très vieille. Elle était courbée par l'âge... Elle me demanda de danser la danse de guerre de Nouvelle-Zélande. Quand je le fis, elle parut effrayée ; mais le roi George se mit à rire en criant : Ha, ha, ha, ha[24] ! » Les souverains furent sûrement aussi stupéfiés par le pagne, la coiffure et les tatouages de Moyanger que lui devant l'allure cacochyme des souverains. Cependant rien n'égale la frayeur des naturels le jour où Richardson, second chirurgien de la *Research*, fait tomber sa perruque et montre sa tête chauve à la prêtresse montée à bord pour voir Pita (nom sous lequel Dillon était connu de tous les insulaires des mers du Sud) : « Elle était persuadée que, pour le saluer, le docteur avait enlevé la peau de sa tête par un pouvoir magique[25]. »

Pendant son séjour à la baie des Îles, Dillon apprend par des missionnaires que Dumont d'Urville s'y était arrêté avant de repartir pour les îles des Amis, où Lapérouse avait projeté de passer. En accord avec les instructions du gouvernement du Bengale, Dillon cherche le contact avec le capitaine français et prend la direction de Tonga, communément appelée Tonga-Tabou : « Je pouvais conséquemment espérer d'obtenir quelque renseignement sur son compte [Lapérouse] en visitant moi-même ces îles[26]. » Il ne croit pas si bien dire. Après avoir louvoyé péniblement pour chercher un mouillage, il entre dans le chenal situé entre la quatrième et la cinquième des îles à partir de la pointe ouest du lagon. À défaut d'un pilote, il monte lui-même sur le mât et remarque des écueils et des bancs de corail qui ont « certainement dû augmenter depuis que le capitaine Cook fit la reconnaissance de cette partie de l'archipel des Amis[27] ». Il franchit l'obstacle et parvient à mettre son navire en sécurité. Le 13 septembre, il est en vue de l'île de Tonga-Tabou et jette l'ancre près d'Eawa pour faire de l'eau. Des pirogues approchent, chargées de vivres, de massues et d'objets métalliques à troquer. Dans l'une d'elles se trouve un matelot américain qui désire embarquer sur la *Research*. Deux mois avant son arrivée sur l'île d'Eawa, raconte-t-il, alerté par un bruit de fusillade du côté de Tonga, il en avait conclu que des vaisseaux européens s'étaient défendus contre une attaque des insulaires. Par la suite la nouvelle de l'arrivée d'un vaisseau, portant pavillon blanc, s'était répandue. Le bâtiment avait jeté l'ancre près de l'île, ses canons avaient tiré et tué trois insulaires, après quoi il était reparti. Dillon soupçonne le navire français d'être l'*Astrolabe* de Dumont d'Urville. Il apprend que le navire en question avait touché un écueil du chenal qu'il venait de traverser et manqué sombrer. Remis à flot par une grande marée, le bâtiment était reparti trois mois plus tôt.

Le trafic avec les indigènes occupe les jours suivants, au point que les chaloupes de Dillon débordent de porcs et de provisions. Un jour où le mauvais temps retient à bord un chef de Tonga, ce dernier émet le vœu d'assister à un spectacle de danse. Ce n'est pas un Irlandais qui refuserait et Dillon le satisfait :

> Mes matelots européens dansèrent des *reels* et des *jigs* au son du fifre et du tambour, après quoi les Nouveaux-Zélandais entrèrent en scène. Ce mélange curieux de nations, de costumes et de manières formait un spectacle intéressant [...]. Les lascars exécutèrent aussi leur danse asiatique, en frottant leurs orteils et leurs talons contre le pont, au son peu harmonieux d'un vieux violon qui n'avait pas précisément toutes ses cordes. Quoi qu'il en soit, notre hôte en fut charmé[28].

Les réflexions prémonitoires de Dillon sur ce que nous nommons « le mélange des cultures » méritent d'être saluées. Ce diable d'homme est au four et au moulin ; les hommes de quart s'endorment la nuit et laissent le vaisseau sans surveillance, tandis que les alertes se multiplient. Aux coups de semonce à l'équipage, à la lenteur de l'approvisionnement en eau potable qu'il faut aller chercher au diable vauvert, s'ajoute un perpétuel défilé des bateaux dont il reçoit les occupants, nombreuses dames de Tonga qu'il couvre de colliers de verroterie, de ciseaux et de bouteilles vides, missionnaires wesleyens qui se plaignent de l'aversion d'un chef de l'île pour les doctrines chrétiennes. Mais il reste obsédé par sa quête du Graal, le sort des vaisseaux de Lapérouse. « Au-delà des preuves matérielles qu'il récolte, il mène du 13 septembre au 7 octobre une enquête exemplaire [...], grâce à un travail minutieux d'un professionnalisme admirable[29] », nous dit François Bellec. Pour s'assurer que l'expédition française a bien touché à Tonga, Dillon engage un interprète anglais résidant aux îles des Amis, John Singleton, qu'il charge de questionner son vieil ami, Tuckafinaoua, grand prêtre et chef de Mafanga. Les premiers vaisseaux qu'il lui ait été donné de voir étaient ceux du capitaine Cook, explique-t-il. Quelques années plus tard, deux autres grands vaisseaux étaient arrivés devant l'île, mais ils s'étaient contentés de faire des échanges avec les insulaires des différentes pirogues, sans jeter l'ancre. Ils étaient repartis le lendemain et l'on n'en avait plus entendu parler.

Dillon acquiert la certitude qu'il s'agit de la *Boussole* et de l'*Astrolabe* : « On n'a pas connaissance en Angleterre, en France, en Hollande ni en Espagne, que deux vaisseaux de cette espèce soient allés dans ces mers à l'époque dont il s'agit, excepté ceux de Lapérouse », remarque-t-il. Enchanté des offices du « bon vieux chef », il en vient à fanfaronner :

> Il n'y a pas lieu de s'étonner que d'Entrecasteaux n'ait pas obtenu les renseignements ci-dessus, attendu qu'il ne visita que la capitale et qu'il n'avait pas d'interprètes [...]. Heureusement, je connais moi-même les divers dialectes de la mer du Sud, dont quelques-uns m'étaient aussi familiers que l'anglais[30].

De Tonga, il se rend à l'île de Rothuma où il fait escale avant de repartir pour Tucopia. Il recueille de nouvelles révélations auprès d'un certain Rathea, qui lui avait fourni la fameuse garde d'épée lors de son voyage sur le *Saint-Patrick*, reliques identifiées entre-temps à Paris par Barthélemy de Lesseps. Alors qu'il était âgé de huit ans, les naturels avaient raconté à Rathea que deux vaisseaux s'étaient échoués pendant la nuit à proximité des villages de Whanou et de Paiou, situés à un jour de marche l'un de l'autre :

> Celui qui avait touché près de Whanou s'était entièrement perdu et ceux des hommes de l'équipage qui étaient parvenus à gagner la terre y avaient été massacrés par les naturels. Leurs crânes avaient été présentés en offrande à la divinité de l'île et conservés, pendant bien des années, dans un temple où plusieurs Tucopiens les avaient vus. Le temps les avait probablement fait tomber en poussière[31].

Les révélations se succèdent. Non seulement les survivants auraient démembré le bâtiment naufragé à Paiou pour construire un deux-mâts, mais ils s'étaient chargés de planter « à une certaine distance alentour, une forte palissade, espèce de camp retranché où ils se tenaient constamment[32] ». De son côté, le dessinateur de l'expédition, Russell, qui mène sa propre enquête, rend compte à Dillon de la mission qu'il a accomplie dans la région de Paiou :

> C'est le lieu le plus commode de toute l'île, soit pour construire un bâtiment, soit pour le lancer, parce qu'il n'y a pas de roches près du rivage et que les bords de la petite rivière sont couverts d'arbres pouvant fournir des bois de toutes formes et de toutes dimensions. Rathea, les deux jeunes gens de Dennemah et Pakelley dirent que c'était là que le brick avait été construit et lancé[33]...

Dillon tient à se rendre lui-même sur l'emplacement du camp, dont il ne reste aucun vestige de son temps : les traces de ce qu'il nomme le « Camp des Français » seront mises au jour lors des fouilles de 1999, et les derniers mètres carrés du site, décapés en 2005. Situé près de la mer, enfoui sous un mètre d'alluvions, il a subi de nombreuses transformations au cours des deux derniers siècles. Plus de deux mille objets ont été découverts entre 1999 et 2005, qui nous fournissent de précieux renseignements sur la vie des marins. L'absence de certains ustensiles, tels que couverts, casseroles et outils, sans doute récupérés par les naturels lors de l'abandon du camp ou dans les fouilles sauvages du début du XXe siècle, est elle aussi remarquable.

On imagine l'extrême méfiance des insulaires de Malicolo à la vue de ces Blancs qu'ils prennent pour des esprits malfaisants :

> Leur front ou leur nez présentait une saillie d'un pied de long […]. Leur nez s'avançait de deux palmes au-delà de leur visage. Le chef était toujours à regarder le soleil et les étoiles et leur faisait des signes ; ils ne mangeaient pas comme des hommes. Un petit morceau de nourriture, gros comme le doigt, leur suffisait ; après l'avoir avalé, ils se remettaient sur-le-champ à bâtir leur vaisseau[34].

Quand leurs travaux avaient pris fin, ils s'étaient embarqués pour retourner dans leur pays et on ne les avait plus jamais revus. On peut, avec François Bellec, douter de la version de Rathea, qui craignait des représailles au cas où les naufragés auraient été massacrés par trahison, avant même d'atteindre la mer.

Dillon multiplie les présents aux Tucopiens dans l'espoir de récupérer un grand nombre d'articles qu'ils s'étaient procurés à Malicolo, dont une poignée d'épée en argent portant d'un côté « un grand et un petit chiffre, et de l'autre côté un chiffre paraissant offrir un P surmonté d'une couronne[35] ». Il la reconnaît sur-le-champ pour appartenir à l'arme dont il avait apporté la garde à Calcutta, où personne n'avait pu s'entendre sur l'interprétation des caractères qui y étaient gravés. En route pour Malicolo, flanqué de Martin Bushart et piloté par Rathea, il dresse l'inventaire des objets entassés sur le pont de la *Research* : quatre morceaux de fer plats dont les insulaires avaient fait des outils de charpentier, une lame d'épée rouillée, un battoir de blanchisseuse de fabrication européenne, un très vieux rasoir et un morceau de porcelaine, la moitié d'un globe en cuivre, des sonnettes… Anxieux d'enquêter à Malicolo, il trouvera avec peine un mouillage à moins de 2 milles au large des récifs. De la baie, où il se fixe au mois de septembre, il envoie des canots en éclaireurs pour se concilier les indigènes, effrayés à l'idée d'une guerre avec les grands nez qu'ils voyaient pour la première fois. Rathea doit user de mille ruses : Dillon est un roi très riche et très puissant qui visite toutes les îles du monde et distribue une quantité de belles choses aux chefs qu'il rencontre, plaide-t-il. Il leur donnera des présents de grande valeur en échange de tout ce qu'ils pourront lui apporter. Enchantés à l'idée de tant de libéralités, les naturels déposent leurs arcs et leurs flèches enduites de poison et affluent en pirogues le long du vaisseau, prêts à livrer ignames, cocos, bananes, mais aussi un monceau d'objets qui proviennent des coffres rejetés sur le rivage ou des pillages des épaves à marée basse. Tenace, infatigable, Dillon court de mouillage en mouillage, partout où il estime avoir des chances de succès. Le 16 septembre 1827, devant le village de Dennemah, sur la côte est, les habitants se réunissent pour accueillir les canots d'où descendent Rathea et Martin Bushart. Au bout d'un quart d'heure, Dillon débarque à son tour, accompagné de M. Chaigneau, représentant diplomatique français, et de Russell. On les conduit à la maison des esprits, on les assoit sur des nattes, et là, leur sont apportés des objets par dizaines en échange d'articles de troc. La collecte comprend des ferrures d'étambot, des poulies de bronze, un fragment de bois sculpté d'une fleur de lis et des pierriers (petits canons de bronze), mais surtout une cloche de navire portant l'inscription

« Bazin m'a fait », qui sera considérée comme la première preuve authentique du naufrage. Les interrogatoires du chef Ouallié vont durer deux jours, pendant lesquels les morceaux du puzzle s'assemblent peu à peu :

> Il y a longtemps que les habitants de cette île, sortant un matin de leurs maisons, aperçurent une partie du vaisseau sur le récif en face de Paiou. La mer acheva de le mettre en pièces vers le milieu du jour. De grandes portions de ses débris flottèrent le long de la côte. Le vaisseau avait été jeté sur le récif pendant la nuit où il y avait eu un ouragan terrible qui brisa un grand nombre de nos arbres à fruit. Nous n'avions pas vu le vaisseau la veille. Quatre hommes échappèrent et prirent terre près d'ici. Nous allions les tuer, les prenant pour des esprits malfaisants, quand ils firent présent de quelque chose à notre chef qui les épargna. Ils résidèrent parmi nous pendant un peu de temps, après quoi, ils allèrent rejoindre leurs compagnons à Paiou. Là, ils bâtirent un petit vaisseau et s'en allèrent dedans. Aucun des quatre hommes n'était chef ; tous étaient des inférieurs. Les objets que nous vous vendons proviennent du vaisseau qui échoua sur le récif [...]. Nous ne tuâmes aucun des hommes du vaisseau ; mais il vint à la côte plusieurs cadavres qui avaient les jambes et les bras mutilés par les requins. Dans la même nuit un autre vaisseau toucha sur des récifs près de Whanou et coula à fond. Il y eut plusieurs hommes qui se sauvèrent. Ils bâtirent un petit vaisseau et partirent cinq lunes après que le grand se fut perdu [...] les hommes blancs avaient coutume de regarder le soleil à travers certaines choses que je ne puis dépeindre ni montrer parce que nous n'avons eu aucune de ces choses. Deux hommes blancs restèrent après le départ de leurs compagnons, l'un était un chef, l'autre un homme qui servait le chef. Le premier mourut, il y a environ trois ans. [...] Les seuls blancs que les habitants de l'île aient jamais vus sont, premièrement, les gens des vaisseaux naufragés, puis ceux que nous voyons aujourd'hui[36].

Qui était ce chef ? Lapérouse avait-il survécu au naufrage, remâchant amèrement les dernières lignes du mémoire du roi ? « Sa Majesté ne pouvait donner au S. de la Pérouse une marque plus distinguée de la confiance qu'Elle a dans son zèle, sa capacité et sa prudence qu'en le chargeant d'une des entreprises les plus étendues qui ait jamais été exécutée[37]... » Selon l'hypothèse soulevée par François Bellec, Lapérouse serait resté à Vanikoro dans l'attente d'un geste de grâce, « ne pouvant imaginer que ses compagnons n'étaient arrivés nulle part, ni que Louis XVI avait été lui aussi décapité comme les cadavres de ces hommes[38] » ? On peut rêver. Dumont d'Urville s'était laissé dire que les deux rescapés n'avaient pas vécu longtemps, tandis que, d'après le témoignage du lascar interprète de Dillon, ils vivaient encore en 1821, quelque trente ans après le naufrage... Pour les Coursac, la contradiction entre les deux récits provient d'un problème de traduction : « Dumont d'Urville a dû se contenter des deux déserteurs anglais en guise d'interprètes, qui ne parlaient pas la langue de Vanikoro, mais seulement le pidgin des îles[39]. »

Pressé par l'insalubrité du climat, Dillon appareille le 8 octobre à l'aube, sans avoir eu le temps de rencontrer l'explorateur français : « Après l'inattention de D'Entrecasteaux, cette seconde malchance fait manquer définitivement tout espoir d'entendre le témoignage d'un survivant du drame[40]. » Le pire, l'impensable était survenu, une tempête démentielle avait disloqué hommes et navires, emporté dans les eaux en furie les trésors des collections savamment assemblées, assassiné le rêve de Louis XVI, et le véritable découvreur du site du cataclysme était un Irlandais. Le 2 mars 1828, il est présenté à Charles X, qui lui octroie les sommes promises par son frère (10 000 francs et une pension de 4 000 francs) et le décore de la croix de chevalier de la Légion d'honneur. *La Revue des Deux Mondes* publiera l'intégralité de son récit du voyage dans les livraisons de janvier et de septembre 1829. Désormais, les journaux et les gravures ne verront plus que le côté sombre de l'expédition et sa funeste issue. Commence le mystère de la disparition des hommes, mystère qui n'est toujours pas entièrement dissipé et dont Vanikoro seule possède encore la clé.

En 1828, année décidément riche en expéditions, le gouvernement français envoie le capitaine de frégate Louis Le Goarant de Tromelin à la rencontre de Dumont d'Urville, craignant que ce dernier « ne fût pas au courant des travaux de Dillon[41] ». Tromelin, qui avait à son actif de nombreux commandements, obtient celui de la corvette du roi la *Bayonnaise* et passe trente-trois mois dans les mers du Sud, de 1826 à 1829. Le 3 juin, il mouille devant Vanikoro, un mois et demi après le départ de l'*Astrolabe*. Au cours de ses douze jours de visites de village en village, il se heurte à l'extrême réserve des indigènes : « Les habitants sont nègres et crépus, race chétive et misérable, ils sont craintifs et défiants[42] », écrit-il dans son rapport à l'Amirauté. Même s'il est clair qu'il ne restait plus aucun témoin direct des scènes de massacre, excepté le Ticopien Rathea, les descendants des insulaires répugnent à communiquer avec les Blancs, par crainte des représailles. En revanche, la générosité des cadeaux de Tromelin aux chefs de districts lui vaut une collection d'objets qui font de lui le troisième découvreur des vestiges du naufrage. Il a réussi à convaincre le lascar Joe, meilleur informateur possible qui parle le ticopien, mais sans comprendre grand-chose à son anglais, ce qui nuit une fois de plus à la clarté des comptes rendus. Cependant, la version qu'il recueille est voisine de celle de Dillon :

> Les naufragés durent être attrapés par les naturels, car un de ceux-ci, contemporain de l'événement, nous a dit que l'on se battit avec les Blancs, que les Blancs tuèrent beaucoup de monde, qu'ils lançaient des boulets gros comme des cocos ; que les Blancs, au nombre d'une vingtaine, avec un chef parmi eux, se sauvèrent du bâtiment qui fut mis en pièces par les vagues ; que ces Blancs s'établirent au village d'Ignama, à environ quatre milles au nord de Païou, qu'ils y restèrent six lunes et y construisirent une grande pirogue avec laquelle ils s'en allèrent tous[43].

Quant aux deux naufragés survivants, Joe affirme que l'un d'eux aurait vécu plus de vingt-cinq ans dans l'île. Tromelin déplore le fait que l'on ne les ait pas retrouvés à temps :

> Nous reconnûmes une île élevée, que les insulaires que nous avions avec nous nous dirent s'appeler Vanikoro [...]. Nous ne fûmes pas peu surpris de voir que c'était la même que celle que D'Entrecasteaux, qui avait été envoyé à la recherche de Lapérouse, avait nommée île de la Recherche [...]. Par fatalité, on n'y avait point abordé à une époque où l'on eût pu encore sauver beaucoup de naufragés. Peut-être Lapérouse lui-même[44].

En l'occurrence, la « fatalité » avait bon dos, car c'était plutôt la frayeur qui avait retenu d'Entrecasteaux de franchir les bancs de madrépores dont l'île est ceinturée.

Avant de repartir, Tromelin appose une plaque de bronze sur le cénotaphe érigé à Maneval par Dumont d'Urville, plaque retrouvée en 1990 par deux jeunes écolières et récupérée par l'Association Salomon.

La part du rêve

Il est clair que, trente-neuf ans après l'événement, les premières relations écrites du naufrage ne concordaient pas entre elles. On savait seulement que les deux bateaux n'avaient pas sombré en même temps ni au même endroit, et cela, sans les distinguer l'un de l'autre par leur nom. Il était même fait mention de plusieurs emplacements où la catastrophe se serait produite, dont une, celle du chirurgien Lesson, rapporte qu'un bateau avait coulé au large de Tanema : « L'Anglais Hambilton revient après avoir rempli sa mission et l'on sait bientôt par le vieillard qui l'accompagne à bord que trente hommes se sont sauvés du navire qui a péri à Tanema, car lui aussi dit que c'est là que le naufrage s'est fait et non à Vanu, et que ce n'est que le lendemain qu'un autre eut lieu à Paiu. Rien n'a été sauvé, dit-il, du premier. » Dumont d'Urville renchérit :

> En définitive, aucun navire n'aurait péri devant Vanu, mais l'un aurait échoué devant Païou à l'endroit même où sont encore les ancres et les canons et de ce bâtiment proviennent tous les

objets que les naturels ont livrés à M. Dillon et à l'*Astrolabe*. L'autre toucha et s'engloutit devant Tanema, en dehors du récif, sans qu'on pût en rien tirer[1].

En dépit des certitudes acquises après de longues recherches, les doutes qui subsistaient ont alimenté la légende des disparus. Confrontés à la réalité, les mythes sont immortels. Dès le naufrage, les parois de la Faille lentement refermées, le corail, la mangrove et les sables ont tissé leur cocon et enfoui les restes épars des navires dans un linceul d'oubli. Lors d'un séisme, l'île elle-même s'est enfoncée sous les eaux, avant de resurgir, sans la moindre trace des tombes des rescapés. Mais en fin de compte, c'est aux vivants de faire parler les morts et les vivants l'ont fait, par devoir de mémoire. Ils l'ont fait pendant plus de deux siècles, contre vents et marées, sous les torrents qui tombaient du ciel, fouillant la mangrove infestée de crocodiles et les rochers sacrés où se situeraient les tombes, trop élégants pour se plaindre de ces conditions exécrables. Ils l'ont fait parce que l'expédition de Jean-François de Galaup de Lapérouse fait partie de notre patrimoine, ce dont tous ont pris conscience grâce à l'éblouissante exposition de 2008.

Les disparus avaient encore beaucoup de choses à dire aux vivants partis à leur recherche, d'Entrecasteaux, Peter Dillon et Dumont d'Urville. Plusieurs expéditions prirent leur relais au siècle dernier : Haroun Tazieff en 1959, l'amiral de Brossard, alors capitaine de vaisseau, le plongeur australien

Reece Discombe en 1964, et, plus près de nous, ces merveilleux fous plongeants dans leurs drôles de machines de l'Association Salomon. Mais qui dit patrimoine dit course contre la montre. Le temps, la mer et les hommes se sont acharnés à disperser les reliques, et le « Camp des Français » subit les assauts de la houle qui le ronge. « C'est la seconde mort de l'expédition Lapérouse, on sait où l'on ne peut plus chercher », affirmait François Bellec, lors d'un débat, au festival des Étonnants Voyageurs 2009. Force fut de constater l'évaporation de certains objets, telles les serinettes, petits orgues d'Allemagne qu'on appelait « turlutaines » à Nancy. Que la mer ait repris ses droits et les ait englouties n'a rien d'étrange, si l'on songe que ces instruments devaient leur nom au serin qui « lui-même tient le sien des Sirènes antiques, filles d'Achéloüs et de Calliope, sournoises naufrageuses qui poussaient à leur perte les marins envoûtés par leur chant[2] ». D'autres vestiges l'ont échappé belle. Sur le point de rendre à la mer un bloc corallien de 80 kilos, les plongeurs, pris de scrupules, le transportent à Nouméa et procèdent à un dernier examen : le gros caillou libère la voix des morts : un morceau de canon, une pièce de monnaie et une châtelaine en or, merveilleux bijou décoré d'une rose des vents. « Analysés, nettoyés, stabilisés, ces objets nous racontent de si belles histoires ! Celles de leur fabricant, de leur époque, de leur propriétaire, de nos ancêtres, de nos origines[3]. » Et l'on attend que le squelette, retrouvé prisonnier sur le site de la Faille où sombra la *Boussole*, nous donne des nouvelles de M. de Lapérouse.

La littérature, qui veille au chevet de l'Histoire, n'a pas manqué de verser de l'eau au moulin de la légende. Pièces de théâtre, livrets apocryphes et romans ont donné cours aux fantasmes les plus cocasses après une mort aussi inexplicable. Dans *Vingt mille lieues sous les mers*, Jules Verne fait passer le *Nautilus* par Vanikoro. Le capitaine Nemo a la main heureuse : il trouve « sur le lieu même du naufrage » une boîte de fer-blanc estampillée aux armes de France, qui contient les instructions du ministre de la Marine, « annotées en marge de la main de Louis XVI[4] ». Alors que j'achevais ce livre, la providence mettait sur mon chemin un ami cher qui m'offrit un ouvrage couronné en 1927 par la « Société d'enseignement au bien », *Le Rubis de Lapérouse*. Quelle n'est pas l'émotion des héros, lorsque leur yacht aborde une île ravagée par une éruption volcanique et qu'ils retirent du sol fumant un coffre « entièrement rouillé par son très long séjour dans l'eau[5] »... À l'intérieur, se trouve un message signé Galaup de Lapérouse, avec un rubis qu'il destinait à sa femme pour qu'il lui soit rapporté par un quidam en cas de malheur : « C'était donc là tout ce qui restait du grand Lapérouse ! Tant de gloire, tant d'efforts, tant de courage s'en étaient allés dans la fumée de quelques tisons, sans que la mer daignât seulement garder dans le majestueux et sévère asile de ses profondeurs la pauvre goélette engloutie[6]. »

À prendre plus au sérieux, la publication à Quimper, en 1797, d'un texte anonyme qui aurait été volé par un marin britannique en visite sur l'*Astrolabe* à Botany Bay : *Fragmens du dernier voyage de La Pérouse*. D'abord considéré comme une œuvre de pure fiction, *Fragmens* a trouvé un défenseur en la personne de John Dunmore. La source du récit, peut-être même son auteur, pourrait être l'officier anglais Walkin Tench, retenu prisonnier à Quimper en 1795, l'un des principaux interlocuteurs de Lapérouse lors de sa dernière escale[7].

« Je me suis aventuré pendant nombre d'étés sur une mer de gloire trop loin pour que j'aie pied[8]. » Il appartient à Shakespeare d'avoir pressenti les derniers mots du mourant, en écrivant *Henry III*. Que la gloire et l'infortune fussent indissociables, la vie de Jean-François de Galaup de Lapérouse en est l'exemple le plus accompli.

ANNEXES

REPÈRES CHRONOLOGIQUES

1741. Naissance au manoir du Gô, près d'Albi (Tarn). Élève au collège des Jésuites d'Albi.
1756. Entre à l'École des gardes de la Marine à Brest.
1756-1763. Guerre de Sept Ans.
1757. Au Canada sur le *Célèbre* avec Clément de La Jonquière.
1758-1770. Choiseul, secrétaire d'État aux Affaires étrangères, reconstruit la flotte.
1759. Bataille de Quiberon aux Cardinaux ; blessé et prisonnier.
1762. S'occupe des vaisseaux échoués dans la Vilaine avec Ternay.
1763. Traité de Paris. Perte du Canada.
1764. Promu enseigne de vaisseau à vingt-trois ans.
1765-1770. Chargé de transporter des mâtures sur la gabare l'*Adour*.
1766-1769. Voyage de Bougainville autour du monde.
1767. Premiers commandements sur des gabares.
1768-1778. Voyages de James Cook autour du monde. Publication de l'*Histoire des navigations aux terres australes* de Charles de Brosses.
1768. Mission hydrographique en Bretagne.
1771. Mission aux Antilles sur la *Belle-Poule*. Surveillance militaire autour d'Haïti.
1772. Engagé sur la *Belle-Poule* pour l'île de France. Rencontre de Louise-Éléonore Broudou, sa future femme.
1773-1775. Campagne de l'Inde sur *La Seine*. Défense de Mahé.
1774. Sartine est nommé ministre de la Marine. Vergennes est nommé secrétaire d'État aux Affaires étrangères.
1776. Fleurieu est nommé chef du Bureau des ports et des arsenaux.

1777. Retour à Lorient avec l'escadre de Ternay. Promu lieutenant de vaisseau à trente-cinq ans.
La France s'engage dans la guerre d'Indépendance des États-Unis.

1778. Aide de la France aux treize colonies des États-Unis. Rochambeau, La Fayette, Lapérouse.

1778-1780. Combat devant La Grenade (Antilles) avec l'amiral d'Estaing. Lapérouse prend l'*Ariel*. Campagne dans la région de Boston.

1780. Rentre en France avec le colonel de Rochambeau et des dépêches de Ternay.
Le maréchal de Castries est nommé ministre de la Marine.

1781. Envoi des renforts français aux États-Unis. Promu capitaine de vaisseau un peu avant quarante ans. Brillant combat au cap Breton. Bataille navale de la Chesapeake remportée par de Grasse.

1782. Bataille des Saintes. De Grasse est battu.
Expédition en baie d'Hudson. Il détruit les forts anglais, mais se montre humain envers les vaincus, ce qui lui vaudra une excellente réputation chez nos concurrents héréditaires.
Mariage avec Éléonore Broudou, en l'église Sainte-Marguerite, à Paris. Elle habitera Albi.

1783. Traité de Versailles, Indépendance des États-Unis.

1783-1785. Travaille à Versailles auprès de Fleurieu et du ministre de la Marine. Reçu dans la société des Cincinnati en 1784.

1785. Dernière mouture de *Projet, Instructions, Mémoires et autres pièces, relatifs au Voyage de Découvertes ordonné par le roi sous la conduite de Mr de La Pérouse.*

1785. Nommé chef de l'expédition autour du monde sur la *Boussole* et l'*Astrolabe*. Promu brigadier des armées navales.
1er août : départ de Brest. Madère, Ténériffe, île de la Trinité, île Sainte-Catherine.

1786. Chili, île de Pâques, îles Hawaï ; Lituya Bay, Port-des-Français (Alaska), premier désastre et décès de vingt et un hommes ; Monterey (Californie) ; îles Marianes.
Promu chef d'escadre et anobli par Louis XVI.

1787. Macao ; île de Marivelle, Cavite (Manille), Tartarie, Sakhaline ; Kamtchatka, départ pour la France de Barthélemy de Lesseps ; Maouna-Tuitila (îles Samoa), second désastre : massacre de Fleuriot de Langle, de Lamanon et de dix membres de l'expédition.

Le comte de La Luzerne est nommé ministre de la Marine.

- 1788. Botany Bay en Nouvelle-Galles du Sud (Australie). Rencontre avec la flotte du commodore Phillip. Disparition lors du naufrage sur les récifs de Vanikoro, aux îles Salomon.
- 1790. Fleurieu est nommé ministre de la Marine.
- 1791. Décret de l'Assemblée nationale pour le lancement des recherches. Départ de Bruny d'Entrecasteaux et d'Huon de Kermadec à la recherche de Lapérouse.
- 1792. Expédition de Dupetit-Thouars sur le *Diligent*.
- 1793. Mort de Louis XVI.
- 1793. L'impression du Journal de Lapérouse est confiée à Milet-Mureau.
- 1798. Publication du Journal, dix ans après le naufrage.
- 1807. Décès d'Éléonore de Lapérouse.
- 1826-1827. Recherches et découvertes de l'Irlandais Peter Dillon sur la *Research*.
- 1826-1829. Dumont d'Urville part sur l'*Astrolabe*.
- 1828. Expédition de Tromelin sur la *Bayonnaise*.

RÉFÉRENCES BIBLIOGRAPHIQUES

Bicentenaire du voyage de Lapérouse, actes du colloque de mars 1985, Association Lapérouse Albi-France, 1988.
Association Salomon, *Le Mystère Lapérouse ou le Rêve inachevé d'un roi*, Éd. de Conti, 2008.
François Bellec, *La Généreuse et Tragique Expédition Lapérouse*, Ouest-France, 1985.
— *Les Esprits de Vanikoro*, Gallimard, 2006.
Pierre Bérard, *Lapérouse dans la marine et les colonies du roi, 1756-1788*, Association Lapérouse, Albi-France, 2004.
Marc Boyer, *Histoire de l'invention du tourisme*, L'Aube, 2000.
Louis-Antoine de Bougainville, *Voyage autour du monde*, Gallimard, coll. « Folio classique », 2006.
Maurice de Brossard, *Lapérouse : des combats à la découverte*, France Empire, 1978.
Maurice de Brossard et John Dunmore, *Le Voyage de Lapérouse*, 2 vol., Imprimerie nationale, 1985.
Paul Chack, *Marins à la bataille*, Gerfaut, 2001.
François-René de Chateaubriand, *Mémoires d'outre-tombe*, coll. « Bibliothèque de La Pléiade », Gallimard, t. I, 1947, t. II, 1950.
Jacques Clouet, *Ferdinand Berthoud, horloger des explorateurs*, Conservatoire du Patrimoine, 2007.
James Cook, *Relations de voyages autour du monde*, trad. de l'anglais par Gabrielle Rives, La Découverte/Poche, 1998.
Peter Dillon, *À la recherche de Lapérouse*, Pôles d'images, 2005.
Michèle Duchet, *Anthropologie et Histoire au siècle des Lumières*, Flammarion, 1978.

Jules Dumont d'Urville, *Voyages de découvertes sur l'*Astrolabe, J. Tastu, 1832-1834.

John Dunmore, *La Pérouse explorateur du Pacifique*, Payot, 1986.

— *La Vie de Lapérouse*, trad. de l'anglais par Didier Debord, Privat, 2006.

Colin Dyer, *The French Explorers and Sydney, 1788-1831*, University of Queensland Press, Australie, 2009.

Marthe Emmanuel, *La France et l'exploration polaire*, Nouvelles Éditions latines, 1969.

Paul et Pierrette Girault de Coursac, *Le Voyage de Louis XVI autour du monde*, François-Xavier de Guibert, 2000.

Samuel Hearne, *Le Piéton du Grand Nord*, Payot, coll. « Petite bibliothèque Payot », 2002.

Steven Hooper, *Arts et divinités, 1760-1860*, RMN, 2008.

Jean-François de Galaup de Lapérouse au musée Lapérouse Albi, Association Lapérouse Albi-France.

Jean-Paul Kaufmann, *L'Arche des Kerguelen*, La Table Ronde, 2002.

Olivier de Kersauson, *Ocean's Songs*, Le Cherche Midi, 2008.

Jean-François de Lapérouse, *Voyage autour du monde sur l'*Astrolabe *et la* Boussole, introduction et notes d'Hélène Patris, La Découverte, coll. « La Découverte/Poche », 2005.

Gilles Lapouge, *La Légende de la géographie*, Albin Michel, 2009.

Yves Le Gallo, *Histoire de Brest*, Privat, 1976.

Les Explorateurs des pharaons à Paul-Émile Victor, Laffont, coll. « Bouquins », 2004.

Jean-Baptiste-Barthélemy de Lesseps, *Le Voyage de Lapérouse*, Pôles d'images, 2005.

Gabriel Marcel, *La Pérouse, récit de son voyage*, Librairie illustrée, 1888.

Milet-Mureau, *Voyage de Lapérouse autour du monde*, 4 vol. et atlas, Imprimerie de la République, 1797.

Montesquieu, *L'Esprit des Lois*, Garnier-Flammarion, 1979.

René Moniot de Beaumont, *Histoire de la littérature maritime*, La Découvrance, 2008.

Dava Sobel, *Longitude*, trad. de l'anglais par Gérald Messadié, J.-C. Lattès, 2002.

Jean-Christian Petitfils, *Louis XVI*, Perrin, 2005.

Nathaniel Philbrick, *À la conquête du Pacifique, 1838-1842*, trad. de l'anglais par Thierry Piélat, J.-C. Lattès, 2005.

Pierre Rétat, *Le Dernier Règne*, Fayard, 1995.

Revue du Tarn, *Autour de Lapérouse*, n° 215, automne 2009.

Simon SCHLAMA, *Le Paysage et la mémoire*, Seuil, 1999.
Étienne TAILLEMITE, *Les Découvreurs du Pacifique*, Gallimard, coll. « Découvertes », 1987.
—, *Louis XVI le navigateur immobile*, Payot, Rennes, 2002.
Watkin TENCH, *Expédition à Botany Bay*, trad. de l'anglais par Frédéric Cotton, Anacharsis, 2006.
Jules VERNE, *Les Trois Voyages du capitaine Cook*, Magellan et Cie, 2008.
—, *La Pérouse*, Magellan et Cie, 2008.
Jean DE VIGUERIE, *Histoire et dictionnaire du temps des Lumières*, Bouquins-Laffont, coll. « Bouquins », 1995.

NOTES

PRÉFACE

1. *Les Explorateurs, des pharaons à Paul-Émile Victor*, Laffont, coll. « Bouquins », 2004.
2. Association Salomon, *Le Mystère Lapérouse*, Éd. de Conti, 2008.
3. Gaston Bachelard, *L'Eau et les rêves*, Hachette, coll. « Le Livre de poche », 1993.
4. Paul Chack, *Marins à la bataille*, t. I : *Des origines au XVIIIe siècle*, Éd. du Gerfaut, 2002.
5. *Le Voyage de Lapérouse annoté* par Jean-Baptiste-Barthélemy de Lesseps, Pôles d'images, 2005.
6. *Ibid.*
7. François Bellec, *Les Esprits de Vanikoro*, Gallimard, 2006.
8. Alexandre Dumas, *Mes Mémoires*, Perrin, 2002.

LOUIS XVI À CHERBOURG

1. Jean-Christian Petitfils, *Louis XVI*, Perrin, 2005.
2. Association Salomon, *Le Mystère Lapérouse*, *op. cit.*
3. Jacques Clouet, *Ferdinand Berthoud, horloger des explorateurs*, Conservatoire du patrimoine, 2007.
4. Jean-Christian Petitfils, *Louis XVI*, *op. cit.*
5. *Bicentenaire du voyage de Lapérouse*, actes du colloque de mars 1985, Association Lapérouse Albi-France, 1988.
6. Paul et Pierrette Girault de Coursac, *Le Voyage de Louis XVI autour du monde*, François-Xavier de Guibert, 2000.

7. Pierre Rétat, *Le Dernier Règne*, Fayard, 1995.

8. Cité par Rémi Monarque, *Latouche-Tréville, l'amiral qui défiait Nelson*, SPM, 2000.

9. *Ibid.*

10. *Ibid.*

11. *Journal de bord*, Association Lapérouse Albi-France, n° 40.

12. *Ibid.*

13. Jean de Viguerie, *Histoire et dictionnaire du temps des Lumières*, Laffont, coll. « Bouquins », 1995.

14. François Bellec, *Les Esprits de Vanikoro, op. cit.*

15. Louis XVI, *Mémoires et lettres*, Plon, 1942.

16. Étienne Taillemite, *Les Découvreurs du Pacifique*, Gallimard, coll. « Découvertes », 1987.

17. Louis-Antoine de Bougainville, *Voyage autour du monde*, Gallimard, coll. « Folio classique », 2006.

18. *Ibid.*

19. *Ibid.*

20. Jean-Paul Kaufmann, *L'Arche des Kerguelen*, La Table Ronde, 2002.

21. *Ibid.*

22. *Ibid.*

23. Jean-Christian Petitfils, *Louis XVI, op. cit.*

PREMIÈRES ARMES

1. *Jean François de Galaup de Lapérouse, au musée Lapérouse*, Association Lapérouse Albi-France, 1985.

2. *Revue du Tarn, Autour de Lapérouse*, n° 215, automne 2009.

3. John Dunmore, *La Vie de Lapérouse*, Privat, 2006.

4. Yves Le Gallo, *Histoire de Brest*, Privat, 1976.

5. François-René de Chateaubriand, *Mémoires d'outre-tombe*, livre II, Gallimard, coll. « Bibliothèque de la Pléiade », t. I, 1947.

6. *Ibid.*

7. *Bicentenaire du voyage de Lapérouse*, actes du colloque de mars 1985, *op. cit.*

8. Paul Chack, *Marins à la bataille*, t. I, Gerfaut, 2001.

9. John Dunmore, *La Vie de Lapérouse, op. cit.*

10. *Ibid.*

11. *Ibid.*

12. *Ibid.*

13. *Ibid.*

14. *Ibid.*

15. Gilles Lapouge, *La Légende de la géographie*, Albin Michel, 2009.
16. John Dunmore, *La Vie de Lapérouse*, *op. cit.*
17. *Ibid.*
18. *Ibid.*
19. Montesquieu, *L'Esprit des lois*, Garnier-Flammarion, 1979.
20. Charles Darwin, *L'Origine des espèces*, trad. de Jean-Marc Drouin, Flammarion, 1992.

LA ROUTE DES INDES

1. John Dunmore, *La Vie de Lapérouse*, *op. cit*
2. Jean-François de Lapérouse, *Voyage autour du monde sur l'Astrolabe et la Boussole*, introduction et notes de Hélène Patris, La Découverte, coll. « La Découverte/Poche », 2005.
3. *Bicentenaire du voyage de Lapérouse*, actes du colloque de mars 1985, *op. cit.*
4. John Dunmore, *La Vie de Lapérouse*, *op. cit.*
5. Jean-François de Lapérouse, *Voyage autour du monde...*, *op. cit.*
6. *Revue du Tarn*, *Autour de Lapérouse*, *op. cit.*

« IL FAUT SECOURIR LES AMÉRICAINS »

1. John Dunmore, *La Vie de Lapérouse*, *op. cit.*
2. *Œuvres complètes de Beaumarchais*, publiées par P.-P. Gudin de La Brenellerie, t. III-IX, L. Colllin, 1809.
3. John Dunmore, *La Vie de Lapérouse*, *op. cit.*
4. *Ibid.*
5. *Ibid.*
6. *Ibid.*
7. *Ibid.*
8. *Ibid.*
9. *Ibid.*

EN ÉTRANGE PAYS

1. Jacques Cartier, *Voyages au Canada*, Maspéro, 1981.
2. Samuel Hearne, *Le Piéton du Grand Nord*, Payot, coll. « Petite bibliothèque Payot », 2002.

3. John Dunmore, *La Vie de Lapérouse*, *op. cit.*
4. *Le Voyage de Lapérouse*, annoté par J.-B.-B. de Lesseps, *op. cit.*
5. John Dunmore, *La Vie de Lapérouse*, *op. cit.*
6. Samuel Hearne, *Le Piéton du Grand Nord*, *op. cit.*
7. *Le Voyage de Lapérouse*, annoté par J.-B.-B. de Lesseps, *op. cit.*
8. *Ibid.*
9. Jules Verne, *La Pérouse*, Magellan et Cie, 2008.
10. *Bicentenaire du voyage de Lapérouse*, actes du colloque de mars 1985, *op. cit.*
11. Jean-François de Lapérouse, *Voyage autour du monde...*, *op. cit.*
12. *Ibid.*
13. *Bicentenaire du voyage de Lapérouse*, actes du colloque de mars 1985, *op. cit.*
14. *Ibid.*
15. *Ibid.*
16. *Ibid.*

« LE ROY LE VEULT »

1. Paul et Pierrette Girault de Coursac, *Le Voyage de Louis XVI autour du monde*, *op. cit.*
2. *Ibid.*
3. *Bicentenaire du voyage de Lapérouse*, actes du colloque de mars 1985, *op. cit.*
4. Paul et Pierrette Girault de Coursac, *Le Voyage de Louis XVI autour du monde*, *op. cit.*
5. *Bicentenaire du voyage de Lapérouse*, actes du colloque de mars 1985, *op. cit.*
6. *Ibid.*
7. *Ibid.*
8. Paul et Pierrette Girault de Coursac, *Le Voyage de Louis XVI autour du monde*, *op. cit.*
9. Association Salomon, *Le Mystère Lapérouse*, *op. cit.*
10. Paul et Pierrette Girault de Coursac, *Le Voyage de Louis XVI autour du monde*, *op. cit.*

BREST

1. Jean-François de Lapérouse, *Voyage autour du monde...*, *op. cit.*
2. *Ibid.*

3. Steven Hooper, *Arts et divinités, 1760-1860*, Éd. de la Réunion des musées nationaux, 2008.
4. Association Salomon, *Le Mystère Lapérouse*, *op. cit.*
5. *Ibid.*
6. *Ibid.*
7. *Le Voyage de Lapérouse*, annoté par J.-B.-B. de Lesseps, *op. cit.*
8. *Ibid.*
9. Association Salomon, *Le Mystère Lapérouse*, *op. cit.*
10. Paul et Pierrette Girault de Coursac, *Le Voyage de Louis XVI autour du monde*, *op. cit.*
11. *Ibid.*
12. *Ibid.*
13. *Journal de bord*, *op. cit.*
14. *Ibid.*
15. François Bellec, *Les Esprits de Vanikoro*, *op. cit.*
16. Paul et Pierrette Girault de Coursac, *Le Voyage de Louis XVI autour du monde*, *op. cit.*
17. Fleurieu, *Projet d'une campagne de découvertes du 15 février 1785*, cité par Maurice de Brossard et John Dunmore, *Le Voyage de Lapérouse*, Imprimerie nationale, 1985.
18. Michèle Duchet, *Anthropologie et Histoire au siècle des Lumières*, Flammarion, 1978.
19. Paul et Pierrette Girault de Coursac, *Le Voyage de Louis XVI autour du monde*, *op. cit.*
20. Napoléon Bonaparte, *Campagnes d'Égypte et de Syrie*, Book-Suge Publishing, 2002.
21. Platon, *Les Lois*, livre V, traduit par E. Chambry, Garnier, 1946.
22. *Journal de bord*, *op. cit.*
23. *Bicentenaire du voyage de Lapérouse*, actes du colloque de mars 1985, *op. cit.*
24. Jean-François de Lapérouse, *Voyage autour du monde…*, *op. cit.*
25. Olivier de Kersauson, *Ocean's Songs*, Le Cherche Midi, 2008.
26. Jean-François de Lapérouse, *Voyage autour du monde…*, *op. cit.*
27. Association Salomon, *Le Mystère Lapérouse*, *op. cit.*
28. Jean-François de Lapérouse, *Voyage autour du monde…*, *op. cit.*
29. Michèle Duchet, *Anthropologie et Histoire au siècle des Lumières*, *op. cit.*
30. Jean-François de Lapérouse, *Voyage autour du monde…*, *op. cit.*

31. Marc Boyer, *Histoire de l'invention du tourisme*, L'Aube, 2000.

32. Gilles Lapouge, *La Légende de la géographie*, *op. cit.*

33. Jean-François de Lapérouse, *Voyage autour du monde...*, *op. cit.*

34. *Bicentenaire du voyage de Lapérouse*, actes du colloque de mars 1985, *op. cit.*

35. *Ibid.*

36. *Ibid.*

37. Paul et Pierrette Girault de Coursac, *Le Voyage de Louis XVI autour du monde*, *op. cit.*

38. François Bellec, *Les Esprits de Vanikoro*, *op. cit.*

39. Jean-François de Lapérouse, *Voyage autour du monde...*, *op. cit.*

40. *Ibid.*

41. *Ibid.*

42. Pierre Bérard, *Lapérouse dans la marine et les colonies du roi, 1756-1788*, *op. cit.*

SOUS VOILES

1. *Le Voyage de Lapérouse*, annoté par J.-B.-B. de Lesseps, *op. cit.*

2. *Ibid.*

3. *Bicentenaire du voyage de Lapérouse*, actes du colloque de mars 1985, *op. cit.*

4. Paul et Pierrette Girault de Coursac, *Le Voyage de Louis XVI autour du monde*, *op. cit.*

5. *Journal de bord*, *op. cit.*

6. *Ibid.*

7. Association Salomon, *Le Mystère Lapérouse*, *op. cit.*

8. *Ibid.*

9. *Ibid.*

10. *Journal de bord*, *op. cit.*

11. *Le Voyage de Lapérouse*, annoté par J.-B.-B. de Lesseps, *op. cit.*

12. François-René de Chateaubriand, *Mémoires d'outre-tombe*, livre II, t. I, *op. cit.*

13. Jean-François de Lapérouse, *Voyage autour du monde...*, *op. cit.*

14. Paul et Pierrette Girault de Coursac, *Le Voyage de Louis XVI autour du monde*, *op. cit.*

15. *Le Voyage de Lapérouse*, annoté par J.-B.-B. de Lesseps, *op. cit.*

16. Jean-François de Lapérouse, *Voyage autour du monde...*, *op. cit.*

17. René Moniot Beaumont, *Histoire de la littérature maritime*, La Découvrance, 2008.
18. *Le Voyage de Lapérouse*, annoté par J.-B.-B. de Lesseps, *op. cit.*
19. *Ibid.*
20. Paul et Pierrette Girault de Coursac, *Le Voyage de Louis XVI autour du monde*, *op. cit.*
21. *Le Voyage de Lapérouse*, annoté par J.-B.-B. de Lesseps, *op. cit.*
22. *Ibid.*
23. Gilles Lapouge, *La Légende de la géographie*, *op. cit.*
24. Jean Malaurie, *Ultima Thulé*, Le Chêne, 2000.
25. Jean-François de Lapérouse, *Voyage autour du monde...*, *op. cit.*
26. John Dunmore, in *Bicentenaire du voyage de Lapérouse*, actes du colloque de mars 1985, *op. cit.*
27. *Ibid.*
28. Jean-François de Lapérouse, *Voyage autour du monde...*, *op. cit.*
29. Nathaniel Philbrick, *À la conquête du Pacifique, 1838-1842*, J.-C. Lattès, 2005.
30. Charles Darwin, *Essai sur l'origine des espèces*, Flammarion, 1992.
31. *Ibid.*
32. John Dunmore, in *Bicentenaire du voyage de Lapérouse*, actes du colloque de mars 1985, *op. cit.*
33. Jean-François de Lapérouse, *Voyage autour du monde...*, *op. cit.*
34. *Le Voyage de Lapérouse*, annoté par J.-B.-B. de Lesseps, *op. cit.*
35. Paul et Pierrette Girault de Coursac, *Le Voyage de Louis XVI autour du monde*, *op. cit.*
36. *Ibid.*
37. *Le Voyage de Lapérouse*, annoté par J.-B.-B. de Lesseps, *op. cit.*
38. *Ibid.*
39. *Ibid.*
40. *Ibid.*
41. *Ibid.*

LE GRAND OCÉAN

1. Jean-François de Lapérouse, *Voyage autour du monde...*, *op. cit.*
2. John Dunmore, in *Bicentenaire du voyage de Lapérouse*, actes du colloque de mars 1985, *op. cit.*
3. Jean-François de Lapérouse, *Voyage autour du monde...*, *op. cit.*
4. *Ibid.*

5. *Ibid.*

6. Jules Verne, *Les Trois Voyages du capitaine Cook*, Magellan et Cie, 2008.

7. Jean-François de Lapérouse, *Voyage autour du monde...*, *op. cit.*

8. *Ibid.*

9. *Ibid.*

10. *Ibid.*

11. Paul et Pierrette Girault de Coursac, *Le Voyage de Louis XVI autour du monde*, *op. cit.*

12. John Dunmore, in *Bicentenaire du voyage de Lapérouse*, actes du colloque de mars 1985, *op. cit.*

13. *Ibid.*

14. *Ibid.*

15. *Ibid.*

16. *Ibid.*

17. *Le Voyage de Lapérouse*, annoté par J.-B.-B. de Lesseps, *op. cit.*

18. Paul et Pierrette Girault de Coursac, *Le Voyage de Louis XVI autour du monde*, *op. cit.*

19. Jean-François de Lapérouse, *Voyage autour du monde...*, *op. cit.*

20. *Ibid.*

21. *Ibid.*

22. *Ibid.*

23. *Ibid.*

24. *Ibid.*

25. *Ibid.*

26. *Bicentenaire du voyage de Lapérouse*, actes du colloque de mars 1985, *op. cit.*

27. Paul et Pierrette Girault de Coursac, *Le Voyage de Louis XVI autour du monde*, *op. cit.*

28. *Bicentenaire du voyage de Lapérouse*, actes du colloque de mars 1985, *op. cit.*

29. *Ibid.*

30. Jules Verne, *Les Trois Voyages du capitaine Cook*, *op. cit.*

31. Pierre Bérard, *Lapérouse dans la marine et les colonies du roi, 1756-1788*, *op. cit.*

32. Jean-François de Lapérouse, *Voyage autour du monde...*, *op. cit.*

33. *Ibid.*

34. Paul et Pierrette Girault de Coursac, *Le Voyage de Louis XVI autour du monde*, *op. cit.*

35. Jean-François de Lapérouse, *Voyage autour du monde...*, *op. cit.*

36. *Ibid.*
37. *Ibid.*

EN ALASKA

1. Jean-François de Lapérouse, *Voyage autour du monde...*, *op. cit.*
2. *Ibid.*
3. *Ibid.*
4. François Bellec, *Les Esprits de Vanikoro*, *op. cit.*
5. Jean-François de Lapérouse, *Voyage autour du monde...*, *op. cit.*
6. *Ibid.*
7. *Bicentenaire du voyage de Lapérouse*, actes du colloque de mars 1985, *op. cit.*
8. *Journal de bord*, *op. cit.*
9. Jean-François de Lapérouse, *Voyage autour du monde...*, *op. cit.*
10. *Ibid.*
11. *Ibid.*
12. *Ibid.*
13. *Le Voyage de Lapérouse*, annoté par J.-B.-B. de Lesseps, *op. cit.*
14. Jean-François de Lapérouse, *Voyage autour du monde...*, *op. cit.*
15. *Ibid.*

SUR LES TRACES DE COOK

1. Jean-François de Lapérouse, *Voyage autour du monde...*, *op. cit.*
2. *Ibid.*
3. *Ibid.*
4. *Ibid.*
5. Jean-François de Lapérouse, *Voyage autour du monde...*, *op. cit.*
6. *Ibid.*
7. *Le Voyage de Lapérouse*, annoté par J.-B.-B. de Lesseps, *op. cit.*
8. *Ibid.*
9. Jean-François de Lapérouse, *Voyage autour du monde...*, *op. cit.*
10. *Ibid.*
11. *Ibid.*
12. *Le Voyage de Lapérouse*, annoté par J.-B.-B. de Lesseps, *op. cit.*
13. Jean-François de Lapérouse, *Voyage autour du monde...*, *op. cit.*
14. Association Salomon, *Le Mystère Lapérouse*, *op. cit.*
15. *Ibid.*

16. Paul et Pierrette Girault de Coursac, *Le Voyage de Louis XVI autour du monde*, op. cit.
17. *Le Voyage de Lapérouse*, annoté par J.-B.-B. de Lesseps, op. cit.
18. *Ibid.*
19. Association Salomon, *Le Mystère Lapérouse*, op. cit.

CAP À L'EST VERS LA CHINE

1. Paul et Pierrette Girault de Coursac, *Le Voyage de Louis XVI autour du monde*, op. cit.
2. François Bellec, *Les Esprits de Vanikoro*, op. cit.
3. Jean-François de Lapérouse, *Voyage autour du monde...*, op. cit.
4. *Ibid.*
5. *Ibid.*
6. *Ibid.*
7. *Ibid.*
8. *Le Voyage de Lapérouse*, annoté par J.-B.-B. de Lesseps, op. cit.
9. Maurice de Brossard, *Lapérouse : des combats à la découverte*, France Empire, 1978.
10. *Bicentenaire du voyage de Lapérouse*, actes du colloque de mars 1985, op. cit.
11. *Ibid.*
12. Paul et Pierrette Girault de Coursac, *Le Voyage de Louis XVI autour du monde*, op. cit.
13. *Ibid.*
14. Association Salomon, *Le Mystère Lapérouse*, op. cit.
15. *Ibid.*
16. *Le Voyage de Lapérouse*, annoté par J.-B.-B. de Lesseps, op. cit.
17. Jean-François de Lapérouse, *Voyage autour du monde...*, op. cit.
18. François Bellec, *Les Esprits de Vanikoro*, op. cit.
19. Jean-François de Lapérouse, *Voyage autour du monde...*, op. cit.
20. *Ibid.*
21. *Ibid.*
22. *Ibid.*
23. *Ibid.*

LE VÊTU ET LE NU

1. Jean-François de Lapérouse, *Voyage autour du monde...*, op. cit.
2. *Ibid.*

3. *Ibid.*
4. Michel Mollat du Jourdin, *Bicentenaire du voyage de Lapérouse*, actes du colloque de mars 1985, *op. cit.*
5. *Ibid.*
6. *Ibid.*
7. Jean-François de Lapérouse, *Voyage autour du monde...*, *op. cit.*
8. *Le Voyage de Lapérouse*, annoté par J.-B.-B. de Lesseps, *op. cit.*
9. *Journal de bord*, *op. cit.*
10. Jean-François de Lapérouse, *Voyage autour du monde...*, *op. cit.*
11. *Ibid.*
12. Jean-François de Lapérouse, *Voyage autour du monde...*, *op. cit.*
13. *Ibid.*
14. *Ibid.*
15. *Ibid.*
16. Jules Verne, *Les Trois Voyages du capitaine Cook*, *op. cit.*
17. *Ibid.*
18. Jean-François de Lapérouse, *Voyage autour du monde...*, *op. cit.*
19. *Ibid.*
20. *Ibid.*
21. *Ibid.*
22. *Ibid.*

DE LA TARTARIE AU KAMTCHATKA

1. Jean-François de Lapérouse, *Voyage autour du monde...*, *op. cit.*
2. *Ibid.*
3. *Ibid.*
4. Gilles Lapouge, *La Légende de la géographie*, *op. cit.*
5. *Ibid.*
6. Jean-François de Lapérouse, *Voyage autour du monde...*, *op. cit.*
7. *Ibid.*
8. *Ibid.*
9. *Ibid.*
10. Marthe Emmanuel, *La France et l'exploration polaire*, Nouvelles Éditions latines, 1969.
11. John Dunmore, *La Vie de Lapérouse*, *op. cit.*
12. Jean-François de Lapérouse, *Voyage autour du monde...*, *op. cit.*
13. *Ibid.*
14. *Le Voyage de Lapérouse*, annoté par J.-B.-B. de Lesseps, *op. cit.*

15. Jean-François de Lapérouse, *Voyage autour du monde...*, *op. cit.*
16. Tadao Kobayashi, actes du colloque de mars 1985, *op. cit.*
17. *Bicentenaire du voyage de Lapérouse*, actes du colloque de mars 1985, *op. cit.*
18. *Ibid.*
19. Jules Verne, *Lapérouse*, *op. cit.*
20. *Le Voyage de Lapérouse*, annoté par J.-B.-B. de Lesseps, *op. cit.*
21. *Ibid.*
22. *Ibid.*
23. Jean-François de Lapérouse, *Voyage autour du monde...*, *op. cit.*
24. Jules Verne, *Lapérouse*, *op. cit.*
25. Jean-François de Lapérouse, *Voyage autour du monde...*, *op. cit.*
26. Cité par Simon Shama, *Le Paysage et la mémoire*, Seuil, 1999.
27. John Dunmore, *La Vie de Lapérouse*, *op. cit.*
28. *Ibid.*
29. Jean-François de Lapérouse, *Voyage autour du monde...*, *op. cit.*
30. Simon Shama, *Le Paysage et la mémoire*, *op. cit.*
31. *Journal de bord*, *op. cit.*
32. *Ibid.*
33. *Ibid.*
34. *Le Voyage de Lapérouse*, annoté par J.-B.-B. de Lesseps, *op. cit.*
35. *Ibid.*
36. *Ibid.*
37. Yves Le Gallo, *Les Explorateurs des pharaons à Paul-Émile Victor*, *op. cit.*

EN ROUTE POUR L'AUSTRALIE

1. Fleurieu, *Projet d'une campagne de découverte...*, *op. cit.*
2. Jean-François de Lapérouse, *Voyage autour du monde...*, *op. cit.*
3. *Ibid.*
4. Pierre Bérard, *Lapérouse dans la marine et les colonies du roi, 1776-1788*, *op. cit.*
5. Paul et Pierrette Girault de Coursac, *Le Voyage de Louis XVI autour du monde*, *op. cit.*
6. Jean-François de Lapérouse, *Voyage autour du monde...*, *op. cit.*
7. *Ibid.*
8. John Milton, *Le Paradis perdu*, Gallimard, coll. « Poésie / Gallimard », 1995.
9. Jean-François de Lapérouse, *Voyage autour du monde...*, *op. cit.*

10. *Ibid.*

11. John Dunmore, in *Bicentenaire du voyage de Lapérouse*, actes du colloque de mars 1985, *op. cit.*

12. *Ibid.*

13. *Ibid.*

14. *Ibid.*

15. *Ibid.*

16. *Journal de bord, op. cit.*

17. Steven Hooper, *Arts et divinités, 1760-1860, op. cit.*

18. Jean-François de Lapérouse, *Voyage autour du monde..., op. cit.*

19. *Ibid.*

20. *Ibid.*

21. Paul et Pierrette Girault de Coursac, *Le Voyage de Louis XVI autour du monde, op. cit.*

22. Jean-François de Lapérouse, *Voyage autour du monde..., op. cit.*

23. *Ibid.*

24. *Ibid.*

25. *Bicentenaire du voyage de Lapérouse*, actes du colloque de mars 1985, *op. cit.*

26. *Ibid.*

27. Jules Verne, *La Pérouse, op. cit.*

28. Jean-François de Lapérouse, *Voyage autour du monde..., op. cit.*

29. *Ibid.*

30. *Ibid.*

31. *Journal de bord, op. cit.*

32. Michèle Duchet, *Anthropologie et Histoire au siècle des Lumières, op. cit.*

33. *Journal de bord, op. cit.*

34. *Ibid.*

35. Pierre Bérard, *Lapérouse dans la marine et les colonies du roi, 1776-1788, op. cit.*

36. Paul et Pierrette Girault de Coursac, *Le Voyage de Louis XVI autour du monde, op. cit.*

37. Jean-François de Lapérouse, *Voyage autour du monde..., op. cit.*

38. Association Salomon, *Le Mystère Lapérouse, op. cit.*

39. *Ibid.*

40. *Ibid.*

41. Jean-François de Lapérouse, *Voyage autour du monde..., op. cit.*

42. *Ibid.*

43. *Ibid.*

44. *Ibid.*

45. *Ibid.*
46. *Ibid.*

BOTANY BAY

1. Jean-François de Lapérouse, *Voyage autour du monde...*, *op. cit.*
2. *Ibid.*
3. *Ibid.*
4. *Bicentenaire du voyage de Lapérouse*, actes du colloque de mars 1985, *op. cit.*
5. Watkin Tench, *Expédition à Botany Bay*, Anacharsis, 2006.
6. Jean-François de Lapérouse, *Voyage autour du monde...*, *op. cit.*
7. François Bellec, *Les Esprits de Vanikoro*, *op. cit.*
8. Association Salomon, *Le Mystère Lapérouse*, *op. cit.*
9. *Bicentenaire du voyage de Lapérouse*, actes du colloque de mars 1985, *op. cit.*
10. Watkin Tench, *Expédition à Botany Bay*, *op. cit.*
11. *Bicentenaire du voyage de Lapérouse*, actes du colloque de mars 1985, *op. cit.*
12. *Ibid.*
13. *Ibid.*
14. *Ibid.*
15. *Ibid.*
16. *Ibid.*
17. François Bellec, *Les Esprits de Vanikoro*, *op. cit.*
18. Jean-François de Lapérouse, *Voyage autour du monde...*, *op. cit.*
19. *Ibid.*
20. Watkin Tench, *Expédition à Botany Bay*, *op. cit.*
21. *Bicentenaire du voyage de Lapérouse*, actes du colloque de mars 1985, *op. cit.*
22. *Ibid.*
23. *Ibid.*
24. *Ibid.*
25. *Journal de bord*, *op. cit.*
26. François Bellec, *Les Esprits de Vanikoro*, *op. cit.*
27. Gabriel Marcel, in *Revue du Tarn*, *Autour de Lapérouse*, *op. cit.*

PREMIÈRES RECHERCHES

1. *Ibid.*
2. Association Salomon, *Le Mystère Lapérouse*, *op. cit.*

3. *Ibid.*
4. *Ibid.*
5. *Ibid.*
6. *Ibid.*
7. *Ibid.*
8. *Ibid.*
9. *Ibid.*
10. *Ibid.*
11. *Ibid.*
12. Paul et Pierrette Girault de Coursac, *Le Voyage de Louis XVI autour du monde*, *op. cit.*
13. *Ibid.*
14. *Revue du Tarn, Autour de Lapérouse*, *op. cit.*
15. *Ibid.*
16. John Dunmore, *La Vie de Lapérouse*, *op. cit.*
17. Paul et Pierrette Girault de Coursac, *Le Voyage de Louis XVI autour du monde*, *op. cit.*
18. *Ibid.*
19. Jules Verne, *La Pérouse*, *op. cit.*
20. Peter Dillon, *À la recherche de Lapérouse*, Pôles d'images, 2005.
21. Association Salomon, *Le Mystère Lapérouse*, *op. cit.*
22. Peter Dillon, *À la recherche de Lapérouse*, *op. cit.*
23. Jules Verne, *La Pérouse*, *op. cit.*
24. *Ibid.*
25. *Ibid.*
26. Peter Dillon, *À la recherche de Lapérouse*, *op. cit.*
27. Jules Verne, *La Pérouse*, *op. cit.*
28. François Bellec, *Les Esprits de Vanikoro*, *op. cit.*
29. Jules Verne, *La Pérouse*, *op. cit.*
30. *Ibid.*
31. *Ibid.*
32. Association Salomon, *Le Mystère Lapérouse*, *op. cit.*
33. Paul et Pierrette Girault de Coursac, *Le Voyage de Louis XVI autour du monde*, *op. cit.*
34. *Le Voyage de Lapérouse*, annoté par J.-B.-B. de Lesseps, *op. cit.*
35. Gabriel Marcel, in *Revue du Tarn, Autour de Lapérouse*, *op. cit.*
36. *Ibid.*
37. *Ibid.*

1. Étienne Taillemite, *Les Découvreurs du Pacifique, op. cit.*
2. *Ibid.*
3. *Bicentenaire du voyage de Lapérouse*, actes du colloque de mars 1985, *op. cit.*
4. *Ibid.*
5. *Ibid.*
6. Pierre-Adolphe Lesson, *Vanikoro et ses habitants*, Revue d'anthropologie, 1876.
7. *Bicentenaire du voyage de Lapérouse*, actes du colloque de mars 1985, *op. cit.*
8. Pierre-Adolphe Lesson, *Vanikoro et ses habitants, op. cit.*
9. *Bicentenaire du voyage de Lapérouse*, actes du colloque de mars 1985, *op. cit.*
10. Étienne Taillemite, *Les Découvreurs du Pacifique, op. cit.*
11. Dumont d'Urville, *Voyage de découvertes sur l'*Astrolabe, J. Tastu, 1832-1834.
12. *Ibid.*
13. *Ibid.*
14. *Ibid.*
15. François Bellec, *Les Esprits de Vanikoro, op. cit.*
16. Peter Dillon, *À la recherche de Lapérouse, op. cit.*
17. *Ibid.*
18. *Ibid.*
19. *Ibid.*
20. *Ibid.*
21. *Ibid.*
22. Association Salomon, *Le Mystère Lapérouse, op. cit.*
23. Jean-Jacques Rousseau, *Discours sur les fondements et l'origine de l'inégalité parmi les hommes*, notes, Gallimard, coll. « Folio essais », 1989.
24. Peter Dillon, *À la recherche de Lapérouse, op. cit.*
25. *Ibid.*
26. *Ibid.*
27. *Ibid.*
28. *Ibid.*
29. François Bellec, *Les Esprits de Vanikoro, op. cit.*
30. Peter Dillon, *À la recherche de Lapérouse, op. cit.*

31. *Ibid.*
32. *Ibid.*
33. *Ibid.*
34. François Bellec, *Les Esprits de Vanikoro, op. cit.*
35. Peter Dillon, *À la recherche de Lapérouse, op. cit.*
36. *Ibid.*
37. *Ibid.*
38. François Bellec, *Les Esprits de Vanikoro, op. cit.*
39. Paul et Pierrette Girault de Coursac, *Le Voyage de Louis XVI autour du monde, op. cit.*
40. Peter Dillon, *À la recherche de Lapérouse, op. cit.*
41. Paul et Pierrette Girault de Coursac, *Le Voyage de Louis XVI autour du monde, op. cit.*
42. *Ibid.*
43. Association Salomon, *Le Mystère Lapérouse, op. cit.*
44. *Ibid.*

LA PART DU RÊVE

1. Association Salomon, *Le Mystère Lapérouse, op. cit.*
2. *Ibid.*
3. *Ibid.*
4. Jules Verne, *La Pérouse, op. cit.*
5. G. de Beauregard, *Le Rubis de Lapérouse*, Librairie Hachette, 1927.
6. *Ibid.*
7. Association Salomon, *Le Mystère Lapérouse, op. cit.*
8. William Shakespeare, *Henry VIII*, acte III, scène 2, traduction de l'auteur.

Préface	11
Louis XVI à Cherbourg	17
Premières armes	31
La route des Indes	45
« Il faut secourir les Américains »	53
En étrange pays	60
« Le Roy le veult »	69
Brest	76
Sous voiles	97
Le Grand Océan	113
En Alaska	131
Sur les traces de Cook	142
Cap à l'est vers la Chine	149
Le vêtu et le nu	158
De la Tartarie au Kamtchatka	169
En route pour l'Australie	186
Botany Bay	210
Premières recherches	225
Dumont d'Urville *versus* Dillon	246
La part du rêve	274

ANNEXES

Repères chronologiques   281
Références bibliographiques   284
Notes   287

FOLIO BIOGRAPHIES

Alexandre le Grand, par JOËL SCHMIDT
Lou Andreas-Salomé, par DORIAN ASTOR
Attila, par ÉRIC DESCHODT. Prix « Coup de cœur en poche 2006 » décerné par *Le Point*.
Joséphine Baker, par JACQUES PESSIS
Balzac, par FRANÇOIS TAILLANDIER
Baudelaire, par JEAN-BAPTISTE BARONIAN
Beethoven, par BERNARD FAUCONNIER
Sarah Bernhardt, par SOPHIE AUDE PICON
Bouddha, par SOPHIE ROYER
James Brown, par STÉPHANE KOECHLIN
Maria Callas, par RENÉ DE CECCATTY
Calvin, par JEAN-LUC MOUTON
Camus, par VIRGIL TANASE
Le Caravage, par GÉRARD-JULIEN SALVY
Céline, par YVES BUIN
Jules César, par JOËL SCHMIDT
Cézanne, par BERNARD FAUCONNIER. Prix de biographie de la ville de Hossegor 2007.
Chopin, par PASCALE FAUTRIER
Cléopâtre, par JOËL SCHMIDT
Albert Cohen, par FRANCK MÉDIONI
Colette, par MADELEINE LAZARD
James Dean, par JEAN-PHILIPPE GUERAND
Diderot, par RAYMOND TROUSSON
Marlene Dietrich, par JEAN PAVANS
Albert Einstein, par LAURENT SEKSIK
Fellini, par BENITO MERLINO

Freud, par RENÉ MAJOR et CHANTAL TALAGRAND
Gandhi, par CHRISTINE JORDIS. Prix du livre d'histoire de la ville de Courbevoie 2008.
Federico García Lorca, par ALBERT BENSOUSSAN
De Gaulle, par ÉRIC ROUSSEL
Geronimo, par OLIVIER DELAVAULT
Goya, par MARIE-FRANCE SCHMIDT
Billie Holiday, par SYLVIA FOL
Ibsen, par JACQUES DE DECKER
Jésus, par CHRISTIANE RANCÉ
Janis Joplin, par JEAN-YVES REUZEAU
Kafka, par GÉRARD-GEORGES LEMAIRE
Kerouac, par YVES BUIN
Lapérouse, par ANNE PONS
Louis XIV, par ÉRIC DESCHODT
Louis XVI, par BERNARD VINCENT
Machiavel, par HUBERT PROLONGEAU
Bob Marley, par JEAN-PHILIPPE DE TONNAC
Michel-Ange, par NADINE SAUTEL
Modigliani, par CHRISTIAN PARISOT
Molière, par CHRISTOPHE MORY
Marilyn Monroe, par ANNE PLANTAGENET
Moïse, par CHARLES SZLAKMANN
Mozart, par JEAN BLOT
Musset, par ARIANE CHARTON
Nerval, par GÉRARD COGEZ
Pasolini, par RENÉ DE CECCATTY
Pasteur, par JANINE TROTEREAU
Picasso, par GILLES PLAZY
Marco Polo, par OLIVIER GERMAIN-THOMAS
Louis Renault, par JEAN-NOËL MOURET
Rimbaud, par JEAN-BAPTISTE BARONIAN
Shakespeare, par CLAUDE MOURTHÉ
Stendhal, par SANDRINE FILLIPETTI

Jacques Tati, par JEAN-PHILIPPE GUERAND
Tchekhov, par VIRGIL TANASE
Toussaint Louverture, par ALAIN FOIX
Van Gogh, par DAVID HAZIOT. Prix d'Académie 2008 décerné par l'Académie française (fondation Le Métais-Larivière).
Verlaine, par JEAN-BAPTISTE BARONIAN
Boris Vian, par CLAIRE JULLIARD
Léonard de Vinci, par SOPHIE CHAUVEAU
Wagner, par JACQUES DE DECKER
Andy Warhol, par MERIAM KORICHI
Oscar Wilde, par DANIEL SALVATORE SCHIFFER
Tennessee Williams, par LILIANE KERJAN
Virginia Woolf, par ALEXANDRA LEMASSON
Stefan Zweig, par CATHERINE SAUVAT

COLLECTION FOLIO

Dernières parutions

4857. Yannick Haenel — *Cercle.*
4858. Pierre Péju — *Cœur de pierre.*
4859. Knud Romer — *Cochon d'Allemand.*
4860. Philip Roth — *Un homme.*
4861. François Taillandier — *Il n'y a personne dans les tombes.*
4862. Kazuo Ishiguro — *Un artiste du monde flottant.*
4863. Christian Bobin — *La dame blanche.*
4864. Sous la direction d'Alain Finkielkraut — *La querelle de l'école.*
4865. Chahdortt Djavann — *Autoportrait de l'autre.*
4866. Laura Esquivel — *Chocolat amer.*
4867. Gilles Leroy — *Alabama Song.*
4868. Gilles Leroy — *Les jardins publics.*
4869. Michèle Lesbre — *Le canapé rouge.*
4870. Carole Martinez — *Le cœur cousu.*
4871. Sergio Pitol — *La vie conjugale.*
4872. Juan Rulfo — *Pedro Páramo.*
4873. Zadie Smith — *De la beauté.*
4874. Philippe Sollers — *Un vrai roman. Mémoires.*
4875. Marie d'Agoult — *Premières années.*
4876. Madame de Lafayette — *Histoire de la princesse de Montpensier et autres nouvelles.*
4877. Madame Riccoboni — *Histoire de M. le marquis de Cressy.*
4878. Madame de Sévigné — *«Je vous écris tous les jours...»*
4879. Madame de Staël — *Trois nouvelles.*
4880. Sophie Chauveau — *L'obsession Vinci.*
4881. Harriet Scott Chessman — *Lydia Cassatt lisant le journal du matin.*
4882. Raphaël Confiant — *Case à Chine.*
4883. Benedetta Craveri — *Reines et favorites.*
4884. Erri De Luca — *Au nom de la mère.*
4885. Pierre Dubois — *Les contes de crimes.*
4886. Paula Fox — *Côte ouest.*

4887. Amir Gutfreund	*Les gens indispensables ne meurent jamais.*
4888. Pierre Guyotat	*Formation.*
4889. Marie-Dominique Lelièvre	*Sagan à toute allure.*
4890. Olivia Rosenthal	*On n'est pas là pour disparaître.*
4891. Laurence Schifano	*Visconti.*
4892. Daniel Pennac	*Chagrin d'école.*
4893. Michel de Montaigne	*Essais I.*
4894. Michel de Montaigne	*Essais II.*
4895. Michel de Montaigne	*Essais III.*
4896. Paul Morand	*L'allure de Chanel.*
4897. Pierre Assouline	*Le portrait.*
4898. Nicolas Bouvier	*Le vide et le plein.*
4899. Patrick Chamoiseau	*Un dimanche au cachot.*
4900. David Fauquemberg	*Nullarbor.*
4901. Olivier Germain-Thomas	*Le Bénarès-Kyôto.*
4902. Dominique Mainard	*Je voudrais tant que tu te souviennes.*
4903. Dan O'Brien	*Les bisons de Broken Heart.*
4904. Grégoire Polet	*Leurs vies éclatantes.*
4905. Jean-Christophe Rufin	*Un léopard sur le garrot.*
4906. Gilbert Sinoué	*La Dame à la lampe.*
4907. Nathacha Appanah	*La noce d'Anna.*
4908. Joyce Carol Oates	*Sexy.*
4909. Nicolas Fargues	*Beau rôle.*
4910. Jane Austen	*Le Cœur et la Raison.*
4911. Karen Blixen	*Saison à Copenhague.*
4912. Julio Cortázar	*La porte condamnée* et autres nouvelles fantastiques. cédé d'*Adieu!*...
4914. Romain Gary	*Les trésors de la mer Rouge.*
4915. Aldous Huxley	*Le jeune Archimède* précédé de *Les Claxton.*
4916. Régis Jauffret	*Ce que c'est que l'amour* et autres microfictions.
4917. Joseph Kessel	*Une balle perdue.*
4918. Lie-tseu	*Sur le destin* et autres textes.
4919. Junichirô Tanizaki	*Le pont flottant des songes.*
4920. Oscar Wilde	*Le portrait de Mr. W. H.*
4921. Vassilis Alexakis	*Ap. J.-C.*

4922.	Alessandro Baricco	*Cette histoire-là.*
4923.	Tahar Ben Jelloun	*Sur ma mère.*
4924.	Antoni Casas Ros	*Le théorème d'Almodóvar.*
4925.	Guy Goffette	*L'autre Verlaine.*
4926.	Céline Minard	*Le dernier monde.*
4927.	Kate O'Riordan	*Le garçon dans la lune.*
4928.	Yves Pagès	*Le soi-disant.*
4929.	Judith Perrignon	*C'était mon frère...*
4930.	Danièle Sallenave	*Castor de guerre*
4931.	Kazuo Ishiguro	*La lumière pâle sur les collines.*
4932.	Lian Hearn	*Le Fil du destin. Le Clan des Otori.*
4933.	Martin Amis	*London Fields.*
4934.	Jules Verne	*Le Tour du monde en quatre-vingts jours.*
4935.	Harry Crews	*Des mules et des hommes.*
4936.	René Belletto	*Créature.*
4937.	Benoît Duteurtre	*Les malentendus.*
4938.	Patrick Lapeyre	*Ludo et compagnie.*
4939.	Muriel Barbery	*L'élégance du hérisson.*
4940.	Melvin Burgess	*Junk.*
4941.	Vincent Delecroix	*Ce qui est perdu.*
4942.	Philippe Delerm	*Maintenant, foutez-moi la paix!*
4943.	Alain-Fournier	*Le grand Meaulnes.*
4944.	Jerôme Garcin	*Son excellence, monsieur mon ami.*
4945.	Marie-Hélène Lafon	*Les derniers Indiens.*
4946.	Claire Messud	*Les enfants de l'empereur*
4947.	Amos Oz	*Vie et mort en quatre rimes*
4948.	Daniel Rondeau	*Carthage*
4949.	Salman Rushdie	*Le dernier soupir du Maure*
4950.	Boualem Sansal	*Le village de l'Allemand*
4951.	Lee Seung-U	*La vie rêvée des plantes*
4952.	Alexandre Dumas	*La Reine Margot*
4953.	Eva Almassy	*Petit éloge des petites filles*
4954.	Franz Bartelt	*Petit éloge de la vie de tous les jours*
4955.	Roger Caillois	*Noé* et autres textes
4956.	Casanova	*Madame F.* suivi d'*Henriette*
4957.	Henry James	*De Grey, histoire romantique*
4958.	Patrick Kéchichian	*Petit éloge du catholicisme*
4959.	Michel Lermontov	*La Princesse Ligovskoï*

4960.	Pierre Péju	*L'idiot de Shangai* et autres nouvelles
4961.	Brina Svit	*Petit éloge de la rupture*
4962.	John Updike	*Publicité*
4963.	Noëlle Revaz	*Rapport aux bêtes*
4964.	Dominique Barbéris	*Quelque chose à cacher*
4965.	Tonino Benacquista	*Malavita encore*
4966.	John Cheever	*Falconer*
4967.	Gérard de Cortanze	*Cyclone*
4968.	Régis Debray	*Un candide en Terre sainte*
4969.	Penelope Fitzgerald	*Début de printemps*
4970.	René Frégni	*Tu tomberas avec la nuit*
4971.	Régis Jauffret	*Stricte intimité*
4972.	Alona Kimhi	*Moi, Anastasia*
4973.	Richard Millet	*L'Orient désert*
4974.	José Luís Peixoto	*Le cimetière de pianos*
4975.	Michel Quint	*Une ombre, sans doute*
4976.	Fédor Dostoïevski	*Le Songe d'un homme ridicule et autres récits*
4977.	Roberto Saviano	*Gomorra*
4978.	Chuck Palahniuk	*Le Festival de la couille*
4979.	Martin Amis	*La Maison des Rencontres*
4980.	Antoine Bello	*Les funambules*
4981.	Maryse Condé	*Les belles ténébreuses*
4982.	Didier Daeninckx	*Camarades de classe*
4983.	Patrick Declerck	*Socrate dans la nuit*
4984.	André Gide	*Retour de l'U.R.S.S.*
4985.	Franz-Olivier Giesbert	*Le huitième prophète*
4986.	Kazuo Ishiguro	*Quand nous étions orphelins*
4987.	Pierre Magnan	*Chronique d'un château hanté*
4988.	Arto Paasilinna	*Le cantique de l'apocalypse joyeuse*
4989.	H.M. van den Brink	*Sur l'eau*
4990.	George Eliot	*Daniel Deronda, 1*
4991.	George Eliot	*Daniel Deronda, 2*
4992.	Jean Giono	*J'ai ce que j'ai donné*
4993.	Édouard Levé	*Suicide*
4994.	Pascale Roze	*Itsik*
4995.	Philippe Sollers	*Guerres secrètes*
4996.	Vladimir Nabokov	*L'exploit*
4997.	Salim Bachi	*Le silence de Mahomet*
4998.	Albert Camus	*La mort heureuse*

4999.	John Cheever	*Déjeuner de famille*
5000.	Annie Ernaux	*Les années*
5001.	David Foenkinos	*Nos séparations*
5002.	Tristan Garcia	*La meilleure part des hommes*
5003.	Valentine Goby	*Qui touche à mon corps je le tue*
5004.	Rawi Hage	*De Niro's Game*
5005.	Pierre Jourde	*Le Tibet sans peine*
5006.	Javier Marías	*Demain dans la bataille pense à moi*
5007.	Ian McEwan	*Sur la plage de Chesil*
5008.	Gisèle Pineau	*Morne Câpresse*
5009.	Charles Dickens	*David Copperfield*
5010.	Anonyme	*Le Petit-Fils d'Hercule*
5011.	Marcel Aymé	*La bonne peinture*
5012.	Mikhaïl Boulgakov	*J'ai tué*
5013.	Arthur Conan Doyle	*L'interprète grec et autres aventures de Sherlock Holmes*
5014.	Frank Conroy	*Le cas mystérieux de R.*
5015.	Arthur Conan Doyle	*Une affaire d'identité et autres aventures de Sherlock Holmes*
5016.	Cesare Pavese	*Histoire secrète*
5017.	Graham Swift	*Le sérail*
5018.	Rabindranath Tagore	*Aux bords du Gange*
5019.	Émile Zola	*Pour une nuit d'amour*
5020.	Pierric Bailly	*Polichinelle*
5022.	Alma Brami	*Sans elle*
5023.	Catherine Cusset	*Un brillant avenir*
5024.	Didier Daeninckx	*Les figurants. Cités perdues*
5025.	Alicia Drake	*Beautiful People. Saint Laurent, Lagerfeld : splendeurs et misères de la mode*
5026.	Sylvie Germain	*Les Personnages*
5027.	Denis Podalydès	*Voix off*
5028.	Manuel Rivas	*L'Éclat dans l'Abîme*
5029.	Salman Rushdie	*Les enfants de minuit*
5030.	Salman Rushdie	*L'Enchanteresse de Florence*
5031.	Bernhard Schlink	*Le week-end*
5032.	Collectif	*Écrivains fin-de-siècle*
5033.	Dermot Bolger	*Toute la famille sur la jetée du Paradis*
5034.	Nina Bouraoui	*Appelez-moi par mon prénom*

5035.	Yasmine Char	*La main de Dieu*
5036.	Jean-Baptiste Del Amo	*Une éducation libertine*
5037.	Benoît Duteurtre	*Les pieds dans l'eau*
5038.	Paula Fox	*Parure d'emprunt*
5039.	Kazuo Ishiguro	*L'inconsolé*
5040.	Kazuo Ishiguro	*Les vestiges du jour*
5041.	Alain Jaubert	*Une nuit à Pompéi*
5042.	Marie Nimier	*Les inséparables*
5043.	Atiq Rahimi	*Syngué sabour. Pierre de patience*
5044.	Atiq Rahimi	*Terre et cendres*
5045.	Lewis Carroll	*La chasse au Snark*
5046.	Joseph Conrad	*La Ligne d'ombre*
5047.	Martin Amis	*La flèche du temps*
5048.	Stéphane Audeguy	*Nous autres*
5049.	Roberto Bolaño	*Les détectives sauvages*
5050.	Jonathan Coe	*La pluie, avant qu'elle tombe*
5051.	Gérard de Cortanze	*Les vice-rois*
5052.	Maylis de Kerangal	*Corniche Kennedy*
5053.	J.M.G. Le Clézio	*Ritournelle de la faim*
5054.	Dominique Mainard	*Pour Vous*
5055.	Morten Ramsland	*Tête de chien*
5056.	Jean Rouaud	*La femme promise*
5057.	Philippe Le Guillou	*Stèles à de Gaulle* suivi de *Je regarde passer les chimères*
5058.	Sempé-Goscinny	*Les bêtises du Petit Nicolas. Histoires inédites - 1*
5059.	Érasme	*Éloge de la Folie*
5060.	Anonyme	*L'œil du serpent. Contes folkloriques japonais*
5061.	Federico García Lorca	*Romancero gitan*
5062.	Ray Bradbury	*Le meilleur des mondes possibles* et autres nouvelles
5063.	Honoré de Balzac	*La Fausse Maîtresse*
5064.	Madame Roland	*Enfance*
5065.	Jean-Jacques Rousseau	*« En méditant sur les dispositions de mon âme... »*
5066.	Comtesse de Ségur	*Ourson*
5067.	Marguerite de Valois	*Mémoires*
5068.	Madame de Villeneuve	*La Belle et la Bête*
5069.	Louise de Vilmorin	*Sainte-Unefois*
5070.	Julian Barnes	*Rien à craindre*
5071.	Rick Bass	*Winter*

5072. Alan Bennett — *La Reine des lectrices*
5073. Blaise Cendrars — *Le Brésil. Des hommes sont venus*
5074. Laurence Cossé — *Au Bon Roman*
5075. Philippe Djian — *Impardonnables*
5076. Tarquin Hall — *Salaam London*
5077. Katherine Mosby — *Sous le charme de Lillian Dawes*
5078. Arto Paasilinna — *Les dix femmes de l'industriel Rauno Rämekorpi*
5079. Charles Baudelaire — *Le Spleen de Paris*
5080. Jean Rolin — *Un chien mort après lui*
5081. Colin Thubron — *L'ombre de la route de la Soie*
5082. Stendhal — *Journal*
5083. Victor Hugo — *Les Contemplations*
5084. Paul Verlaine — *Poèmes saturniens*
5085. Pierre Assouline — *Les invités*
5086. Tahar Ben Jelloun — *Lettre à Delacroix*
5087. Olivier Bleys — *Le colonel désaccordé*
5088. John Cheever — *Le ver dans la pomme*
5089. Frédéric Ciriez — *Des néons sous la mer*
5090. Pietro Citati — *La mort du papillon. Zelda et Francis Scott Fitzgerald*
5091. Bob Dylan — *Chroniques*
5092. Philippe Labro — *Les gens*
5093. Chimamanda Ngozi Adichie — *L'autre moitié du soleil*
5094. Salman Rushdie — *Haroun et la mer des histoires*
5095. Julie Wolkenstein — *L'Excuse*
5096. Antonio Tabucchi — *Pereira prétend*
5097. Nadine Gordimer — *Beethoven avait un seizième de sang noir*
5098. Alfred Döblin — *Berlin Alexanderplatz*
5099. Jules Verne — *L'Île mystérieuse*
5100. Jean Daniel — *Les miens*
5101. Shakespeare — *Macbeth*
5102. Anne Bragance — *Passe un ange noir*
5103. Raphaël Confiant — *L'Allée des Soupirs*
5104. Abdellatif Laâbi — *Le fond de la jarre*
5105. Lucien Suel — *Mort d'un jardinier*
5106. Antoine Bello — *Les éclaireurs*
5107. Didier Daeninckx — *Histoire et faux-semblants*
5108. Marc Dugain — *En bas, les nuages*
5109. Tristan Egolf — *Kornwolf. Le Démon de Blue Ball*
5110. Mathias Énard — *Bréviaire des artificiers*

Composition xxxxxx
Impression Maury-Imprimeur
45330 Malesherbes
le 27 septembre 2010.
Dépôt légal : septembre 2010.
Numéro d'imprimeur : 158227.

ISBN 978-2-07-035680-5. / Imprimé en France.

157868